佛門典要

楞伽經集註

[宋] 釋正受　撰
釋普明　點校

上海古籍出版社

圖書在版編目(CIP)數據

楞伽經集注 / (宋)釋正受撰；釋普明點校. —上海：上海古籍出版社，2016.8 (2024.7 重印)
(佛門典要)
ISBN 978-7-5325-8150-4

Ⅰ.①楞… Ⅱ.①釋… ②釋… Ⅲ.①大乘—佛經②《楞伽經》—注釋 Ⅳ.①B942.1

中國版本圖書館 CIP 數據核字(2016)第 145368 號

佛門典要
楞伽經集注
[宋]釋正受 撰
釋普明 點校
上海古籍出版社出版發行
(上海市閔行區號景路 159 弄 1-5 號 A 座 5F 郵政編碼 201101)
(1)網址:www.guji.com.cn
(2)E-mail:guji1@guji.com.cn
(3)易文網網址:www.ewen.co
常州市金壇古籍印刷廠有限公司印刷
開本 890×1240 1/32 印張 11.625 插頁 5 字數 230,000
2016 年 8 月第 1 版 2024 年 7 月第 6 次印刷
印數：6,101—6,900
ISBN 978-7-5325-8150-4
B·953 定價：62.00 元

「佛門典要」出版緣起

法有興衰，道有隆替，中國傳統文化剥極而復之際，作爲傳統文化之内核的儒釋道三教，其意義和價值被重估，乃至重新回歸人們的日常生活，爲題中應有之義。而提供適合現代人閲讀的經典文本，是迫切的事。

在此我們選取佛教的基本典籍，中印兼收，不拘宗派，旨在擇其精要，合乎統貫，以求内契佛理，外應時機，故側重各家諸宗之大典及指示門徑之關要。或約請專家重新整理，或訪求成稿加以統合，無論世間聲名大小，但求有敬重之心、屬謹嚴之作。予以標點、校勘、注釋，形式並不拘泥，惟願合乎需要，順應因緣。

爲編輯之方便，按體裁大致歸爲經、律、論、史、集幾大類，但每册並不標出門類名稱，僅在裝幀上有所區别。至於各書價值、選取理由、學習方法等則見諸各書前言。每年出版若干種，聚沙成塔，俾成系列，因名之爲「佛門典要」云。

點校説明

《楞伽經》之漢譯本，先後共有四種，最早爲北涼曇無讖大師所譯，大致在公元四一二—四三三年間，已佚。現存三種譯本如下：

(1) 劉宋元嘉二十年（四四三），求那跋陀羅譯《楞伽阿跋多羅寶經》四卷（簡稱「宋譯」）。

(2) 北魏延昌二年（五一三），菩提流支譯《入楞伽經》十卷（簡稱「魏譯」）。

(3) 唐長安四年（七〇四），實叉難陀譯《大乘入楞伽經》七卷（簡稱「唐譯」）。

比較這三個譯本：宋譯本採用直譯方式，最能表現此經的原始形態，但因其「迴文不盡，語順西音」[一]，文辭簡古晦澀，頗不易讀。魏譯本則較爲顯白流暢，條理清晰，但間有「加字混文者泥於意，或致有錯」[二]之處。聖曆元年（六九八），實叉難陀三藏奉武則天之命重譯《楞伽經》，初稿譯成後，未及潤飾，即奉旨回西域去了。其後於長安二年（七〇二），由精通《楞伽》之彌陀

[一] [唐] 法藏《入楞伽心玄義》，《大正藏》第39册，第43頁中。

[二] 同上。

山三藏，及翻經沙門復禮、法藏大師等，在實叉譯本的基礎上，詳究梵本，對前二譯「取其所得，正其所失」〔一〕，歷時二載乃成。故唐譯本在義理上較前二譯更爲周備完善，文辭也更加練達，無疑是三譯中之善本。實際上由於《楞伽經》自身義理的深邃，即使是唐譯本，閱讀起來也有相當難度。若能三個譯本參照閱讀，對理解經文無疑將大有裨益。

這三個譯本中，宋譯《楞伽經》則是早期禪宗「借教悟宗」的無上寶典。昔達摩大師傳法給慧可大師後，並授予四卷《楞伽》曰：「我觀漢地，惟有此經，仁者依行，自得度世。」〔二〕隨著禪宗的發展，宋譯本在弘傳史上最受重視，流通也最爲廣泛。現在所提《楞伽經》一般皆指宋譯本而言，魏唐二譯則多作爲輔助閱讀。

從達摩大師往後，至五祖弘忍大師始易以《金剛經》爲印心之經典。六祖惠能大師又因《金剛經》悟道，往後更盛弘般若宗旨。《楞伽經》遂淡出南宗系統，而在北宗神秀一系内得到重視和傳承〔三〕。由於時代的變更，北宗衰落後《楞伽經》逐漸爲時人所淡忘。北宋仁宗慶曆（一〇四一）年間，張安道先生爲滁州牧時，曾於一僧舍偶然發現一手抄本《楞伽經》，入手恍然如獲舊

〔一〕〔唐〕法藏《入楞伽心玄義》，《大正藏》第39册，第43頁中。
〔二〕〔唐〕道宣《續高僧傳》卷第十六。
〔三〕《楞伽經》在北宗的弘傳情況，具體可參閱〔唐〕淨覺《楞伽師資記》，《大正藏》第85册。

物，細視筆畫手迹宛然，悟爲前身所書，展卷細讀而大獲所悟。張公晚年，因蘇東坡來探訪，乃付錢三十萬請印施於江淮間。蘇東坡更爲序其事，並親自手書，求善工刻版以廣流通。《楞伽經》又重新得到有識之士的認識和重視。

趙宋之後，《楞伽經》之影響日漸擴大。明洪武十年（一三七七），朱元璋以《楞伽》等三經爲治心法門，親下聖諭：「令天下僧徒習通《心經》、《金剛》、《楞伽》三經，晝則講説，夜則禪定。」[二]並下令諸郡禪教僧人，會集於天界禪寺，校讐三經古註以定其説，頒行天下以廣傳持。因此《楞伽經》在有明一代得到很廣泛的弘傳，留下的註疏也最爲豐富。

從清季以來，《楞伽經》之弘傳又再度衰微。至民國年間，唯太虚大師《楞伽經義記》可觀，今亦僅見成觀法師《楞伽經義貫》等零星三兩部而已。應該提及的是，目前由國外學術界校刊的《楞伽經》梵文本有兩種，一是日本學者南條文雄的《梵文入楞伽經》，出版於一九二三年；二是印度學者維迪耶的《妙法入楞伽經》，出版於一九六三年（南條文雄本的修訂本）。國内學者將漢譯本參照梵本校勘的亦有兩種，一是民國十九年支那内学院以宋譯本爲底本，參考南條文雄校刊梵本及魏唐二漢譯本，進行詳細的譯校，而成《藏要》本（上海书店一九九一年六月影

[二]［明］宗泐、如玘《金剛般若波羅蜜經註解》，《大正藏》第33册，第238頁下。

印），對學術研究有一定價值。二是近期黃寶生先生將維迪耶梵文本參照漢譯本，進行詳細的譯校，於每一段梵文下，置現代漢語譯文，附宋譯、唐譯文，並加註釋，而成《梵漢對勘入楞伽經》一書，由中國社會科學出版社2011年7月出版，這是當前研究《楞伽經》又一重要的案頭參考書。

在當今知見林立的時代，重新重視和弘揚《楞伽經》，對建立佛法正見，融合佛教諸宗，特別是扶樹達摩禪宗旨，丕振禪門宗風，無疑有著非常積極的意義！

在教法上，本經以如來藏自性清淨心爲體；以自覺聖智觀照一切法空離自性相，顯示第一義自性清淨心爲宗旨；以摧伏外道邪見，破斥小乘偏執，匡顯大乘爲用；以五法、三自性、八識、二無我四門爲教相。現將本經的主要內容及內在聯繫，略示如下：

<table>
<tr><th colspan="6">如來藏自性清淨心</th></tr>
<tr><td>五法</td><td>相</td><td>名</td><td>妄想</td><td>正智</td><td>如如</td></tr>
<tr><td>三自性</td><td colspan="2">妄想自性</td><td>緣起自性</td><td colspan="2">圓成實性</td></tr>
<tr><td>八識</td><td colspan="3">計著藏識、意、意識及五識</td><td colspan="2">轉八識成四智</td></tr>
<tr><td>二無我</td><td colspan="3">計著實有人我、法我</td><td colspan="2">證人法二無我智</td></tr>
</table>

以上四門隱顯不同，皆可相互融攝，開合無礙。以五法爲例，依如來藏心爲體，隨染浄緣開顯凡聖心境而爲五法，束五法則爲三自性，三自性所依唯有八識，八識義立方顯二無我。以二無我爲例，依如來藏心所顯凡聖心境爲二無我空，依二無我空以立八識，束八識爲三自性，開三性而爲五法。於此四義或隨觀一門，即起信、生解、修行、證果，隨其根性不同，而現有頓漸之別，凡聖區分不離人法二空，指其體性則唯清浄一味。大乘性相之法不越於此四門，若開顯法相，則立唯識宗旨；若辨其性空，則示中觀之見；若當陽直指，則樹佛祖心宗。

本經的一大特點，即廣辯佛法與外道知見的區别。按西域外道有九十五種之多，以六十二邪見爲其根本。六十二見，又以有、無二見爲根本。有無二見展開，則成有、無、亦有亦無、非有非無等四句戲論。外道凡夫不知一切諸法唯心所現，如夢境、空花、水月、鏡像離於有無等四句見，執著心外有實我實法若生若滅。或計五陰假合身中實有神我、作者等自在常住能爲主宰，或計五陰身死歸於斷滅名爲涅槃，或計冥諦、四大、時、方、空、梵天、大自在天等自在常住能與生死諸法作因，或計諸法無因生、無因滅。其所計著若因若緣、若有若無、若常若斷、若生死若涅槃以及種種論説，以如來正智觀察，則都無實義，皆不出相、名、妄想，我法二執。故佛於此經中，以二無我法對破外道種種邪見，令知趣向解脱正道！又，二乘人雖得人空，未得法空，計著諸法心外實有，非即自心所現相分；或計善惡無記、生死涅槃各有實性。故佛以法無我破之，令知趣向大乘無住處涅槃！

關於《楞伽經》的古代註疏，現在有資料可詢者，共有如下諸家：唐法藏《入楞伽經心玄義》一卷，智嚴《楞伽經註》三卷（殘），某尊宿《楞伽經疏》二卷（殘）；宋寶臣《註大乘入楞伽經》十卷，楊彦國《楞伽經纂》四卷，正受《楞伽經集註》四卷，善月《楞伽經通義》六卷；明宗泐、如玘《楞伽經批註》八卷，德清《觀楞伽經記》八卷、《楞伽補遺》一卷，智旭《楞伽經玄義》一卷、《楞伽經義疏》九卷，曾鳳儀《楞伽經宗通》八卷，通潤《楞伽經合轍》八卷，廣莫《楞伽經參訂疏》八卷，焦竑《楞伽經精解評林》一卷，陸西星《楞伽要旨》四卷，普真貴《楞伽科解》十卷；清淨挺《楞伽經心印》一卷，函昰《楞伽經心印》八卷。以上列舉《楞伽經》之註疏共十八家，除法藏、寶臣所依爲唐譯本外，其餘皆依宋譯本。

關於正受禪師撰寫《楞伽阿跋多羅寶經集註》（簡稱《集註》）的前後因緣，俱載於其《閣筆記》中，此不具述。唯於《集註》的結構内容，不妨再添加几筆。禪師之註此經，以宋譯四卷《楞伽》爲主本，凡遇經文簡約晦澀之處，則採集魏、唐二譯之長以附其下，或加簡要的註釋，以方便讀者參考融會，貫通經義。在義理闡釋方面，則參照寶臣《新説》、楊彦國《楞伽經纂》、唐註古本及《宗鏡録》中有涉此經者，採其精華而陶鑄之，務使註釋詞理修暢，經文脈絡前後貫通。稿成於宋慶元二年（1196），朝議大夫沈瀛爲作序言，盛讚《集註》之精妙云：「字字訂前人之訛，句句説經意之盡，其文不晦僻，其義又坦明，使蘇内翰復生而見之，亦歡喜讚歎不盡，而況餘人乎？」《集註》的出現，無疑是當時爲數不多的《楞伽經》註疏中之精品，是參研四卷《楞伽》的一部重要工具書。

明朝初年，保存在姑蘇幻住庵之《集註》慶元刻板〔二〕，不慎毁於一場火災。洪武四年（一三七一），天界寺住持白庵金禪師，對慶元本未盡善處進行調整和删增，使文辞更爲畅达，重新刊刻流通。即今《卍新纂續藏經》（簡稱《新續藏》）第17册所刊載本。一九九三年四月，上海古籍出版社編輯出版《佛教名著叢刊》，曾據《新續藏》本影印行世，並在出版説明中稱讚此書「能集諸家之長而又要言不煩，於揭示《楞伽》奥義不遺餘力」。二〇一一年十一月，上海古籍出版社又再次影印此書，以應需求。

最後，略將這次校勘凡例説明如下：

一、此次校勘正受禪師之《楞伽經集註》，以《新續藏》所刊載本爲底本，查《二十二種大藏經通檢》未見其他同類參校本。此次校勘吸收了《新續藏》本中的校勘成果。經文校勘初期僅以《大正藏》、《中華藏》及《龍藏》本對勘。校勘後期，得到中山大學馮焕珍教授的幫助支持，貢

〔二〕參〔明〕宋濂《楞伽經集註題辭》，《護法録》卷第六，《嘉興藏》（新文豐版）第21册，第658頁下。

獻其所校勘的清函昰《楞伽經心印》電子版本，此校勘本與《高麗藏》、《磧砂藏》、《嘉興藏》、《龍藏》、《頻伽藏》本及敦煌文獻寫本殘卷進行了對勘，並吸收《大正藏》與《中華藏》本、民初《藏要》本及黄寶生《梵漢對勘入楞伽經》的校勘成果，頗俱學術參考價值。此次校勘，參照吸收了《楞伽經心印》與幾部藏本的對勘成果，及《大正藏》與《中華藏》本的校勘成果，在此對馮老師深表謝意！需要説明的是，《大正藏》本的底本爲《高麗藏》本，《中華藏》本的第一、二、四卷皆爲《高麗藏》本，第三卷則爲《趙城金藏》廣勝寺本（簡稱廣勝本）。《大正藏》本的對校本主要有四種：《思溪藏》（宋刻）、《普寧藏》（元刻）、《嘉興藏》（明刻）、宫内（宫内省圖書寮本）。《中華藏》本的對校本有六種：《資福藏》（在《思溪藏》的基礎上增加資料）、《磧砂藏》、永樂《南藏》、《嘉興藏》、《龍藏》及房山雲居寺《石經》。校勘記中所引用到的藏經名稱，不出上述幾種。

二、底本之正文與註釋混排，不分章段，無句讀。此次校勘，用現代標點符號重新標註。爲照顧現代閲讀習慣，對經文及註釋給予適當的分段。

三、底本所引用之經文或註疏，如「流支云」、「實叉云」、「《新説》云」、「楊云」，分别指代魏譯《入楞伽經》、唐譯《大乘入楞伽經》、寶臣《註大乘入楞伽經》、楊彦國《楞伽經纂》，因引用頻繁，故不一一出註，唯於引文與原文有差異處，則予以註明。其他所引經論則一一加註出處。底本中的錯别、脱漏、疑誤字等則一一註明。

四、底本不帶隨文的科判，章段脈絡模糊，不便閱讀。今爲醒目之計，在此次校勘本中，按世尊與大慧菩薩問答内容之不同，分成若干個大自然段，在每一自然段前再標上（一）（二）（三）（四）等數序以作區分，使本書之内容整體上不至黏糊一塊，以裨閱讀及記識。

五、爲免繁冗，底本卷尾所附音釋不再録入此校勘本中；經文中的對話一般不加引號。

六、《楞伽經》文字簡古，義理幽微，古之碩德皆苦《楞伽經》難讀。筆者借今《電子大正藏》及網絡收集相關資料之便利，幾度埋頭苦讀，爬梳剔抉，六度易稿，勉成今文。深感此經句讀之大不易，又暗慚自身學業之太肤浅，這中間差謬勢在難免，懇祈諸方禪講大德，慈悲指示爲盼！

後學普明合十

二〇一二年十一月初一日

目録

集註楞伽阿跋多羅寶經序

朝議大夫新淮東安撫司參議官竹齋沈瀛撰

我佛以一大事因緣出現於世，百餘會説法度衆生本無二致。以衆生性有上中下之別，故佛語有淺深之異。於諸經中，如《楞嚴》、《圓覺》皆爲上根者説，故其語深遠，惟上根之人方可了解，而初機者未易究也。至若《楞伽》一經，以楞伽爲名，實相爲體，佛語心爲宗，自覺聖智爲用，其語深遠，又在《楞嚴》、《圓覺》諸經之上。故目今所説上根之人，無如内翰蘇公，尚曰「《楞伽》義趣幽眇，文字簡古，讀者尚不能句，而況遺文以得義，忘義以了心，所以寂寥於世，幾廢而僅存」〔二〕，而況餘人乎？

少傅白公樂天與常禪師詩，有「求師治此病，惟勸讀《楞伽》」〔三〕，又曰「人間此病治無藥，惟

〔二〕 文字小異。見蘇軾撰《楞伽阿跋多羅寶經序》，《大正藏》第16册，第479頁下。
〔三〕 見唐白居易《晚春登大雲寺南樓贈常禪師》，《全唐詩》第四百三十九卷。

有《楞伽》四卷經」[一]。荆國王公介甫亦曰「《楞伽》我亦見髣髴」[二]。是知此經，惟上上根人所深好而研窮之，其它人莫識也。達磨謂二祖曰：「吾觀震旦所有經教，惟《楞伽》四卷可以印心，祖祖相授，以爲心法。」[三]則知傳心之印，無出此經，有自來矣！

今世談禪者浩浩，而於此經謾不知有；非不知有，正以所見不高，不能深識義趣，故不敢啟口耳！蘇内翰又謂：「近世學者，各宗其師，務從簡便，得一句一偈，自謂了證，至使婦人孺子，抵掌嬉笑，争談禪悦。高者爲名，下者爲利，而佛法微矣！」[四]乃謂此經句句皆理，字字皆法，如醫之有《難經》。今俚俗醫師不由經論，直授方藥以之療病，非不或中；至於遇病，輒應懸斷死生，則與知經學古者，不可同日語。世人徒見其有一至之功，或捷於古人，因謂《難經》不學而可，豈不悮哉？此正謂今日設也。

仰惟雷菴受公老師，飽學飽參，既有實學，遂見實相，非今虚頭禪衲比也。人皆於此經讀尚不成句讀，師乃敢抗志而註釋之，非精勤力學不能到也。且其註釋，又非今講人之比，字字訂前

[一] 見唐白居易《見元九悼亡詩因以此寄》，《全唐詩》第四百三十七卷。
[二] 見北宋王安石《贈彭器資》，《宋詩》·《王安石詩集》卷十六。
[三] 見蘇軾撰《楞伽經序》。以爲，原作「心爲」，據蘇軾《楞伽經序》訂正。
[四] 文字小異。「下者爲利」下，原文有「餘波末流無所不至」一句。見蘇軾撰《楞伽經序》。

人之訛，句句説經意之盡。其文不晦僻，其義又坦明，使蘇内翰復生而見之，亦歡喜讚歎不盡，而況餘人乎？凡於此道得其趣者而觀之，當手之而不釋也。竹齋沈瀛既見是書，合掌頂禮，普勸四衆至心讀誦，詳其註義，使佛語涣然冰釋，於一句中頓明見地，即達磨付囑之意便在眼前，其一堆八擔葛藤，便可束之高閣矣！

昔太保樂全張公安道，慶曆中嘗爲滁州，至一僧舍，偶見此經，入手恍然，如獲舊物。開卷未終，夙障冰解。細視筆劃，手跡宛然。悲喜太息，從是悟入。常以經首四偈發明心要。蘇内翰過南都，親見公説，且以錢三十萬，托公印施於江淮間，而内翰親爲之書。此經印人心地，明驗如此。

敬庵居士黄公師説，静照居士仲威之子，妙德居士節夫之侄孫，心心相傳，其於此經，深解義趣，捐金鏤板，以廣流通，是亦樂全公之意也。若其註釋本末，則具見於雷菴《閣筆記》，此不重述。惟以世人所共知蘇内翰、張太保二事，冠於篇首，以啟人之信心云。雷菴又有《普燈》三十卷，及《楞嚴合論》，捋繼此行於世。嗚呼，盛哉！嗚呼，盛哉！

慶元二年重午日序。

楞伽阿跋多羅寶經集註題辭

大雄氏所説《阿跋多羅寶經》，凡經三譯：其四卷者，宋元嘉中，中印度求那跋陀羅也；其十卷者，後魏延昌中，北印度菩提流支也；迨至於唐，實叉難陀來自于闐，復以跋陀之譯未弘，流支之義多舛，與僧復禮重翻爲七卷，則久視初也。於是判教諸師提綱挈領，李通玄則以五法、三自性、八識、二無我爲言；智覺延壽則以實相、佛語心、自覺聖智爲言。一則因理以顯事，一則從事以推理。理事兼究，則經之奥義無餘藴矣！

然自菩提達磨東來震旦，謂此經四卷可以印心，遂授其徒慧可。故宗禪定者，世受其説，而其文辭簡嚴，卒未易通，所以傳之者寢微。至宋，張文定公方平見於南譙，悟其爲前身所書，乃以錢三十萬，屬蘇文忠公軾印施江淮間。蘇公親爲書之，且記其事，自是流布漸廣。

雷菴禪師正受病句讀之難通也，與同袍智燈據跋陀之本，而參以魏、唐二譯，原其異同，歷疏於經文之下。復稽唐註古本，暨宋僧寶臣、閩士楊彦國之説而折衷之。凡經論疏録有涉於經者，亦撫〔二〕其精華附焉，名之曰《楞伽寶經集註》。自慶元乙卯之三月，至丙辰之四月，始克就緒，其用心可謂勤矣。

且如來説經，不即語言，不離語言。矧此《楞伽》，實詮圓頓，八識洞然，號如來藏，大包無外，小入無内，本性全真，即成智用，觀身實相，與《浄名》同。若彼二乘，滅識趣寂，譬如迷人忘己之頭，狂走呼號，别求首領。此乃諸佛心地法門，不假修證，現前成佛，禪宗之要，蓋莫切於此矣！

或者則曰：「『西來之宗一文不設，若謂初祖持此印心，非愚則惑』，不聞達觀穎公〔三〕之言乎？」曰：「不然也，佛法隨世以爲教，當達摩時，衆生滯相離心，故入義學者悉斥去之，達觀之言猶達摩之意也。苟不察其救弊微權，而據以爲實，則禪那乃六度之一，世尊所指持戒爲禪定智慧之本者，還可廢乎？雷菴之《註》，其有功於禪宗甚大，非上根宿智不知予言之爲當也。」

〔二〕撫，疑爲「摭」字。

〔三〕達觀穎公（九八九—一〇六〇），北宋臨濟宗僧，杭州錢塘人，俗姓丘，號達觀，人稱達觀曇穎。十三歲出家，謹於戒行，博覽群經。初禮謁大陽警玄，學曹洞宗風；後參谷隱藴聰，嗣其法，爲臨濟第七世孫。後於潤州（江蘇）金山龍遊寺，闡揚臨濟宗風。嘉祐五年示寂，世壽七十二，法臘五十三。見《建中靖國續燈録》卷四、《宋高僧传》卷十三、《五燈會元》卷十二、《釋氏稽古略》卷四。

此經舊嘗刻板，近毁於火。天界禪師白菴金公意欲流通，乃購文梓重刻於旃檀林，來徵予爲之序。予幼時頗見正平張戒，集三譯之長，采諸家之註，成書八卷以傳，大意略同，惜雷菴不及見之。白菴妙悟真乘，旁通儒典，爲叢林之所宗。師苟求其説而補入之，則其功又豈不大於雷菴哉！

洪武四年夏五月國子司業金華宋濂序。

大明洪武辛亥重刊楞伽經集註凡例

雷菴宋慶元本爲舊本，兹重刊爲今本。

一、《楞伽》凡三譯，其説備在舊本《閣筆記》及今本《題辭》，四卷流通特盛者，宋譯也。雷菴之集註是經，遇文簡義深處，則以魏唐二譯附其下，欲看讀者參考融會，則滯礙自當釋然。然其間有不甚難通處，而亦證以一譯者，今去之；有合備引而節之者，今備引之。

一、舊本所集諸家註，則唐遺名尊宿，周元翁於廬山古經藏中所得本，宋沙門寶臣《新説》，閩人楊彦國所纂，及諸經論《宗鏡録》等。其「註」字，無其經、其論、其人云者，乃雷菴之述也。但《新説》本爲唐譯七卷而作，唐譯既與宋譯之文有異，則經之與説，豈無相違？然臣公學贍識高，詞理修暢，深得《楞伽》旨趣，脈絡貫通，無施不可。今本全用《新説》處，則曰「《新説》云」。其説與是經之文不同處，未免修詞順義，以就經文，則不顯「《新説》云」，又或以「註云」。「楊云」及《新説》會而釋之處，以非一家之説，故亦不顯「註云」、「楊云」、「《新説》云」，而直以「云云」綴於經文之下。竊惟古人註釋之意，本爲使人易解善入，忘義了心，某云某云初不較於彼此也。

一、舊本或因經文一二字，與他本不同處，則曰註本作某字，楊本、蘇本又作某字某字，今唯取義優理當者，餘皆不録，庶使學者無多岐之惑。

一、凡註疏，或章分或句解，自有條理，若一句中又破碎之，未爲盡善。今詳舊本，或合而一之，節而異之，大意多本《新説》，初非胸臆之見，義例雖未能純然，頗便於覽誦，庶幾經旨由斯而得矣。

一、經教句讀大率不易，又何況於此經？故蔣穎叔〔二〕謂「嘗苦《楞伽經》難讀」，蘇東坡云「讀者或不能句」，今輒句讀之者，誠欲便於初學，中間差謬安能無之，上機了達豈泥於此？

一、科字之法，見於儒書者，今本悉准而科之。或前已科，而後失科者，後當例前而呼。若梵語某字，當作某音呼者，嘗讀佛經之人，口耳素已習熟，更不加科，如阿跋多羅、阿羅、阿㲋、般涅槃、般若等是也。解脱二字，雖非梵語，唯釋典有之，故亦不科。教家論解脱（上胡懈切，下徒活切），解脱（二字並如本音）有二音，有二義，兹不詳録。凡如此等，安能悉舉覽者，宜以類推。

凡例終。

〔二〕蔣穎叔，心泰編著《佛法金湯編》卷十三云：「之奇，字穎叔，仁宗朝舉賢良方正科，試六論，官至翰林學士同知樞密院事，嘗作《楞伽經序》，略曰『之奇嘗苦《楞伽經》難讀』。」

楞伽阿跋多羅寶經卷第一

宋天竺三藏求那跋陀羅　譯
大宋胥臺沙門釋正受　集註

楞伽者，此云不可往；阿，云無；跋多羅，云上寶，貴重義；經，貫攝義。是名不可往無上寶經。謂自覺聖究竟之境，非邪智可造，故曰不可往；隨衆色摩尼之珠，非世寶可比，故曰無上。謂不可往處，有此無上寶也。不可往是喻，無上寶亦喻也。此經蓋以單譬立題。

《華嚴論》云：「世尊於南海摩羅耶山之頂，楞伽城中説法。其山高五百由旬，下瞰大海，無路可上，其城乃衆寶所成，光映日月，無門可入，得神通者，堪能升往。表心地法門，無修無證者方能升也。下瞰大海，表心海本自澄淨，因境風所轉，識浪隨動，惟心空境寂，則此識浪無復起矣！識浪既息，物無不鑑，猶如大海無風，日月星辰等象炳然顯現。此經乃爲根熟者，頓説種子業識爲如來藏，異彼二乘滅識趣寂者故，亦爲異彼般若修空菩薩空增勝者故。蓋直明識體本性全真即成智用，非彼《深密》別立九識接引初根，漸令留惑長大菩提，不令其心植種於空，亦不令心猶如敗種。《解深密經》乃是入惑之初門，《楞伽》、《維摩》直示惑之本。實《楞伽》即明八識爲如來藏，《浄名》即觀身實相、觀佛亦然，《浄名》與《楞伽》同。《深密》經文，則與此二部少别當知。」〔一〕入胎出胎，少年老年，乃至資生住處，若色若空，若性若相，皆是自識，唯佛能知，一經之旨，槩見於此。

一切佛語心品第一〔二〕

一切佛語心者，乃三世諸佛所説性自性第一義心也。品者，類也，别也，義類相從，故名爲品。第一者，此經大部有十萬偈，百萬句，三千六萬言，總有一百五十一品，今所傳者，止有佛語心品，分之爲四，故言第一也。

（一）

如是我聞。一時佛住南海濱楞伽山頂，實叉云〔三〕「婆伽婆住大海濱摩羅耶山頂楞伽

〔一〕文字小異。見《新華嚴經論》卷第一，《大正藏》第36册，第723頁上。

〔二〕第一，《南藏》、《嘉興藏》、《龍藏》本作「之一」；《高麗藏》、《資福藏》、《磧砂藏》、《普寧藏》本於「第一」下，有「之一」二字。

〔三〕實叉云，指唐實叉難陀譯《大乘入楞伽經》所云。下文類同處，略不重註。

城中，其城乃羅婆那夜叉王所據。蓋佛於海龍王宮說法七日已，而從大海出，有無量億梵釋護世天龍等衆，奉迎於佛。爾時世尊舉目觀見山頂之城，而作是言：『昔諸如來、應、正等覺，皆於此城說自所得聖智證法，非諸外道臆度邪見，及以二乘修行境界。我今亦當爲羅婆那王，開示此法。』爾時，羅婆那夜叉王以佛神力，聞佛言音，即與眷屬，乘華宮殿，往世尊所，右繞三匝，作衆妓樂而供養之，說偈請佛，歸其城中」〔二〕云云。流支所譯，大略相似。唯此經止云「佛住南海濱楞伽山頂」，而不言城者，蓋跋陀之文，尚於簡古也。故於下文，至「一切佛語心，爲楞伽國摩羅耶山諸大菩薩，說如來所歎海浪藏識境界」，則知其略去山名，但以城名混而言之然。「如是我聞一時佛」七字，古今諸師，皆以信、聞、時、主、處、衆六成就義科。上四字、下三字，爲二句讀之。按《龍勝論》云：「世尊將入涅槃，時阿泥盧豆教阿難問佛未來要事者有四。阿難依教請問曰：『如來在世，親自說法，人皆信受；如來滅後，一切經首當立何言？』世尊答曰：『當置「如是我聞一時」，六字爲句。』」〔三〕此其四問之一也。故今以「一時」二字聯上句，「佛」字綴下文。**種種寶華以爲莊嚴，與大比丘僧及大菩薩衆，**就接俗情故，聲聞在前，菩薩在

〔二〕文字小異。見唐實叉難陀譯《大乘入楞伽經》·《羅婆那王勸請品第一》。
〔三〕該文爲引義。見《大智度論》卷第二，《大正藏》第25冊，第66頁中。

後。俱從彼種種異佛刹來。

是諸菩薩摩訶薩，流支於此有「具足」二字。無量三昧自在之力，神通遊戲，大慧菩薩摩訶薩而爲上首。一切諸佛手灌其頂，自心現境界，善解其義。種種衆生、種種心色、無量度門隨類普現。於五法、自性、識、二種無我究竟通達。五法者，曰名、曰相、曰妄想、曰正智、曰如如。三自性者，曰妄想、曰緣起、曰成識，即八識二無我，即人法是也。馬祖云「《楞伽》以佛語心爲宗，無門爲法門」〔一〕，所以成之者在此。實叉至「及大比丘衆」下，重譯云：「其諸菩薩摩訶薩，悉已通達五法、三性、諸識、無我，善知境界自心現義，遊戲無量自在三昧神通諸力，隨衆生心，現種種形，方便調伏，一切諸佛手灌其頂，皆從種種諸佛國土而來此會。大慧菩薩摩訶薩，爲其上首。」

爾時大慧菩薩與摩帝菩薩，摩帝，此云慧。俱游一切諸佛刹土，承佛神力，從座〔二〕而起，偏袒右肩，右膝著地，合掌恭敬，以偈讚佛〔三〕：

〔一〕見《馬祖道一禪師廣録》，《新續藏》第69册，第2頁中。

〔二〕座，《高麗藏》、《龍藏》本作「坐」。

〔三〕佛，《嘉興藏》、宮内本同，餘本作「曰」。

世間離生滅，猶如虛空華，智不得有無，而興大悲心。
一切法如幻，遠離於心識，智不得有無，而興大悲心。
遠離於斷常，世間恒如夢，實叉云：「世間恒如夢，遠離於斷常。」智不得有無，而興大悲心。
知[一]人法無我，煩惱及爾燄[二]，流支以「爾燄」爲「智障」。實叉以「爾燄」爲「所知」，所知即智障。煩惱亦障也。爾燄是梵語，智障、所知是華言。燄，蘇、楊二本作「炎」，後類此。常清淨無相，而興大悲心。
一切無涅槃，無有涅槃佛，無有佛涅槃，實叉云：「佛不住涅槃，涅槃不住佛。」遠離覺所覺。《宗鏡》云：「所覺是相，能覺是見，遠離覺所覺，名自覺聖智。」若有若無有，是二悉俱離。

〔一〕知，《資福藏》、《磧砂藏》本作「如」，《頻伽藏》本作「智」，皆誤。
〔二〕燄，《高麗藏》本作「炎」。下同略不重註。

牟尼寂静觀，是則遠離生，流支云[一]：「若如是觀佛，寂静離生滅。」是名爲不取，今世後世净。實叉云：「是人今後世，離著無所取。」

爾時大慧菩薩偈讚佛已，自説姓名：

我名爲大慧，通達於大乘，註云：自言有大乘機。今以百八義，仰諮尊中上。

世間解之士，聞彼所説偈，觀察一切衆，告諸佛子言：此四句乃結集者之語，當爲長行故。實叉云：「時世間解，聞是語已，普觀衆會，而作是言。」

汝等諸佛子，今皆恣所問，我當爲汝説，自覺之境界。實叉云：「自證之境界。」

(二)

爾時大慧菩薩摩訶薩承佛所聽，頂禮佛足，合掌恭敬，以偈問曰：

云何净其念？云何念增長？註云：净如來藏心念，使法身净念顯現增長。

云何見癡惑？云何惑增長？註云：愚夫妄取有無，增長生死。

[一] 流支云，指魏菩提流支譯《入楞伽經》所説。下文類同處，略不重註。

何故剎土化，相及諸外道？ 此問如來於剎土中，化諸衆生及諸外道，所化之化相。然「相」字雖屬下句，而義屬上句。如下文云「如來云何於，一切時剎現」，則「於」字屬上句，而義屬下句。教中有文句，有義句。義句，則義局於句；文句，則句局於義。此二偈句，當在義句中收。

云何無受次〔一〕**？何故名無受？** 上句，問滅受想定之次第；下句，問定體何因而名。

何故名佛子？解脱至何所？誰縛誰解脱？

何等禪境界？云何有三乘？惟願爲解説。

緣起何所生？云何作所作？ 《新説》云〔二〕：「問因緣所起本自無生，若體不生，何有能生因及所作果？」

云何俱異説？ 此舉外道妄計一、異、俱、不俱，有、無、非有非無，常、無常四句，疊上二句問之。**云何爲增長？** 實叉云：「云何諸有起？」

〔一〕次，《高麗藏》、《頻伽藏》本作「欲」。
〔二〕《新説》云，指宋寶臣《註大乘入楞伽經》所説。下文類同處，略不重註。

云何無色定，四空定也。及與〔二〕滅正受？滅盡定也。

云何爲想滅？滅受想定也。何因從定覺？問：受想既滅，何因從定而覺？若從定覺，滅義不成。

云何所作生，進去及持身？流支云：「云何因生果，何因身去住？」○進，即去義；持，即住義。

云何現分別？流支云：「何因觀所見？」云何生諸地？實叉作「入諸地」。

破三有者誰？何處身云何？註云：此問破三有處，及以何身破三有。往生何所至？實叉云：「生後住何處？」○註云：既破三有後，何處生？

云何最勝子？流支作「諸佛子」。何因得神通，及自在三昧？云何三昧心？最勝爲我説。

云何名爲藏？如來藏也。云何意及識？

云何生與滅？云何見已還？問：云何了知生滅諸法，不待斷所見，而已還無見之

〔二〕與，《高麗藏》本作「以」。

見？故流支以「見已還」爲「斷所見」也。

云何爲種性〔二〕，非種及心量？問五無間種性也。非種，即外道種；心量，即不定種也。性，蘇、楊二本作「姓」。

云何建立相，及與非我義？

云何無衆生？真諦也。云何世俗説？俗諦也。

云何爲斷見，及常見不生？註云：非有立有，名常見；非無立無，名斷見。

云何佛外道，其相不相違？

云何當來世，種種諸異部？註云：問未來十八部之差別。

云何空何因？流支作「名爲空」。云何刹那壞？《新説》云：「刹那名念，壞名無常。」又《俱舍論》云：「時之極少，名刹那。」〔三〕○念起曰生，念滅曰壞。

云何胎藏生？云何世不動？註云：問世間諸法體性生滅，何故不動？

〔二〕性，《高麗藏》、《資福藏》、《磧砂藏》、《南藏》、《龍藏》、《頻伽藏》本作「姓」。

〔三〕見《俱舍論疏》卷第五，《大正藏》第41册，第550頁中。

何因如幻夢，及揵闥婆城，世間熱時燄，及與水月光？實叉云：「云何諸世間，如幻亦如夢，乾城及陽燄，乃至水中月？」

何因說覺支，及與菩提分？七覺支、八聖道分也。

云何國土亂？問：名、相、妄想法中，云何有國土亂？云何作有見？實叉云：「何故見諸有？」

云何不生滅，世如虛空華？云何覺世間？云何說離字？實叉云：「云何知世法？云何離文字？云何如空華，不生亦不滅？」

離妄想者誰？云何虛空譬？實叉作「如虛空」。

如實有幾種？真如實際也。幾波羅蜜心？實叉云：「諸度心有幾？」

何因度諸地？誰至無所受？問：何因得超諸地之次第？又誰能至無所受之境？無所受，即無所有處也。

何等二無我？云何爾燄浄？

諸智有幾種？幾戒衆生性？註云：衆生性既別，教戒有幾種？

誰生諸寶性，摩尼真珠等？誰生諸語言，衆生種種性？

明處及伎術，誰之所顯示？流支云：「五明處伎術。」○五明，《大論》云：「五明者：一曰聲明，釋詁訓字詮目流别；二曰工巧明，伎術機關、陰陽曆數；三曰醫方明，禁呪閑邪藥石針艾；四曰因明，考定正邪研覈真僞；五曰内明，究暢五乘因果妙理。」[一]

伽陀有幾種，長頌及短句[二]？伽陀，此云頌。成爲有幾種？流支以「成」爲「法」；實叉以「成」爲「道」。云何名爲論？

云何生飲食，及生諸愛欲？飲食愛欲，因何而起？

云何名爲王，轉輪及小王？云何守護國？諸天有幾種？

云何名爲地，星宿及日月？已上問名、相。

解脱修行者，是各有幾種？弟子有幾種？云何阿闍梨？此云軌范師。

佛復有幾種？復有幾種生？謂佛有法生、報生、化生，故以爲問。

魔及諸異學，彼各有幾種？

[一]《大智度論》中未見該引文。該引文見《翻譯名義集》五，《大正藏》第54册，第1144頁下。

[二]句，《高麗藏》、《磧砂藏》、《頻伽藏》本作「頌」。

自性及與心，彼復各幾種？實叉云：「自性幾種異，心有幾種別？」

云何施設量？流支作「施假名」，實叉作「唯假設」。惟願最勝說。

云何空風雲？流支云：「何因有風雲？」

云何念聰明？註云：總問何故名念，而復名聰明。

云何爲林樹？云何爲蔓草？云何象馬鹿？云何而捕取？

云何爲卑陋？何因而卑陋？

云何六節〔二〕攝？流支、實叉皆以「六節」爲「六時」。○註云：外道有六節師。○《新說》云：「西域兩月爲時，年分六節。」

云何一闡提？《德王品》云：「一闡，名信；提，名不具。不具信，故名一闡提。」〔三〕

男女及不男，斯皆云何生？

云何修行退？云何修行生？流支、實叉皆作「修行進」。

〔二〕節，《高麗藏》、《頻伽藏》本作「師」。

〔三〕［北涼］曇無讖譯《大般涅槃經》卷第二十六，《光明遍照高貴德王菩薩品》第十之六，《大正藏》第12册，第519頁上。

禪師以何法，建立何等人？　流支云：「教何等人修，令住何等法？」

衆生生諸趣，何相何像類？　云何爲財富？　何因致財富？　實叉云：「衆生生諸趣，何形何色相？　富饒大自在，此復何因得？」

云何爲釋種？　何因有釋種？　云何甘蔗種？　無上尊願説。《本行經》云：「大茅草王得成王仙，被獵師所射，滿血於地，生二甘蔗，日炙而開，一出童男，一出童女。占相師立男名善生，即灌頂甘蔗王；　女名善賢，第一妃。」〔二〕瞿曇釋種，即其裔也。

云何長苦仙？　彼云何教授？

如來云何於，一切時刹現，種種名色類，最勝子圍繞？　實叉云：「仙人長苦行，是誰之教授？　何因佛世尊，一切刹中現，異名諸色類，佛子衆圍繞？」

云何不食肉？　云何制斷肉？　食肉諸種類，何因故食肉？

云何日月形，須彌及蓮華，師子勝相刹，側住覆世界，如因陀羅網；　因陀羅，此

〔二〕該文爲引義，出《翻譯名義集》一，《大正藏》第54册，第1060頁上。原文參《佛本行集經》卷第五，《大正藏》第3册，第674頁上。

云帝，即帝網也。註本云：帝釋有衆寶風絲羅網，雖百千重，不相障礙。**或悉諸珍寶，箜篌細腰鼓，狀種種諸華；或離日月光，如是等無量？**自「日月形」至此，問世界形相差別無量。《華嚴經》云：「種子差別故，果實生不同；行業若干故，佛刹種種異。」〔一〕

云何爲化佛？云何報生佛？云何如如佛？云何智慧佛？實叉叠「如如、智慧」，爲「真如、智慧」佛。○《新説》云：「問佛名義也。隨機赴感應化佛，酬其往因名報佛，體性無二真如佛，本覺顯照智慧佛。」

云何於欲界，不成等正覺？何故色究竟，離欲得菩提？善逝般涅槃，誰當持正法？《新説》云：「問盧舍那佛成菩提界，及問涅槃後，誰持正法？」

天師住久如？正法幾時住？流支、實叉皆以「天師」作「世尊」。○天師，即天人師。

悉檀及與見，各復有幾種？悉是華言，檀是梵語。悉，徧也；檀，翻爲施。佛以四法徧施衆生，故名悉檀。餘義見第二卷。見，謂世諦諸見。

毗尼比丘分，云何何因緣？毗尼，此云律。○註云：云何是毗尼，何因緣是比

〔一〕［東晉］佛馱跋陀羅譯《大方廣佛華嚴經》卷第四，《盧舍那佛品》第二之三，《大正藏》第9册，第415頁中。

丘分？

彼諸最勝子，緣覺及聲聞，何因百變易？云何百無受？云何世俗通？云何出世間？云何爲七地？惟願爲演說。實叉云：「悉檀有幾種？諸見復有幾？何故立毗尼，及以諸比丘？一切諸佛子，獨覺及聲聞，云何轉所依？云何得無相？云何得世通？云何得出世？復以何因故，心住七地中？」

僧伽有幾種？云何爲壞僧？僧伽，此云和合衆。流支、實叉皆以「壞僧」爲「破僧」，謂破和合僧也。

云何醫方論？是復何因緣？《新説》云：「問世出世間，醫方諸論也。」

何故大牟尼，唱説如是言：迦葉拘留孫，拘那含是我？《新説》云：「餘經有此言，故大慧問之。」○義見第三卷「以四等故」下。

何故説斷常，及與我無我？何不一切時，演説真實義，而復爲衆生，分別説心量？

何因男女林，謂衆多如林也。訶梨阿摩勒，此二果皆可爲藥。訶梨，舊云呵梨勒，新云訶梨怛雞，此云天王持來。阿摩勒，其實如胡桃。雞羅及鐵圍，金剛等諸山，無量寶莊嚴，仙闥[二]婆充滿？ 實叉云：「仙人乾闥婆，一切悉充滿，此皆何因緣？願佛爲我說。」○自此下，是世尊牒領大慧所問，語多錯綜，未易以次序分。

（三）

無上世間解，聞彼所説偈，大乘諸度門，諸佛心第一。 梵語乾栗陀耶[三]，此云堅固心，謂第一義心，非念慮心也。 善哉善哉問，大慧善諦聽，我今當次第，如汝所問説。 實叉自「仙闥婆充滿」下，云：「爾時世尊聞其所請大乘微妙諸佛之心最上法門，即告之言：『善哉大慧，諦聽諦聽，如汝所問，當次第說。』即說偈言。」

生及與不生，涅槃空刹那，趣至無自性。 註云：大慧所問有爲生法，無爲不生法，涅槃、虚空、刹那法，皆想所見，初無自性也。○實叉以「空」爲「空相」，以「趣至」爲「流轉」。

佛諸波羅蜜，佛子與聲聞，緣覺諸外道，及與無色行，如是種種事。 實叉疊云：「波羅蜜佛子，聲聞辟支佛，外道無色行。」○謂上所問是人及人所行法。 諸波羅蜜，三乘人所行

[二] 闥，《資福藏》、《磧砂藏》、《龍藏》本訛作「闍」。
[三] 栗，原作「粟」，據《翻譯名義集》卷十五《唐梵字體篇》第五十五云「梵語Hṛdaya，翻爲乾栗陀耶」訂正。

法；無色行，外道人所行法。而人及人所行法，皆以趣至無自性結之，故云「如是種種事」。

須彌巨海山，洲渚刹土地，星宿及日月，外道天修羅。

解脱自在通，力禪三摩提，滅及如意足，覺支及道品。領上「何因説覺支，及與菩提分」，力、意足、覺等，即三十七助道品之數也。

諸禪定無量，諸陰身往來，《新説》云：領上「衆生生諸趣」。正受滅盡定，註云：領上「及與滅正受」。三昧起心説。領上「云何三昧心」。

心意及與識，無我法有五，自性想所想，及與現二〔二〕見，實叉云：「分別所分別，能所二種見。」乘及諸種性〔三〕。註云：領上「云何有三乘，云何爲種性」。

金銀摩尼等，一闡提大種，下文有四大種義。荒亂及一佛，智爾燄得向。註云：荒亂，領上「云何國土亂」；一佛，領上「迦葉等是我」；智爾燄，領上「云何爾燄净」；得向，領上「解脱修行者」。

〔二〕現二，原作「二現」，據《高麗藏》、《龍藏》本改。
〔三〕性，《資福藏》、《磧砂藏》、《南藏》、《龍藏》、《頻伽藏》本作「姓」。

衆生有無有，《新説》云：領上「及與我無我」。象馬諸禽獸，云何而捕取。

譬因成悉檀，實叉云：「云何因譬喻，相應成悉檀？」及與作所作。

叢林〔二〕迷惑通，實叉云：「衆林與迷惑。」心量不現有。實叉云：「唯心無境界。」

諸地不相至，註云：領上「何因度諸地」。百變百無受。

醫方工巧論，伎術諸明處。自此下至「毛孔眉毛幾」，是世尊以名相塵量徵問大慧，故曰「何故不問此」。

（四）

諸山須彌地，實叉云：「須彌諸山地。」巨海日月量，下中上衆生，身各幾微塵？

一一刹幾〔三〕塵？《新説》云：「三千大千世界爲一化佛刹。」弓弓數有幾？肘步拘

樓舍，半由延由延？實叉作「由旬」。

〔二〕叢林，《嘉興藏》、宫内本同，餘本作「鬱林」，下同。

〔三〕幾，《資福藏》、《磧砂藏》、《普寧藏》、《南藏》、《龍藏》本作「微」。

兔毫窗塵蟣[二]，羊毛穬麥塵。譯梵云：七微塵，成一窗塵；七窗塵，成一兔毛頭塵；七兔毛頭塵，成一羊毛頭塵；七羊毛頭塵，成一牛毛頭塵；七牛毛頭塵，成一蟣；七蟣，成一虱；七虱，成一芥；七芥，成一大麥；七大麥，成一指節；七指節，成半尺；兩半尺，成一尺；二尺，成一肘；四肘，成一弓；五弓，成一杖；二十杖，名一息；八十息，名一俱盧舍；八俱盧舍，名一由旬。

鉢他幾穬麥？阿羅穬麥幾？獨籠那佉梨，勒叉及舉利，乃至頻婆羅，是各有幾數？鉢他，一升也。阿羅，一鬥也。獨籠，一斛也。那佉梨，十斛也。勒叉，一萬也。舉利，一億也。頻婆羅，一兆也。謂幾穬麥之塵，成一升；又幾穬麥之塵，爲一鬥，餘皆類此。

爲有幾阿㝹，名舍梨沙婆？幾舍梨沙婆，名爲一賴提？幾賴提摩沙？幾摩沙陀那[三]？復幾陀那羅，爲迦梨沙那？幾迦梨沙那，爲成一波羅？此等積聚相，幾波羅彌樓？阿㝹，亦塵也。舍梨沙婆，芥子也。賴提，草子也。摩沙，豆也。陀那，銖

[二] 蟣，《高麗藏》、《資福藏》、《磧砂藏》、《普寧藏》本作「蟻」。
[三] 幾賴提摩沙，幾摩沙陀那：《高麗藏》、《頻伽藏》本作「幾賴提摩沙，爲摩沙陀那？幾摩沙陀那，名爲陀那羅」。

也。迦梨沙那，兩也。婆羅，斤也。彌樓，須彌山也。謂以幾斤之塵，能成此彌樓之山，實叉云「幾斤成須彌」者是矣。

是等所應請，何須問餘事？

聲聞辟支佛，佛及最勝子，身各有幾數，何不問佛、聲聞，身量各有幾塵？何故不問此？

火燄幾阿㝹？風阿㝹復幾？根根幾阿㝹？毛孔眉毛幾？實叉云：「火風各幾塵？一一根有幾？眉及諸毛孔，復各幾塵成？」○此下復領大慧所問。

（五）

護財自在王，註云：領上「云何名爲王」。轉輪聖帝王，云何王守護？云何爲解脱？廣説及句説，如汝之所問。

衆生種種欲，種種諸飲食？云何男女林，金剛堅固山？

云何如幻夢，野鹿渴愛譬？云何山天仙，揵〔一〕闥婆莊嚴？實叉云：「云何諸妙山，仙闥婆莊嚴？」

解脱至何所？誰縛誰解脱？云何禪境界，變化及外道？

云何無因作？云何有因作，有因無因作，及非有無因？註云：此四因，領上「云何俱異説」。

云何現已滅？註云：領上「見已還」。云何浄諸覺？云何諸覺轉，及轉諸所作？註云：領上「云何浄其念，云何念增長」。

云何斷諸想？云何三昧起？破三有者誰？何處爲何身？註云：領上「何處身云何」。

云何無衆生，而説有吾我？云何世俗説？惟願廣分別。實叉疊云：「云何無有我？云何隨俗説？」流支亦無「惟願廣分別」一句。

所問相云何，及所問非我？云何爲胎藏，及種種異身？註云：領上「種種名

〔一〕揵，《高麗藏》、《頻伽藏》本作「犍」。

色類」。

云何斷常見？云何心得定，言説及諸智，戒種性佛子？

云何成及論？領上「成爲有幾種，云何名爲論」。云何師弟子？種種諸衆生，斯等復云何？

云何爲飲食，聰明魔〔一〕施設？此一句領上三問，謂「念聰明、魔幾種及施設量」也。

云何樹葛藤〔二〕？領上「云何爲林樹，云何爲蔓草」。最勝子所問。

云何種種刹，仙人長苦行？云何爲族姓？從何師受學？云何爲醜陋？云何人修行？欲界何不覺，領上「云何於欲界，不成等正覺」。謂此天耽著欲樂，不能覺悟也。阿迦膩吒成？領上「何故色究竟，離欲得菩提」。謂此天離欲而成道也。阿伽膩吒，即色究竟天。

〔一〕魔，《高麗藏》、《資福藏》、《磧砂藏》、《南藏》、《龍藏》、《頻伽藏》本作「廣」。
〔二〕藤，《高麗藏》、《龍藏》、《頻伽藏》本作「滕」。

云何俗神通〔一〕？云何爲比丘？云何爲化佛？云何爲報佛？云何如如佛〔二〕？平等智慧佛？云何爲衆僧？佛子如是問。

箜篌腰〔三〕鼓華，刹土離光明，領上「箜篌、諸華、日月」等句。心地者有七，註云：領上「云何爲七地」。所問皆如實？

此及餘衆多，實叉云：「此及於餘義。」佛子所應問？

一一相相應，遠離諸見過，悉檀離言説。悉檀四法，以離言説相故，能徧施衆生。

我今當顯示，次第建立句，佛子善諦聽。此上百八句，如諸佛所説。實叉自「心地者有七」下，十二句皆重譯之。至第十句下，乃云「我當爲汝説，佛子應諦聽」。又於其下，補云「爾時，大慧菩薩摩訶薩白佛言：世尊！何者是一百八句？佛言：大慧所謂」。

〔一〕神通，宫内本訛作「成通」。

〔二〕如如佛，《嘉興藏》本同，餘本作「爲如如」。

〔三〕腰，原作「要」，據《高麗藏》、《龍藏》本改。

（六）

不生句生句。實叉云：「生句非生句。」常句無常句。《新説》云：「自下如來約心真如門答也。言衆生於真實無生上，妄起生見，本自非生，故云『生句非生句』。若有生法，可言有常，以生無故，則無有常，故云『常句無常句』。此二句既爾，餘諸句類，皆以下句遣上句，妄見若無，真實自現。」○下句凡字屬遣義者，實叉皆作「非」，如「無」、如「離」、如「不」等字也。

相句無相句。住異句非住異句。《新説》云：「爲成生句，相從而來，本無今有名生，法非凝然名異，法有暫用名住。」○住異二句，上問中無，蓋問雖略，答必詳而有序耳。下文中尚多此類，讀者毋惑。

剎那句非剎那句。自性句離自性句。空句不空句。斷句不斷句。邊句非邊句。中句非中句。常句非常句。實叉云：「恒句非恒句。」○古註云：凡有三常，一外道計四大性常；二業習氣相續，得果不斷故常；三如來藏體真常住故常。此三常，皆愚夫虛妄見，故言非常句也。

緣句非緣句。因句非因句。煩惱句非煩惱句。愛句非愛句。方便句非方便句。巧句非巧句。實叉云：「善巧句非善巧句。」

淨句非淨句。成句非成句。譬句非譬句。弟子句非弟子句。師句非師句。種性句非種性句。三乘句非三乘句。所有句非〔一〕所有句。願句非願句。三輪句非三輪句。相句非相句。實叉云：「標相句非標相句。」有品句非有品句。實叉云：「有句非有句，無句非無句。」俱句非俱句。緣自聖智現法樂句非現法樂句。實叉云：「自證聖智句非自證聖智句，現法樂句非現法樂句。」刹土句非刹土句。阿㝹句非阿㝹句。實叉云：「塵句非塵句。」水句非水句。弓句非弓句。實句非實句。數句非數句。註云：牒上微塵數。舊註云：此物之數也。數句非數句。此數上聲。明句非明句。虛空句非虛空句。雲句非雲句。工巧伎〔二〕術明處句非工巧伎術〔三〕明處句。風句非風句。

〔一〕非，《嘉興藏》本同，餘本作「無」。

〔二〕伎，《普寧藏》本作「技」。

〔三〕非工巧伎術，《嘉興藏》本同，餘本作「非」。

地句非地句。心句非心句。施設句非施設句。自性句非自性句。實叉云：「體性句非體性句。」陰句非陰句。衆生句非衆生句。慧句非慧句。涅槃句非涅槃句。爾燄句非爾燄句。外道句非外道句。荒亂句非荒亂句。幻句非幻句。夢句非夢句。燄句非燄句陽燄。像句非像句影像。輪句非輪句火輪。揵闥婆句非揵闥婆句。天句非天句。飲食句非飲食句。婬欲句非婬欲句。見句非見句。波羅蜜句非波羅蜜句。戒句非戒句。日月星宿句非日月星宿句。諦句非諦句。果句非果句。

滅起句非滅起句。實叉云：「滅句非滅句，起句非起句。」

治句非治句。實叉云：「醫方句非醫方句。」

相句非相句。所答凡有三相句：前則名相之相，次則標相之相，此則占相之相也。世尊既以醫道冠於上文，是必以卜術綴於下句矣。○《新説》：以前爲體相，此爲法相。

支句非支句。實叉云：「支分句非支分句。」

巧明處句非巧明處句。禪句非禪句。迷句非迷句。現句非現句。護句非護句。族句非族句種族。仙句非仙句。王句非王句。攝受句非攝受句。寶句非寶句〔二〕。

記句非記句。一闡提句非一闡提句。女男不男句非女男不男句。味句非味句。事句非事句。身句非身句。覺句非覺句。動句非動句。根句非根句。有爲句非有爲句。無爲句非無爲句。因果句非因果句。色究竟句非色究竟句。節句非節句。叢樹葛藤句〔三〕非叢樹葛藤句。實叉云：「樹藤句非樹藤句。」雜句非雜句。實叉云：「種種句非種種句。」說句非說句。實叉於此下有「決定句非決定句」七字。毗尼句非毗尼句。比丘句非比丘句。處句非處句。流支、實叉皆以「處句」爲「住持句」。

〔二〕寶句非寶句，《高麗藏》、《資福藏》、《磧砂藏》、《頻伽藏》本作「實句非實句」。

〔三〕叢樹葛藤句，《高麗藏》、《資福藏》、《磧砂藏》、《龍藏》、《頻伽藏》本作「欝樹藤句」，下句同。

字句非字句。實叉云：「文字句非文字句。」○《新説》云：「上約心真如門，總答一百八句。皆言非者，如馬鳴云：『當知真如自性，非有相、非無相、非非有相、非非無相、非有無俱相，非一相、非異相、非非一相、非非異相、非一異俱相。從本以來，一切染法，及一切衆生以有妄心念念分別，以不相應故，即是真心常恒不變、浄法滿足，亦無有相可取，以離念境界唯證相應故。』」〔二〕

大慧，是百八句先佛所説，汝及諸菩薩摩訶薩應當修學。《新説》云：「此是結勸諸菩薩等，應當如是學菩薩道，修菩薩行。舉先佛者，皆發明誠信故。」

（七）

爾時大慧菩薩摩訶薩復白佛言：世尊，諸識有幾種生、住、滅？

佛告大慧：諸識有二種生、住、滅，非思量所知。諸識有二種生，謂流注生及相生；楊云〔三〕：「謂心念緣生，如水流注，及覩一切色相而生。」有二種住，謂流注住及

〔二〕該文爲引義。參梁真諦譯《大乘起信論》，《大正藏》第32册，第576頁中。

〔三〕楊云，指宋楊彦國《楞伽經纂》所説。下文類同處，略不重註。

相住；有二種滅，謂流注滅及相滅。古註云：流注者，唯目第八識三相微隱，種現不斷，名爲流注。由無明緣初起業識，故説爲生；相續長劫，故名爲住；到金剛定等覺一念斷本無明，名流注滅。相生住滅者，謂餘七識心境麤顯，故名爲相；雖七緣八，望六爲細，具有四惑，亦云麤故。依彼現識自種諸境緣合生七，説爲相生；長劫熏習，名爲相住；從末向本漸伏及斷，至七地滿，名爲相滅。〇三相微隱者，即業相、轉相、現相也，如《起信論》所明。

大慧[一]，諸識有三種相，謂轉相、業相、真相[二]。轉，則五識該六識之相；業，則六識該七識之相；真，則七識該八識之相。此三相，爲生住滅法之樞紐，諸識之媒伐，唯智可明，故云「非思量所知」。

大慧，略説有三種識，廣説有八相。何等爲三？謂真識、現識及分別事識。《宗鏡》以「真」爲本覺，「現」爲八識，餘七俱爲分別事識。又曰：「真謂本覺者，即八識之性，經中有明九識，於八識外立九識名，即是真識。若約性收，亦不離八識，以性遍一切處故。」[三]楊

[一] 大慧，《嘉興藏》本同，餘本無。
[二] 真相，《普寧藏》本訛作「生相」，下三處同，略不重註。
[三] 見《宗鏡録》卷第五十七，《大正藏》第48册，第742頁下。

公亦以真識爲實相，現識爲八識，分別事識爲六識。《名義》云：「天親《十地論》其所宗者，有南北異計：南宗以賴耶爲淨識，北宗以賴耶爲無明。故《妙玄》〔一〕云『今明無明之心，不自、不他、不共、不無因，四句皆不可思議』，此約自行破計南北不存。」〔二〕無著《攝大乘論》亦有二譯之殊：梁諦師所譯者立九識，計八識生起諸法十二因緣；唐奘師所譯但立八識，謂第九只是八識異名。故有梁唐之異，南北之殊。《宗鏡》又云：「此阿賴耶識，即是真心不守自性，隨染淨緣不合而合，能含藏一切真俗境界，故名藏識，如明鏡不與影像合而含影像，此約有和合義邊説。若不和合義者，即體常不變，故號真如。因合不合，分其二義，本一真心，湛然不動。若有不信阿賴耶識即是如來藏，别求真如理者，如離像覓鏡，即是惡慧，以未了不變隨緣、隨緣不變之義，而生二執。」〔三〕《宗鏡》所論深切著明，固可釋後人之疑。然真常淨識與此經真識初無少異，但所宗者不能詳辨此識是賴耶之體，雖有所分，更無別體。須知此經止於八相中略説三種識，不同他經立九識也，八相亦識耳。

〔一〕《妙玄》，指《妙法蓮華經玄義》，天臺智者大師造。
〔二〕該文爲引義。參《翻譯名義集》六，《大正藏》第54册，第1159頁中。
〔三〕見《宗鏡録》卷第四十七，《大正藏》第48册，第694頁下。

大慧，譬如明鏡持諸色像，現識處現亦復如是。《宗鏡》云：「如是七識於阿賴耶識中，盡相應起，如衆影像，俱現鏡中。」〔一〕

大慧，現識及分別事識，此二壞不壞相展轉因。實叉云：「現識與分別事識，此二識無異，相互爲因。」○註云：此明七六與五生滅變相。五識壞不壞相者，眼等識一念得塵即滅，名壞色；習氣轉入六識，名不壞。七識壞不壞相者，七識緣六識，造善惡業，念念生滅，名壞；業習依如來藏，得未來生死，名不壞。

大慧，不思議熏及不思議變，是現識因。賢首云：「謂無明能熏真如，不可熏處而能熏，故名不思議熏。……謂真如心受無明熏，不可變異而變異，故名不思議變。」〔二〕

大慧，取種種塵及無始妄想熏，是分別事識因。實叉云：「現識以不思議熏變爲因；分別事識以分別境界，及無始戲論習氣爲因。」

〔一〕見《宗鏡録》卷第五十六，《大正藏》第48册，第740頁中。
〔二〕〔唐〕釋法藏《大乘起信論義記》卷下，《大正藏》第44册，第269頁中。

大慧，若覆彼真識種種不實諸虛妄[一]滅，則一切根識滅，是[二]名相滅。楊云：「覆，有反復之義。謂迴光返照，還於真識，則一切根塵泯爲法界，所有性相，復何覩哉！」

大慧，相續滅者，謂無始虛妄習氣既滅，則一切根量識相自然不滅而滅也。相續所因滅，則相續滅；依因妄想，故有相續；因滅，則相續安附？所從滅及所緣滅，則相續滅。所從之識、所緣之塵既滅，則相續復何所附？

大慧，所以者何？是其所依故。依者，謂無始妄想熏；緣者，謂自心見等識境妄想。註云：此是外塵。○實叉云：「所依因者，謂無始戲論虛妄習氣；所緣者，謂自心所見分別境界。」

大慧，譬如泥團、微塵非異非不異，金、莊嚴具亦復如是。謂泥團異於微塵，則泥團因微塵而成，故不可言異；謂泥團不異於微塵，則泥團名與微塵異，故不可言不異。又如良工，以金作瓶盤釵釧之具，異與不異如之。故下文云云。

[一] 妄，原作「空」，據《高麗藏》、《龍藏》本改。

[二] 是，《嘉興藏》本同，餘本作「大慧是」。

大慧，若泥團、微塵異者，非彼所成，而實彼成，是故不異；若不異者，則泥團、微塵應無分別。

如是大慧，轉識、藏識真相若異者，藏識非因；註云：轉識，五六七識；藏識——八識。○轉識因藏識而有，若異則不因藏識而有，既因藏識而有，則不異矣。若不異者，轉識滅，藏識亦應滅，而自真相實不滅。藏識真相既實不滅，則與轉識異矣。此明非異、非不異也。

是故大慧，非自真相識滅，但業相滅。若自真相識滅〔二〕者，藏識則滅。蘇、楊二本真相下無「識」字。○明轉識之業相滅，藏識真相實不滅也。

大慧，藏識滅者，不異外道斷見論議。

大慧，彼諸外道作如是論，謂攝受境界滅，識流注亦滅。若識〔三〕流注滅者，無始流注應斷。若識流注滅者，謂諸識滅，則無始藏識亦應滅，滅則同外道斷見。蓋牒上藏識

〔二〕識滅，《嘉興藏》本同，餘本作「滅」。

〔三〕識，《頻伽藏》本訛作「滅」。

實不滅也。流注，即相續義。前之云根識俱滅者，以轉而成智爲滅，非以斷滅爲滅。

大慧，外道説流注生因，非眼識色明集會而生，更有異因。大慧，彼因者，説言：若勝妙、若士夫、若自在、若時、若微塵。實叉云：「彼諸外道説相續識從作者生，不説眼識依色、光明和合而生，唯説作者爲生因故。作者是何？彼計勝性、丈夫、自在、時及微塵爲能作者。」〇《新説》云：「勝性，亦云勝妙，是生梵天之天主也。丈夫，即神我之別名。自在，謂大自在天，及計時節、微塵等爲能作者。」〇士夫，亦云丈夫。〇楊云：「不滅真相，即達磨所傳之一心也。明靈虛徹，亘古亘今。究其本源，無有閒雜。妄想和合，乃有諸識。諸識所現，乃有諸相。諸相不常，乃有生、住、滅。覺此則涅槃樂，迷此則生死河。達道之人，覺彼所現幻塵不實，皆由無始妄想所熏，迴光返照，還於真識。如水歸坎，流浪自停；如火歸空，光芒頓滅。便可逍遙自在，心境俱忘，永謝諸塵，端然實相。蓋爲熏習尚在，未免攀緣終日；依他不自知覺，間有强生知見，立自本心。不知陰界藏身，徒然以佛覓佛。一則依他境界，一則以心緣心。二病未除，妄相相續。故如來必欲從緣俱息，依因並捐，轉業兼離，真相永淨。是道也，非從他得，只是家珍，目前歷歷孤明，認著依前埋没，不須取捨，本自圓成，但離妄緣，即是實際。佛語心品，明此而已。

（八）

復次大慧，有七種性自性，所謂集性自性、性自性、相性自性、大種性自性、因性自性、緣性自性、成性自性。謂熏習所聚，成集自性； 既成集自性，則法法自爾，故成性自性； 既成性自性，則性隨質顯，故成相自性； 既成相自性，則相假形分，故成大種自性； 既成大種自性，則大依妄立，故成因自性； 既成因自性，則因待緣生，故成緣自性； 既成緣自性，則因緣相即，故成成自性也。 蓋性以不遷爲義，故皆以自性綴之。 ○實叉所譯七種性，除性自性，皆無上之「性」字。 ○註云： 上七種，成上妄識生滅身。

復次大慧，有七種第一義，所謂心境界、慧境界、智境界、見境界、超二見境界、超子地境界、如來自到境界。心境界者，謂心本無境界，以凝然不動故，諸虛妄不能入也。 心既凝然則能發慧，慧力既勝則成智用，既成智用則正見現前，正見現前則超有無二見，以至復能超過子地及等覺地，到如來自到境界也。 子地，即九地。 ○註云： 上七種，成上真識不生滅法身。

大慧，此是過去、未來、現在諸如來、應供、等正覺性自性第一義心。 以性自性第一義心，成就如來世間、出世間、出世間上上法。 聖慧眼入自共相建立，如所建立，不與外道論惡見共。實叉云：「以聖慧眼入自共相種種安立〔一〕，不與外道惡見共。」

大慧，云何外道論惡見共？所謂自境界妄〔二〕想見，不覺識自心所現，分齊不通。大慧，愚癡凡夫性，無性自性第一義，作二見論。楊云：「外道惡見，於自境界但起妄想之見。」〇流支、實叉皆以「識」爲「知」。〇謂凡夫於自心現分齊不通，罔知非性、非無性，而於自性第一義作有無見論。

復次大慧，妄想三有苦滅，無知、愛、業緣滅，自心所現幻境隨見〔三〕，今當說。計無明煩惱、善惡因緣諸法滅得涅槃者，是自心現幻妄境界，隨外道妄見，我今當說。

大慧，若有沙門、婆羅門，楊云：「自此已下，至『妄稱一切智說』，皆外道見。」欲令無種、有種因果現，及事時住，緣陰、界、入生住，或言生已滅。

大慧，彼若相續、若事、若生、若有；若涅槃、若道、若業、若果、若諦，破壞斷滅論。楊云：「外道斷見，於若相續等句，一切破壞而斷滅之。」所以者何？以此現前不

〔一〕種種安立，唐譯原文作「種種安立，其所安立」。
〔二〕妄，《龍藏》本訛作「女」。
〔三〕見，《石經》本作作「現」。

可得，及見始非分故。楊云：「以不見根本，故曰見始非分。」

大慧，譬如破瓶，不作瓶事；亦如焦種，不作牙[一]事。楊云：「外道斷見，於法悉如破瓶、焦種者。」

如是大慧，若陰界入性已滅、今滅、當滅，自心妄想見，無因故，彼無次第生。實叉云：「大慧，有諸沙門、婆羅門，妄計非有及有，於因果外顯現諸物，依時而住。或計蘊界處依緣生住，有已即滅。大慧，彼於若相續、若作用、若生、若滅、若諸有，若涅槃、若道、若業、若果、若諦，是破壞斷滅論。何以故？不得現法故，不見根本故。大慧，譬如瓶破不作瓶事，又如焦種不能生芽。此亦如是，若蘊界處法已現當滅，應知此則無相續生，以無因故，但是自心虛妄所見。」

大慧，若復説無種、有種、識三緣合生者，龜應生毛，沙應出油，汝宗則壞，違決定義。有種、無種説有如是過，所作事業悉空無義。《新説》云：「此重復次於前文，破轉計也。謂彼轉計所生，與無種、有種三緣和合而生者，『龜應生毛，沙應出油』，然龜本無

[一] 牙，《普寧藏》、《嘉興藏》、《龍藏》本作「芽」。

毛，沙本無油，合亦不生，三緣體空，如何生果？『汝宗則壞，違決定義』者，喻斥不成，故言宗壞，以違汝決定能生之義。又於一相中妄計三緣，違我大乘決定之義。『所作事業悉空無益』者，事即是果，業乃是因，言因果事業，並唯妄說，都無實義。」〇實叉以「無義」爲「無益」。

大慧，彼諸外道説有三緣合生者，所作方便因果自相，過去未來現在有種、無種相，從本已來成事相承，覺想〔二〕地轉，自見過習氣，作如是説。註云：牒上外道見，以三緣所作方便，生陰界入因果自相，成三世法。〇楊云：「非自覺，而隨境有覺，曰覺想。」〇謂外道從本以來，以有種、無種相，生成三世因果有無事業也。此之事業與覺想相依，則轉自惡見，不知爲熏習之過，作如是説故。實叉云：「依住覺想地者，所有教理及自惡見熏習餘氣，作如是説。」

如是大慧，愚癡凡夫惡見所害〔三〕，邪曲迷醉，無智妄稱一切智説。

大慧，若復諸餘沙門、婆羅門，自此下，皆論正見與外道異。見離自性浮雲、火輪、揵闥婆城，無生幻、燄、水月及夢，註云：見無自性，如浮雲等；知無生，如幻等。内外

〔二〕想，《石經》本訛作「相」。
〔三〕害，《資福藏》、《磧砂藏》本訛作「筮」。《普寧藏》、《南藏》、《嘉興藏》、《龍藏》本作「噬」。

心現妄想，無始虚僞不離自心。楊云：「所以能離彼自性者，以覺知所現妄僞，悉不離自心故。」

妄想因緣滅盡，離妄想説所説、觀所觀，受用建立身之藏識。謂妄想因緣滅盡，則此妄想，於所説、所觀，身、資生具及藏識境界，脱然離之也。於識境界攝受及攝受者不相應。註云：觀我所空故，妄心不與前境相應。○楊云：「謂之不相應，則其情滅矣。」無所有境界離生、住、滅，自心起隨入分別。楊云：「識境不相應，則無所有；至無所有，則一切生滅離，所謂真心任徧知也。」

大慧，彼菩薩不久當得生死涅槃平等，大悲巧方便，無開發方便。大慧，彼於〔一〕一切衆生界皆悉如幻，不勤因緣，遠離内外境界，心外無所見。次第隨入無相處，次第隨入從地至地三昧境界。解三界如幻，分別觀察，當得如幻三昧。度自心現無所有，流支云：「入自心寂静境界故。」得住般若波羅蜜，捨離彼生所作方便。金剛喻三摩提，隨入如來身，隨入如如化，神通自在，慈悲方便，具足莊嚴。等入

〔一〕彼於，《嘉興藏》本同，餘本作「彼」。

一切佛刹、外道入處，流支云：「入一切佛國土故，入一切衆生所樂處故。」離心意意識。是菩薩漸次轉身，得如來身。實叉云：「此菩薩摩訶薩不久當得生死涅槃二種平等，大悲方便無功用行，觀衆生如幻如影從緣無起，知一切境界離心無得，行無相道，漸升諸地住三昧境，了達三界皆唯自心，得如幻定絶衆影像，成就智慧證無生法，入金剛喻三昧，當得佛身恒住如如，起諸變化力、通、自在。大慧！方便以爲嚴飾，游衆佛國，離諸外道及心意識，轉依次第成如來身。」○《新説》云：「此菩薩即上正見沙門婆羅門也。行無相道者，謂萬行齊修，三輪體寂也。漸升諸地者，謂初登歡喜地，乃至第七遠行地也。證無生法者，謂得無功用道，登第八不動地也。入金剛喻三昧者，謂初地菩薩創得無分別智，斷異生性障；二地至十地菩薩如實修行，漸斷諸障，增勝功德；第十一地等覺菩薩金剛喻定，頓斷俱生二障種子也。轉依次第成如來身者，即等覺後念解脱道，斷二障習氣，即得如來無上菩提，及大涅槃二轉依果也。一謂轉染得淨，二謂轉迷得悟。」○《婆沙論》云：「心即意識，如火名燄，亦名爲熾，亦名燒薪。只是一心，有三差別。」[二]《百法論疏》云：「第八名心，第七名意，前六名識。」[三]

[二] 查《毗婆沙論》中未見該引文，該文見《翻譯名義集》六，《大正藏》第54册，第1152頁中。

[三] 見唐窺基《大乘百法明門論解》卷上，《大正藏》第44册，第47頁上。

大慧，是故欲得如來隨入身〔二〕者，當遠離陰界入心因緣所作方便，生住滅妄想虛僞，唯心直進，觀察無始虛僞過，妄想習氣因，三有思惟無所有，佛地無生，到自覺聖趣，言欲得佛身，應當遠離陰界入等知〔三〕諸法，唯心直進無疑，觀察無始虛僞，及思惟三昧，無有一法可當情，則證佛地無生，到自覺聖趣。自心自在，到無開發行。即無功用行。如隨衆色摩尼，隨入衆生微細之心，而以化身隨心量度，註云：以應化身隨衆生心量大小，爲説度門。諸地漸次相續建立。註云：明受化人得諸地相續。

是故大慧，自悉檀善應當修學。以所宗聖趣爲善，勉之令學。○《新説》云：「謂此一心法門，是凡聖之本，迷之墮世間生死，悟之證出世菩提。故先聖曰：世間不越三科，出世不過二果。二果者，即如上釋成如來身，二轉依果也。三科者，即此五蘊、十二處、十八界諸妄心法也。」

〔二〕身，《普寧藏》本訛作「息」。
〔三〕知，疑爲「之」。

（九）

爾時大慧菩薩復白佛言：世尊所說心意意識、五法、自性相，一切諸佛菩薩所行，自心見[一]等所緣境界不和合，顯示一切說成真實相，一切佛語心。爲楞伽國摩羅耶[二]山海中住處諸大菩薩，說如來所歎海浪藏識境界法身。實叉云：「此是一切諸佛菩薩，入自心境離所行相，稱真實義諸佛教心。惟願如來爲此山中諸菩薩衆，隨順過去諸佛，演說藏識海浪法身境界。」〇《新說》云：「大慧雖通請，說心意意識、五法、自性相，意欲如來且成前問，是故結請但云『順諸佛說藏識海浪法身境界』也。言『稱真實義諸佛教心』者，揀非虛妄心識也。凡言心者，略示名體，通有四種，梵音各別，翻譯亦殊。一紇利陀耶，此云肉團心，是色身中五藏心也。二緣慮心，此是八識，俱能緣慮自分境故，此八各有心數，亦云心所，於中或無記、或通善染之殊，諸經論中目心所法，總名心也，謂善心、惡心等。三質多耶，此云集起心，唯是根本第八識也，積集諸法種子起現行故。四乾栗陀耶，此云貞實心，亦云堅實心，此是真實心也。然第八識無別自體，但是真心，以不覺故，與諸妄想而有和合不和合義。和合義者，

[一] 見，《石經》本訛作「現」。
[二] 耶，《資福藏》、《磧砂藏》、《南藏》、《龍藏》、《石經》本無。

能含染浄，目爲藏識；不和合者，體常不變，目爲真如，即此『離所行相、稱真實義諸佛教心』也。雖然四種體同，迷悟真妄義别，如取真金，須明識瓦礫及以僞寶，但盡除之，縱不識金，金體自現。」〇稱真實義諸佛教心，即成真實相，一切佛語心也。

爾時世尊告大慧菩薩言：四因緣故，眼識轉。註云：眼識取塵，轉入六識，耳鼻舌身亦復如是。何等爲四？謂自心現攝受不覺，無始虚僞過色〔一〕習氣計著，識性自性，欲見種種色相。實叉云：「所謂不覺自心現而執取故，無始時來取著於色虚妄習氣故，識本性如是故，樂見種種諸色相故。」〇《新説》云：「佛言有四因緣，眼識轉轉生也：一謂不覺外塵是自心現而執取故；二謂無始以來取著於色，妄想熏習不斷故；三謂識以了别爲自性故；四謂樂欲見諸色相故。」

大慧，是名四種因緣，水流處藏識轉識浪生。言藏識如水流注，轉爲七識，猶彼海水變爲波浪，則諸識之浪洶湧而生。眼識既爾，餘識亦然。下文謂「非自覺聖智趣藏識轉」者，是轉識成智爲如來藏，此即轉智成識爲末那也。

〔一〕色，原作「也」，據《高麗藏》、《龍藏》本改。

大慧，如眼識，一切諸根、微塵、毛孔俱生，隨次境界生亦復如是。譬如明鏡現衆色像。大慧〔二〕，猶如猛風吹大海水，實叉以「俱生」爲「頓生」，「隨次生」爲「漸生」。○《新説》云：「如眼識既爾，餘諸識亦如是。於一切諸根、微塵、毛孔、眼等，諸轉識或頓生，譬如明鏡現衆色像無有前後，或漸生，猶如猛風吹大海水，前波起後波隨。言微塵、毛孔者，即色塵、身根也。」外境界風飄蕩心海，識浪不斷。

因所作相異不異，合業生相深入計著，不能了知色等自性故，五識身轉。大慧，即彼五識身俱，因差別分段相知，當知是意識因。實叉云：「因所作相非一非異，業與生相相繫深縛，不能了知色等自性，五識身轉。大慧，與五識俱，或因了別差別境相，有意識生。」○《新説》云：「此明諸識展轉互爲因也。言『因所作相非一非異』者，因即第八如來藏識也，所作相謂七轉識從第八所生也。非一者，諸識行相不同也；非異者，同皆緣起無自性也。言『業與生相，相繫深縛』者，謂第八識變起根身器界，名爲生相，六七二識無明覆故，由此執爲實我、實法，第六意識引起前五，造引滿業，感諸異報生死不絶，故云『業與生相，相繫深

〔二〕大慧，原無，據《高麗藏》、《龍藏》本補。

縛』。是皆不了色等諸塵自心妄現，故五識身轉也。大慧，眼等五識與五塵俱時，或因了別色等差別境相而意識生也。是故當知根身、塵境一切諸法，皆是衆生自心妄識互爲因果之所現也。故伽陀云：『諸法於藏識，識於法亦爾，更互爲因相，亦互爲果相。』」

彼身轉，彼不作是念：「我展轉相因，自心現妄想計著轉。」而彼各各壞相俱轉，分別境界，分段差別，實叉云：「然彼諸識不作是念：『我等同時展轉爲因。』而於自心所現境界，分別執著俱時而起，無差別相，各了自境。」○《新説》云：「彼諸識等各了自境者，此明八識俱能了別自分境故，不知唯是自心妄現也。謂色是眼識境，乃至賴耶見分是第七識境，根身、種子、器界是藏識境。然此八識，離如來藏無別自體，以衆生不知故，執爲八識之名；諸佛證得故，能成四智之用。若昧之，則八識起執藏之號，七識得染汙之名，六識起徧計之情，五識徇根塵之相。若了之，則賴耶成圓鏡之體，持功德之門；末那爲平等之原，一自他之性；第六起觀察之妙，轉正法之輪；五識與所作之功，垂應化之跡。斯則一心匪動，識智自分，不轉其體，但轉其名；不分其理，而分其事。」謂彼轉。

如修行者入禪三昧，微細習氣轉而不覺知，而作是念：「識滅，然後入禪正受。」實不識滅而入正受，以習氣種子不滅，故不滅；以境界轉，攝受不具，故滅。

實叉云：「諸修行者入於三昧，以習力微起而不覺知，但作是念：『我滅諸識入於三昧。』實不識滅而入三昧，以彼不滅習氣種故，但不取諸境名爲識滅。」〇《新説》云：「上明諸識展轉爲因，各了自境妄想流注，欲轉諸識成智用者，以根本藏識微細難知，故舉二乘修劣三昧，不知諸識習氣種子依藏識不滅，自謂我滅諸識入於三昧，而實未也。但伏六識，不取塵境，彼將爲滅。」〇以定力之勝故，諸識不具攝受。

大慧，如是微細〔二〕藏識究竟邊際，除諸如來及住地菩薩，諸聲聞、緣覺、外道修行所得三昧智慧之力，一切不能測量〔三〕決了。實叉云：「如是藏識行相微細，唯除諸佛及住地菩薩，其餘一切二乘、外道定慧之力皆不能知。」〇此下，指地前菩薩如實行者。

餘地相智慧巧便分別，決斷句義，最勝無邊善根成熟，離自心現妄想虚僞。實叉云：「唯有修行如實行者，以智慧力了諸地相，善達句義，無邊佛所廣集善根，不妄分別自心所見能知之耳。」〇此下，指諸修行人。

宴坐山林，下中上修，能見自心妄想流注，無量刹土諸佛灌頂，得自在力神通

〔二〕微細，《石經》本作「細微」。
〔三〕測量，《石經》本作「思量」。

三昧，諸善知識佛子眷屬。彼心意意識，自心所現自性境界，虛妄之想，生死有海，業愛無知，如是等因，悉已[一]超度。實叉自「流注」下作「得諸三昧自在力通，諸佛灌頂，菩薩圍遶，知心意意識所行境界，超愛業無明生死大海」。

是故大慧，諸修行者，應當親近最勝知識。《新說》云：「下中上修，言人分量也。分別流注，即上二種生住滅也。餘義如文。親近善知識者，如馬鳴曰：『諸佛法者有因有緣，因緣具足乃得成辦，如木中火性，是火正因，若無人知，不假方便，能自燒木，無有是處；衆生亦爾，雖有正因熏習之力，不遇諸佛菩薩知識，示教利喜、慈悲攝護以之爲緣，能自斷煩惱入涅槃者，則無是處。』」

爾時世尊欲重宣此義，而說偈言：

譬如巨海浪，斯由猛風起，洪波鼓冥壑，無有斷絕時。

藏識海常住[二]，境界風所動，種種諸識浪，騰躍而轉生。

青赤種種色，珂乳及石蜜，淡味衆華果，青赤等種種之色，能起眼識；珂佩等種種

[一] 已，《嘉興藏》本同，餘本作「以」。
[二] 住，《普寧藏》本作「注」。

之聲，能起耳識；　檀乳等種種之香，能起鼻識；　甘淡等種種之味，能起舌識；　美樂等種種之具，能起身識；　華果等種種之法，能起意識。是爲境界之風。華果者，《宗鏡》云：「現在之華，未來之果，種種法塵，隨爲彼識所緣境界也。」〔一〕日月與光明，非異非不異。非異者，謂光明無日月輪則不生；　非不異者，謂光明與日月輪應無有異。下「海水」同意。

海水起〔二〕波浪，狀諸識之起因。七識亦如是，心俱和合生。

譬如海水變，實叉作「動」。種種波浪轉，狀諸識之競馳。七識亦如是，心俱和合生，謂彼藏識處，指前水流處。種種諸識轉。

謂以彼意識，思惟諸相義，不壞相有八，無相亦無相。實叉云：「八識無別相，無能相、所相。」○《宗鏡》云：「如是八識從無始來，三際不動，四相不遷，真實常住，自性清浄不壞之相，具足圓滿，無所闕少。而如是等一切功德同法界故，無有二相。無二相故，唯是一相。唯一相故，亦是無相。皆以無相故，無相亦無相。」〔三〕

〔一〕見《宗鏡録》卷第五十六，《大正藏》第48册，第741頁上。
〔二〕起，《頻伽藏》本訛作「提」。
〔三〕見《宗鏡録》卷第五十六，《大正藏》第48册，第741頁中。

譬如海波浪，是則無差別，諸識心如是，異亦不可得。無差別也。
心名採集業，意名廣採集，諸識識所識，現等境説五。實叉云：「心能積集業，意能廣積集，了別故名識，對現境説五。」○《新説》云：「諸識本寂，妄塵無體，由不覺故前五識轉攬現塵境，第六分別起惑造業，第七傳送執我我所能廣積集，同爲能熏第八藏識，受熏持種，積集不亡，展轉爲因，流轉不息。」故如上所云。
爾時大慧菩薩以偈問曰〔一〕：
青赤諸色像，衆生發諸識，如浪種種法，云〔二〕何惟願説。《新説》云：「上云青赤等塵發生諸識，如海波浪皆非一異，又云心積集等，行相有殊，故致斯問。」
爾時世尊以偈答曰：
青赤諸雜色，波浪悉無有，採集業説心，開悟諸凡夫。此明「色即是空，空即是色」以覺諸凡夫也。
彼業悉無有，自心所攝離，所攝無所攝，與彼波浪同。此重明青赤波浪等句義也。

〔一〕曰，《石經》本作「言」。
〔二〕云，《龍藏》本訛作「六」。

受用建立身，是衆生現識，於彼現諸業，譬如水波浪。此重明採集業，感報依正不同，皆是衆生自心妄現。

爾時大慧菩薩復説偈言：

大海波浪性，鼓躍可分別，藏與業如是，何故不覺知？此約法喻而難。

爾時世尊以偈答曰：

凡夫無智慧，藏識如巨海，業相猶波浪，依彼譬類通。凡夫無智，不能覺知藏識如海而常住，業相似浪而轉生，故舉喻引類，令彼通解。

爾時大慧菩薩復説偈言：

日出光等照，下中上衆生，如來照世間，爲愚説真實，已分部諸法，何故不説實？問如來應世以平等度生，如日之出高低普照，雖已分别説三乘諸差别法，何故不説真實之義？

爾時世尊以偈答曰：

若説真實者，彼心無真實。譬如海波浪，鏡中像及夢，一切俱時現，心境界亦然。此偈初二句法説，謂非器不堪聞，實非不平等。次三句，舉三喻況彼心無實。後一句，以法合喻，故云亦然。

境界不具故，次第業轉生。識者識所識，意者意謂然，五則以顯現，無有定次第。此偈明外境緣不同具，内識即次第轉生。以第六識分别諸法塵，故云「識者識所識」。意緣阿賴耶，起我我所執，故云「意者意謂然」。五識隨塵顯現，無有次第可定。

譬如工畫師，及與畫弟子，布彩圖衆形，我説亦如是。彩色本無文，非筆亦非素，爲悦衆生故，綺錯繪〔一〕衆像。此偈言畫色本無形，隨形即畫像，以況如來本無法，隨機即説法，豈得止説一種法也？

言説别施行，真〔二〕實離名字，分别應初業，修行示真實，真實自悟處，覺相所覺離，此爲佛子説，愚者廣分别，種種皆如幻，雖現無真實，如是種種説，隨事别施設。所説非所應，於彼爲非説。此偈正明如來應機説異也。初三句，總標説意；次四句，

〔一〕繪，《高麗藏》本作「繢」。
〔二〕真，原作「直」，據《高麗藏》、《龍藏》本改。

謂對利根説一乘真實法; 次五句，謂對餘鈍根説種種如幻法，一一如文。後二句，謂所説法不應機者，翻爲妄語，故云「非説」。

彼彼諸病人，良醫隨處方，如來爲衆生，隨心應量説。實叉以「處方」爲「授藥」。○此偈又以良醫隨病處方不同，況如來應量説法有異故，不得如日平等照物，以結前問。

妄想非境界，聲聞亦非分，哀愍者所説，自覺之境界。實叉以「妄想」爲「外道」，「哀愍」爲「依怙」。○哀愍者，即如來也。如來説自覺境界，非外道聲聞境界也。已上釋大慧與世尊問答偈意多本《新説》。

復次大慧，若菩薩摩訶薩欲知自心現量〔一〕，攝受及攝受者妄想境界，當離羣聚、習俗、睡眠，實叉云：「若欲了知能取所取分別境界，皆是自心之所現者，當離憒鬧昏滯睡眠。」初中後夜常自覺悟修行方便，當離惡見經論言説，實叉以「惡見」爲「外道」。及諸聲聞緣覺乘相，當通達自心現妄想之相。《新説》云：「能取所取，亦云能緣所緣，謂即心識見相二分也。欲了知者，應離浮沈諸惡覺觀，真實修行也。」

〔一〕量，《資福藏》、《磧砂藏》、《普寧藏》、《南藏》、《龍藏》本無。

（十）

復次大慧，菩薩摩訶薩建立智慧相住已，於上聖智三相當勤修學。建立智慧相住已，即上云「通達自心現妄想之相」。何等爲聖智三相當勤修學？所謂無所有相，一切諸佛自願處相，自覺聖智究竟之相。修行得此已，能捨跛驢心智慧〔一〕相，得最勝子第八之地，則於彼上三相修生。楊云：「謂第七地觀三界生死不定心，名跛驢，以不能行故。」○謂未得無功用慧，故以跛驢況之。

大慧，無所有相者，謂聲聞、緣覺及外道相，彼修習生。大慧，自願處相者，謂諸先佛自願處修生。大慧，自覺聖智究竟相者，一切法相無所計著，得如幻三昧身，諸佛地處進趣行生。實叉云：「大慧，無影像相者，謂由慣習一切二乘外道相故，而得生起一切。諸佛願持相者，謂由諸佛自本願力所加持故，而得生起自證聖智。所趣相者，謂由不取一切法相，成就如幻三昧身，趣佛地智故而得生起。」○二乘外道所習淺陋，如來常種種訶叱，於此亦取之者，欲其迴心，捨邪途、入正轍也。

〔一〕智慧，《嘉興藏》本同，餘本作「慧智」。

大慧，是名聖智三相。若成就此聖智三相者，能到自覺聖智究竟境界[一]。是故大慧，聖智三相當勤修學。

（十一）

爾時大慧菩薩摩訶薩，知大菩薩衆心之所念，名聖智事分別自性經，承一切佛威神之力，而白佛言：

世尊，惟願爲説聖智事分別自性經，百八句分別所依。如來爲説八識轉相已，大慧繼以聖智事分別妄計自共相差別所依之法爲請。如來、應供、等正覺依此分別，説菩薩摩訶薩入自相共相妄想自性。以分別説妄想自性故，則能善知周偏觀察人法無我，淨除妄想，照明諸地[二]，超越一切聲聞、縁覺及諸外道諸禪定樂；觀察如來不可思議所行境界，畢定捨離五法、自性；諸佛如來法身智慧善自莊嚴，起[三]幻境

[一] 究竟境界，《嘉興藏》、宫内本同，餘本作「境界」。
[二] 諸地，原作「自性」，據《高麗藏》、《龍藏》本改。
[三] 起，《高麗藏》、《普寧藏》、《龍藏》、《頻伽藏》本作「超」。

界，實叉云：「入如幻境。」升一切佛刹、兜率天宫，乃至色究竟天宫，逮得如來常住法身。《新説》云：「自相共相者，五陰不同名自相，共成人身名共相，界處等亦爾，乃至一切諸法各各又有自相共相也。五陰是妄想自性。兜率陀者，此云知足，彼天内宫是一生補處菩薩所居也。色究竟天，是行滿報佛成正覺處。餘文悉明遠離過習，顯示衆德，成就如來法身之義。以有是利，故請佛爲説如上法門。」[一]

佛告大慧：有一種外道，作無所有妄想計著，覺知因盡[二]，兔無角想。如兔無角，一切法[三]亦復如是。外道計無而生斷見，見一切法隨因而盡，想兔無角，諸法亦無。

大慧，復有餘外道，見種、求那、極微、陀羅驃，形處横法各各差别，見已計著無兔角[四]横法，作牛有角想。外道計有，而生常見。種，即大種；求那、陀羅驃，皆塵也。故實叉云：「見大種、求那塵等諸物，形量分位各差别已，執兔無角，於此而生牛有角想。」此明

[一] 文字小異。
[二] 盡，《磧砂藏》、《資福藏》、《普寧藏》、《南藏》本訛作「晝」。
[三] 一切法，宫内本作「一切法性」。
[四] 兔角，原作「角兔」，據《高麗藏》、《龍藏》本改。

敘彼二外道計，以不了故，互執異見，生決定解。自下如來約牛兔角，破執名相起妄想見。

大慧，彼墮二見，不解心量，自心境界妄想增長。實叉云：「彼墮二見，不了唯心，但於自心增長分別。」○此破起見因。身、受用建立妄想根〔一〕量。實叉云：「身及資生器世間等，一切皆唯分別所現。」○此示唯妄現。

大慧，一切法性亦復如是，離有無，不應作想。實叉云：「應知兔角離於有無，諸法悉然，勿生分別。」○此總結應離妄也。

大慧，若復離有無而作兔無角想，是名邪想。彼因待觀，故兔無角，不應作想。實叉云：「云何兔角離於有無？互因待故。」○此別徵破彼墮無見也。謂云：何兔角離於有無？破云：互因待故。彼兔角無，因牛角有故；若無牛角，彼何所因，而言無耶？乃至微塵，分別事性悉不可得。實叉云：「分析牛角乃至微塵，求其體相終不可得。」○此別破彼墮有見也。謂若執於牛有角者，分析牛角至於極微，何有實體而計有耶？大慧，聖境界離，不應作牛有角想。實叉云：「聖智所行，遠離彼見，是故於此不應分別。」○聖智所行離

〔一〕根，《嘉興藏》本同，餘本作「限」。

彼見者，謂如實見者，悉離有見常見之有，亦離邪見斷見之無，是故結勸應離分別。

爾時大慧菩薩摩訶薩白佛言：世尊，得無妄想者，見不生想已，隨比思量觀察不生妄想言無耶？大慧意謂：角有無想破而不立，彼得無妄想見，不生妄想已，則隨其比度思量，豈不以觀察不生妄想爲無，而言無耶？

佛告大慧：非觀察不生妄想言無。所以者何？妄想者，因彼生故，因彼角有無而生。依彼角生妄想。以依角生妄想，是故言依因故，離異不異故，非觀察不生妄想言無角。因有角、無角而生妄想，是有所依或無所依，但角與妄想離異不異，非觀察不生而言無角。離，即非也。

大慧，若復妄想異角者，則不因角生。若不異者，則因彼故，若妄想分別定異兔角者，則非角因；若定不異者，又是因彼而起，言俱無自性也。乃至微塵分析[一]推求，悉不可得。不異角故，彼亦非性。二俱無性者，何法、何故而言無耶？註云：分析牛角乃至極微求不可得，則不異兔角，彼牛角亦無性。若牛角、兔角二俱無實者，對何法言有？何

[一] 析，《普寧藏》本訛作「所」。

故得說兔角爲無？

大慧，若無故無角，觀有故言兔無角者，不應作想。若無牛角，則無兔角。觀牛角有故，言兔角無，此所以「有」爲「無」因，不得作無想。

大慧，不正因故，而說有無二俱不成。謂有無互相爲因，初無有正，既二因不正，有無兩果理自不成也。

大慧，復有餘外道見，計著色空事形處橫法，不能善知虛空分齊，言色離虛空，起分齊見妄想。實叉云：「復有外道，見色形狀虛空分齊而生執著，言色異虛空起於分別。」

大慧，虛空是色，隨入色種。大慧，色是虛空，持所持處所建立性。《新說》云：「空即是色，隨入色種中，故色外無空也；色即是空，能持所持建立性故，非色滅空也。」色空事分別當知。流支云：「依色分別虛空，依虛空分別色故。」〇實叉云：「色空分齊，應如是知。」

大慧，四大種生時，自相各別，亦不住虛空，非彼無虛空。《新說》云：「會昔權說，重明色空不二也。謂昔破外道執有我故，說有造色從大種生，自相各別，而密顯造色性即空故，更無別色而住於空，故云不住，非彼無虛空。」

如是大慧，觀牛有角，故兔無角。大慧，又[二]牛角者，析[三]爲微塵，又分別微塵刹那不住，實叉云：「又析彼塵，其相不現。」彼何所觀故而言無耶？若言觀餘物者，彼法亦然。餘物，即虛空色相也。○《新説》云：「此又引上牛兔二角以合色空，類觀諸法差別妄見，一一對破，應知亦爾。」○楊云：「人見廓然大空，以是爲空，而不知色之所聚；人見其色具諸名相，以是爲色，而不知爲空所持，是皆於無性之中，而妄有建立者然也。此以明外道因牛角之有，而遂言兔角之無，不知析彼牛角爲微塵，又復歸於無矣。謂牛角既析而歸空，又何所觀故，而言兔角之無也？四大種雖不住空，而非無空，亦如牛角之有，而復歸於無。」

爾時世尊告大慧菩薩摩訶薩言：當離兔角、牛角，虛空、形色異見妄想。汝等諸菩薩摩訶薩，當思惟自心現妄想，隨入爲一切刹土最勝子，以自心現方便而教授之。

爾時世尊欲重宣此義，而説偈言：

[二] 又，《頻伽藏》本作「有」，當誤。

[三] 析，《普寧藏》本訛作「所」。

色等及心無，色等長養心，色塵等與虛妄心本無所有，而虛妄心因色塵等滋生之也。身受用安立，識藏現衆生。流支云：「内識衆生見，身資生住處。」心意及與識，自性法有五，無我二種淨，廣說者所說。流支云：「如來如是說。」長短有無等，展轉互相生，以無故成有，以有故成無。微塵分別事，不起色妄想，心量安立處，惡見所不樂。謂外道不信樂唯心故。覺想非境界，聲聞亦復然，救世之所說，自覺之境界。實叉以「覺想」爲「外道」。○流支以「救世」爲「如來」。○《新說》云：「此約外道執牛兔角決定有無，及色空異，以破五法中名、相、妄想竟。」

（十二）

爾時大慧菩薩爲淨除[一]自心現流故，復請如來，白佛言：世尊，云何淨除一切衆生自心現流，爲頓、爲漸耶？《新說》云：「此就淨衆生心習現流，五法中次明正智

[一] 除，《高麗藏》、《資福藏》、《磧砂藏》、《普寧藏》本無。

義。謂能淨者，自覺聖智也；所淨者，自心現流也。」

佛告大慧：漸淨非頓。如菴羅果漸熟非頓，菴羅果，見前阿摩勒註。如來淨除一切衆生自心現流，亦復如是，漸淨非頓。

譬如陶家造作諸器，漸成非頓，如來淨除一切衆生自心現流，亦復如是，漸淨非頓。

譬如大地漸生萬物，非頓生也，如來淨除一切衆生自心現流，亦復如是，漸淨非頓。

譬如人學音樂、書畫、種種技〔二〕術，漸成非頓，如來淨除一切衆生自心現流，亦復如是，漸淨非頓。上則淨除自心現流，故從漸；下則顯示衆生不思議智，故從頓。

譬如明鏡頓現一切無相色像，如來淨除一切衆生自心現流，亦復如是，頓現無相、無有所有清淨境界。

如日月輪頓照顯示一切色像，如來爲離自心現習氣過患衆生，流支云：「爲令

〔二〕技，《龍藏》、宮内本作「伎」。

衆生遠離自心煩惱見熏習氣過患。」亦復如是，頓爲顯示不思議智最勝境界。

譬如藏識頓分別知自心現，及身安立受用境界，彼諸依佛亦復如是，頓熟衆生所處境界，以修行者安處於彼色究竟天。流支云：「譬如阿梨耶識分別現境，自身、資生、器世間等一時而知，非是前後。大慧，報佛如來亦復如是，一時成熟諸衆生界，置究竟天淨妙宫殿修行清淨之處。」

譬如法佛所作依佛實叉云：「譬如法佛頓現報佛。」光明照曜，自覺聖趣亦復如是，彼於法相有性、無性惡見妄想，照令除滅。《新説》云：「明四漸、四頓者，謂淨衆生自心現流，其機大者頓之，其機小者漸之。漸者言其權，頓者言其實，權以趨實，實以導權。所以聖人開悟衆生，或頓或漸，權實偏圓，未始不相須者，庶使含識隨宜得入也。」

大慧，法依佛説一切法入自相、共相，自心現習氣因，相續妄想自性計著因，種種不實如幻[二]，種種計著不可得。《新説》云：「此明三佛建立説法，釋成頓漸所顯義也。」○前引依佛爲證，次從法佛中表出依佛，此則正顯依佛自法佛而起説法，如現尊特身説《雜

[二] 不實如幻，《高麗藏》、《資福藏》、《磧砂藏》、《普寧藏》本作「無實幻」，《龍藏》、《頻伽藏》本作「無實如幻」。

華》[二]。蓋三身一體，疑者謂報身不能説法，尚不知報身説法，又安知刹説、衆生説耶？蘇楊二本皆作「報佛」，獨註本作「法依佛」，流支亦云「法佛報佛説一切法自相同相故」，實叉云「法性所流佛説一切法自相共相」，得其旨哉！依佛，即報佛也。説一切自共相法，是自心本識現習氣因相，及前轉識妄計所執因相，種種不實如幻，而衆生不了種種執著，取以爲實，豈不悮哉？

復次大慧，計著緣起自性，生妄想自性相。大慧，如工[三]幻師，依草木瓦[三]石作種種幻，起一切衆生若干形色，起種種妄想，彼諸妄想亦無真實。《新説》云：「明緣起不實，如幻師依草木起衆生色像，譬如來藏性隨緣起種種諸法。」

如是大慧，依緣起自性起妄想自性，種種妄想心，種種相[四]行事妄想相，計著習氣妄想[五]，是爲妄想自性相生。大慧，是名依佛説法。實叉云：「由取著境界習氣力故，於緣起性中有妄計性種種相現，是名妄計性生。大慧，是名法性所流佛説法相。」

[二]《雜華》，《華嚴經》之異名。萬行譬如華，以萬行莊嚴佛果，謂之《華嚴》。百行交雜，謂之《雜華》。
[三]工，《龍藏》本訛作「二」。
[三]瓦，《龍藏》本訛作「尾」。
[四]相，《高麗藏》、《資福藏》、《磧砂藏》、《頻伽藏》本作「想」。
[五]妄想，《嘉興藏》本同，餘本作「妄想，大慧」。

大慧，法佛者，離心自性相，即下文「離攀緣」等。自覺聖所緣境界建立施作。即下文「自覺聖究竟差别相建立」。

大慧，化佛者，説施、戒、忍、精進、禪定及心智慧，離陰界入，解脱、識相分别觀察建立，超外道見、無色見。外道以無色爲涅槃。

大慧，又法佛〔一〕者，離攀緣，攀〔二〕緣離，一切所作根量相滅，非諸凡夫、聲聞、緣覺、外道計著我相所著境界，自覺聖究竟差别相建立。是故大慧，自覺聖究竟〔三〕差别相當勤修學，自心現見應當除滅。

（十三）

復次大慧，有二種聲聞乘通分别相，謂得自覺聖差别相，及性妄想自性計著相。謂上勉菩薩修自覺聖究竟差别相已，然於聲聞乘二種通分别相中，亦有自覺聖差别相，如

〔一〕法佛，《磧砂藏》、《龍藏》本作「佛法」。
〔二〕攀，《高麗藏》、《頻伽藏》本作「所」。
〔三〕究竟，《高麗藏》、《龍藏》本無。

來慮其混殽，故綴而明之。

云何得自覺聖差別相聲聞？ 謂無常、苦、空、無我境界真諦，離欲寂滅，息陰界入自共相，外不壞相如實知，心得寂止。心寂止已，禪定解脱三昧道果，正受解脱，不離習氣、不思議變易死，得自覺聖樂住聲聞。是名得自覺聖差別相聲聞。實叉云：「云何自證聖智殊勝相？ 謂明見苦、空、無常、無我諸諦境界，離欲寂滅故。於蘊界處，若自若共外不壞相，如實了知故，心住一境。住一境已，獲禪解脱三昧道果而得出離。住自證聖智境界樂，未離習氣及不思議變易死。是名聲聞乘自證聖智境界相。」○《唯識論》云：「一分段生死，謂諸有漏善不善業，由煩惱障緣助勢力，所感三界麤異熟果，身命短長隨因緣力有定劑限，故名分段； 二不思議變易生死，謂諸無漏有分別業，由所知障緣助勢力，所感殊勝細異熟果，由悲願力改轉身命無定劑限，故名變易。無漏定願正所資感妙用難測，名不思議。」〔二〕

大慧，得自覺聖差別樂住菩薩摩訶薩，非滅門樂、正受樂，顧愍衆生及本願，不作證。大慧，是名聲聞得自覺聖差別相樂。菩薩摩訶薩，於彼得自覺聖差別相

〔二〕見《成唯識論》卷第八，《大正藏》第31册，第45頁上。

樂不應修學。謂前聲聞得此自覺聖差別相，息陰界入趣寂滅樂，不能如菩薩摩訶薩住八地無生正受樂，能顧憫衆生，以大悲本願力故，而不取證入涅槃也。前之「是名」等，結得差別相之聲聞；此之「是名」等，結聲聞得差別相之樂，誡諸菩薩於此樂中不應修學，以彼聲聞所得之樂非究竟故。

大慧，云何性妄想自性計著相聲聞？實叉云：「云何分別執著自性相？」所謂大種青黄赤白，堅濕煖動，非作生，自相共相先勝善説，見已，於彼起自性妄想。流支云：「堪量相應《阿含》，先勝見善説故，依彼法虚妄執著以爲實有。」○此謂聲聞知彼四大及造色，自共相種種諸法，非如外道計作者生，然守如來止啼權説，於彼四大種性計自性有，故言起自性妄想。菩薩摩訶薩於彼應知應捨，隨入法無我相〔一〕，滅人無我相見，漸次諸地相續建立。菩薩於自性妄想應知應捨，了我法空，漸入智地，到如來境。是名諸聲聞性妄想自性計著相。此一種計著相聲聞頗盛，故以諸聲聞性結之。

〔一〕相，《嘉興藏》、宫内本同，餘本作「想」。

（十四）

爾時大慧菩薩摩訶薩白佛言：世尊，世尊所説常不思議〔二〕自覺聖趣境界，及第一義境界。世尊，非諸外道所説常不思議因緣耶？大慧所問，因世尊謂菩薩自覺聖差別究竟相樂，不與聲聞所得者同，故以常句之常及不思議智請曰：如來所説常不思議，得非與外道所説者同耶？

佛告大慧：非諸外道因緣得常不思議。如來所説常不思議，以自覺聖相爲相，第一義智因爲因；外道所説常不思議，計神我爲因，以無常爲常，故言非也。所以者何？諸外道常不思議不因自相成。謂彼常不思議，不因自覺聖相第一義智而成。若常不思議不因自相成者，何因顯現常不思議？

復次大慧，不思議若因自相成者，彼則應常。由作者因相故，常不思議不成。由以神我爲因相，故常不思議因相不成。

〔二〕常不思議，《嘉興藏》本同，餘本作「常及不思議」。

大慧，我第一義常不思議，第一義因相成，離性非性。得自覺相[一]故有相，第一義智因故有因，離性非性故。至此因相有無俱離。譬如無作虚空，涅槃滅盡故常。註云：如三無爲法離有無相故常，以譬第一義因相離有無故常。

如是大慧，不同外道常不思議論。如是大慧，此常不思議，諸如來自覺聖智所得。如是[二]故，常不思議自覺聖智所得，應當[三]修學。

復次大慧，外道常不思議，無常性異相因故，實叉云：「以無常異相因故常。」非自作因相力故常。此自作因常，非彼異相因常也。

復次大慧，諸外道常不思議，於所作性非性無常見已，思量計常。外道見色性無常，妄計神我而爲常。

大慧，我亦以如是因緣，所作者性非性無常見已，自覺聖境界説彼常無因[四]。

[一] 相，《頻伽藏》本作「性」。
[二] 如是，《高麗藏》、《資福藏》、《磧砂藏》、《南藏》、《頻伽藏》本作「是」。
[三] 應當，《嘉興藏》、宫内本同，餘本作「應得」。
[四] 因，《磧砂藏》、《南藏》、《龍藏》本作「因故」。

如來引外道計色性無常爲常因，即就自覺聖智破彼常因爲非常因也。義見下文「無因」下。

大慧，若復諸外道因相成常不思議，因自相性非性，同於兔角。此常不思議但言説妄想，如來前云「我常不思議第一義因相成，離性非性」；今於「諸外道因相成」下，亦云「常不思議，因自相性非性」者，何也？蓋性者，有也；非性者，無也。如來之因相成離有無，故得自覺聖相第一義智。然此智相，亦俱離有無，則因相實有。外道之因相成，不離有無，計神我無常爲常，則因相非有，故同兔角，但有言説妄想，初無實體耳。諸外道輩有如是過。所以者何？謂但言説妄想，同於兔角，自因相非分。結上言説妄想，初無實體，況無自因相。

大慧，我常不思議，因自覺得相故，離所作性非性故常，此明如來自因相之常體也。非外性非性無常，思量計常。外，即外道。

大慧，若復外性非性無常，思量計常、不思議常，而彼不知常不思議自因之相，去得自覺聖智境界相遠，流支云：「以內身聖智，證境界相故。」○彼既不知常不思議自因之相，則去自覺聖智境界相遠矣。彼不應説。註云：外道不應説有常不思議。

（十五）

復次大慧，諸聲聞畏生死妄想苦而求涅槃，不知生死、涅槃差別一切性妄想非性。實叉云：「一切皆是妄分別有，無所有故。」未來諸根境界休息，作涅槃想，非自覺聖智趣藏識轉。實叉云：「妄計未來諸根境滅以爲涅槃，不知證自智境界，轉所依藏識爲大涅槃。」是故凡愚説有三乘，説心量趣無所有。是故大慧，彼不知過去、未來、現在諸如來自心現境界，計著外心現境界[二]，生死輪常轉。實叉云：「彼愚癡人説有三乘，不説唯心無有境界。大慧，彼人不知去、來、現在諸佛所説自心境界，取心外境，常於生死輪轉不絶。」〇楊云：「自心現，則覺知所現唯自心；外心現，則計著客塵。不自覺計著客塵，兹所以『生死輪常轉』也。」

（十六）

復次大慧，一切法不生，是過去、未來、現在諸如來所説。所以者何？謂自

[二] 計著外心現境界，底本脱漏，據《高麗藏》、《龍藏》本補上。

心現性非性，離有非有生故。大慧，一切性不生，一切法如兔馬等角，是〔一〕愚癡凡夫不覺〔二〕妄想自性妄想故。大慧，一切法不生，自覺聖智趣境界者，一切性自性相不生，非彼愚夫妄想二境界。外心現一切諸法不生，是三世如來所説。所以者何？謂自心現性非性，離有、非有生二種見故。不生，此就智者知諸法無生，起佛種性。如兔馬等角本來不生，凡愚不覺，妄取生滅。唯如來自覺聖智趣境界，一切法自體性相不生，非愚夫有無分別境界。

自性身財建立趣自性相，大慧，藏識攝、所攝相轉。愚夫墮生住滅二見，希望一切性生，有非有妄想生，非聖賢〔三〕也。大慧，於彼應當修學。言自性五識身、財建立諸趣自性相，以藏識攝七識身所得法，故有生死相轉，而諸愚夫墮生住滅二見中一切性生，爲取有無故，因有無故分別妄想復生，非聖賢也。於彼一切法不生，勉當修學。

〔一〕是，《嘉興藏》本同，餘本無。
〔二〕覺，《高麗藏》、《龍藏》本作「實」。
〔三〕聖賢，《高麗藏》、《資福藏》、《磧砂藏》、《普寧藏》、《南藏》、《頻伽藏》本「賢聖」。

（十七）

復次大慧，有五無間種性。前章以聲聞起佛乘種性，今明種性相也。無間者，謂佛及衆生同一法性，初無有間，以機緣有異，故分之爲五。種性者，《宗鏡》云「相似曰種，體同曰性」[一]。

云何爲五？謂聲聞乘無間種性、緣覺乘無間種性、如來乘無間種性、不定[二]種性、各別種性。

云何知聲聞乘無間種性？若聞説得陰界入自共相斷知時，舉身毛孔熙怡欣悦，及樂修相智，不修緣起發悟之相，是名聲聞乘無間種性。斷知時，知苦、斷集、證滅、修道時也。相，即悲喜異相；智，即我生已盡等四智也。聲聞無間見第八地，註云：證八地無生以爲涅槃。起煩惱斷，習[三]煩惱不斷。註云：四住，爲起煩惱；無明，爲習煩惱。不度不思議變易死，度分段死。義見「不離習氣不思議變易死」下註。正師子吼：

[一] 該文爲引義，參《宗鏡録》卷第七，《大正藏》第48册，第455頁上。原文爲「體同曰性，相似名種」。
[二] 不定，宫内本作「無定」。
[三] 習，《嘉興藏》、《石經》、宫内本同，餘本作「習氣」。

「我生已盡，梵行已立，不受後有。」如實知修習人無我，乃至得般涅槃覺。此明聲聞但斷三界現行煩惱，未斷習使及所知障，未度不思議變易死，諸魔外中，決定唱言：我得四智究竟覺，乃至得般涅槃覺也。

大慧，各別無間者，註云：此外道計我人衆生各各差別。我、人、衆生、壽命、長養、士夫，見前註。彼諸衆生作如是覺，求般涅槃。復有異外〔二〕道說，悉由作者見一切性已，言此是般涅槃。作如是覺，法無我見非分，彼無解脱。實叉云：「彼無解脱，以未能見法無我故。」

大慧，此諸聲聞乘無間、外道種性，不出出覺，爲轉彼惡見故，應當修學。實叉云：「此是聲聞乘及外道種性，於未出中生出離想，應勤修習，捨此惡見。」○聲聞取自共相法，外道計有神我性，皆不出妄覺，故勤修習轉彼惡見，而趣如來種性故。

大慧，緣覺乘無間種性者，若聞說各別緣無間，舉身毛竪，悲泣流淚，不相近緣，所有不著。種種自身，種種神通，若離若合種種變化，聞說是時，其心隨入。

〔二〕外，《石經》本脱。

若知彼緣覺乘無間種性已，隨順爲説緣覺之乘。是名緣覺乘無間種性相。言若知因緣各别不和合，而不近諸緣，不著所有，或時聞説現種種身，或離一身爲多身，或合多身爲一身，及於神通變化，心有所得，是爲緣覺乘種性。然有二種不同：一遇佛演説十二因緣法，依以受行，名爲緣覺，即如上説；二出無佛世，覩緣自悟，名爲獨覺。

大慧，彼如來乘無間種性有四種，謂自性法無間種性、離自性[一]法無間種性、得自覺聖無間種性、外刹殊勝無間種性。妙體圓明，曰自性；法無間不守自性，曰離自性；法無間匪從外得，曰得自覺聖；無間平等法界，曰外刹殊勝無間。

大慧，若聞此四事，一一[二]説時，及説自心現身財建立不思議境界時，心不驚怖[三]者，是名如來乘無間種性相。前文云「頓爲顯示不思議智最勝境界」。

大慧，不定種性者，謂説彼三種時，隨説而入，隨彼而成。楊云：「未到如來乘無間，故言三種而已。」○此不定人，隨説信入，順學而成，其性可移，故言不定。

[一] 性，《嘉興藏》、宫内本同，餘本作「相」。
[二] 一一，《資福藏》、《嘉興藏》本作「事事」，《石經》本作「事」。
[三] 怖，原作「悕」，據《高麗藏》、《龍藏》本改。

大慧，此是初治地者，謂種性建立，爲超入無所有地故，作是建立。《新説》云：「初治地人，即不定種性者，三乘俱可入也。爲説是種性，令彼明悟了權趣實，超入第八無所有地，任運至如來地，故作是建立。」彼自覺藏者，自煩惱習浄，見法無我，得三昧樂住聲聞，當得如來最勝之身。實叉云：「彼住三昧樂聲聞，若能證知自所依識，見法無我，浄煩惱習，畢竟當得如來之身。」

爾時世尊欲重宣此義，而[一]説偈言：

須陀槃那果，往來及不還，逮得阿羅漢，是等心惑亂。須陀槃那，或云須陀洹，此翻入流，又預流，初果也。往來，二果。不還，三果。阿羅漢，四果。以是等四果聖人，心憎愛爲惑亂。

三乘與一乘，非乘我所説，愚夫少智慧，諸聖遠離寂。如來爲愚夫少智聲聞趣寂，説三乘非乘，而立一乘，一對三設，三既不存，一亦非有，故實叉云「爲愚夫少智，樂寂諸聖説」。遠離寂，離欲寂滅也。

〔一〕而，《高麗藏》本無。

第一義法門，遠離於二教，住於無所有，何建立三乘？第一義門，尚遠離權實二教，諸法悉無所有，況建立三乘乎？

諸禪無量等，無色三摩提，受想悉寂滅，亦無有心量。諸禪無量等，謂四靜慮、四無量心也。無色三摩提，即無色界四空處定也。受想悉寂滅，謂聲聞滅盡定也。言如來説諸禪三昧等，諸法亦無有實，爲妄想心量愚夫作如是説，故云「亦無有心量」。上明正智竟。下約菩薩闡提，知生死涅槃無二，以明如如義。

（十八）

大慧，彼一闡提非一闡提，世間解脱誰轉？解脱之道，非菩薩住一闡提以自願方便力故，則不能復生彼斷善根一闡提善根之性。然非彼斷善根一闡提，則不能成就住一闡提菩薩自願方便，故曰「世間解脱誰轉」。

大慧，一闡提有二種：一者捨一切善根，及於無始衆生發願。

云何捨一切善根？謂謗菩薩藏及作惡言：「此非隨順修多羅、毗尼解脱之説。」捨一切善根故，不般涅槃。註云：此闡提，以斷一切善根故，不得涅槃。

二者菩薩本自願方便故，非不般涅槃一切衆生而般涅槃。大慧，彼般涅槃，是名不般涅槃法相，此亦到一闡提趣。以菩薩願力，欲令一切衆生得般涅槃已，然後涅槃，故實叉云「願一切衆生悉入涅槃，若一衆生未涅槃者，我終不入」。言一闡提以謗菩薩藏故，不得涅槃，菩薩知生死即涅槃，亦更不得涅槃，以不得涅槃名同，故云「此亦到一闡提趣」，是名不般涅槃法相也。

大慧白佛言：世尊，此中云何畢竟不般涅槃？佛告大慧：菩薩一闡提者，知一切法本來般涅槃已，畢竟不般涅槃，而非捨一切善根一闡提也。大慧，捨一切善根一闡提者，復以如來神力故，或時善根生。所以者何？謂如來不捨一切衆生故。以是故，菩薩一闡提不般涅槃。言捨善根一闡提，以如來神力故，或時善根生得涅槃。是故菩薩知生死即涅槃，故言不般涅槃也。已上明如如竟。

（十九）

復次大慧，菩薩摩訶薩當善三自性。註云：上雖分別三自性爲五法，未知何者是三自性？故下正明三自性體也。

云何三自性？謂妄想自性、緣起自〔一〕性、成自性。即名、相、妄想、正智、如如五法中之三自性也。

大慧，妄想自性從相生。相，即名相，是緣起自性也。謂妄想自性，從緣起名相生。

大慧白佛言：世尊，云何妄想自性從相生？佛告大慧：緣起自性事相相行，顯現事相相，謂依緣起事相之相心行計著，顯現事相之相也。計著有二種妄想自性，如來應供等正覺之所建立，謂如來所説計著此事相相，則起二種妄想自性。○實叉以「建立」爲「演説」。謂名相計著相，及事相計著相。

名相計著相者，謂內外法計著；事相計著相者，謂即彼如是內外自共相計著，是名二種妄想〔二〕自性相。

若依若緣生，是名緣起。實叉云：「從所依所緣起，是緣起性。」

云何成自性？謂離名、相、事相妄想，聖智所得及自覺聖智趣所行〔三〕境界，是

〔一〕自，《高麗藏》本訛作「目」。
〔二〕想，《石經》本作「相」，當誤。
〔三〕行，《磧砂藏》、《南藏》、《龍藏》本作「生」，當誤。

名成自性如來藏心。楊云：「惟自覺聖，乃可言成自性；惟成自性，乃可言如來藏心。」

爾時世尊欲重宣此義，而説偈言：

名相覺想，自性二相；正智如如，是則成相。實叉云：「名相分別，二自性相；正智如如，是圓成性。」○二相，即緣起、妄想二自性相也。

大慧，是名觀察五法自性相經，自覺聖智趣所行境界，結答上所問「惟願爲説分別自性經及聖智事」。汝等諸菩薩摩訶薩應當修學。

（二十）

復次大慧，菩薩摩訶薩善觀二種無我相。註云：既能修學五法三自性已，更當觀察人法二無我相。云何二種無我相？謂人無我及法無我。得人無我，知衆生無性；得法無我，知諸法無性。

云何人無我？謂離我我所陰界入聚，無知、業、愛生，眼色等攝受計著生〔二〕

〔二〕生，原作「也」，據《高麗藏》、《龍藏》本改。

識，一切諸根自心現器身〔一〕藏，自妄想相施設顯示。實叉云：「又自心所見身器世間，皆是藏心之所顯示。」○《新説》云：「云何人無我？謂離我。云何離我？謂於我所陰界入中分別觀察，但是無明業愛等生，於眼識等諸根，妄取自心現妄想境界，皆是藏心妄想施設，彼無有我也。此即就陰界入中，以示無我。」

如河流、如種子、如燈、如風、如雲，刹那展轉壞，躁動如猨猴。《新説》云：「自下約喻，舉五觀門以明無我。此舉無常門也。夫我謂常義，今既無常，故無有我。文標六喻，上五喻幻身，下一喻妄心。如水奔流，種牙變易，燈藉衆緣，飄風不住，浮雲起滅，以上諸喻刹那變壞，此身亦爾，豈有常耶？又妄心躁動等若猨猴，既不能令身心常住，我義焉在？」

樂不净處如飛蠅。舉不净門明其無我，我謂净義，故知無我。

無厭足如風火。舉苦門以破我，既無有樂，故知無我。

無始虛僞習氣因，如汲水輪，生死趣有輪。舉不自在門以示無我，即業因所推，豈有實我？

〔一〕器身，《高麗藏》、《磧砂藏》、《資福藏》、《普寧藏》、《南藏》、《龍藏》本作「器身等」。

種種身色，如幻[一]術神呪，機發像起。此舉空門以破我，謂觀陰界入種種身色，譬如呪術機關變現云爲，實非我也。

善彼相知[二]，是名人無我智。實叉云：「若能於此善知其相，是名人無我智。」

云何法無我智？謂覺陰界入妄想相自性，觀陰界入法，知是妄想相自性無實故。如陰界入離我我所，陰界入積聚，因業愛繩縛，展轉相緣生，無動摇。實叉云：「互爲緣起，無能作者。」諸法亦爾，離自共相。不實妄想相、妄想力，是凡夫生，非聖賢也。心意識[三]、五法、自性離故。不實妄想之相，妄想分别之力，是凡夫所生，聖賢於五法、自性離故，故曰非也。

大慧，菩薩摩訶薩當善分别一切法無我。

善法無我菩薩摩訶薩，不久當得初地菩薩無所有觀地相，觀察開覺歡喜。以見法無我，得初地無所有觀，以無所有觀故，善能觀察真如之境，能觀察真如之境，則能開覺證

[一] 如幻，《嘉興藏》本同，餘本作「幼」。
[二] 知，《石經》本作「智」。
[三] 識，《石經》本作「意識」。

如實之相，由此欣悅，次第進超諸地。故實叉云：「得此智已，知無境界，了諸地相，即入初地，心生歡喜。」

次第漸進，超九地相，得〔二〕法雲地。於彼建立無量寶莊嚴大寶蓮華王像、大寶宮殿，幻自性境界修習生，於彼而坐。實叉云：「住是地已，有大寶蓮華王衆寶莊嚴，於其華上有寶宮殿，狀如蓮華，菩薩往修幻性法門之所成就，而坐其上。」同一像類諸最勝子眷屬圍繞。謂昔同修菩薩以爲眷屬也。

從一切佛刹來佛手灌頂，如轉輪聖王太子灌頂。一切諸佛從十方來，各以智水灌菩薩摩訶薩頂，授法王之位，如轉輪王授太子王位時，以金瓶盛四大海水灌太子頂，授轉輪王位。

超佛子地，到自覺聖智〔三〕法趣，當得如來自在法身，見法無我故。是名法無我相。汝等諸菩薩摩訶薩應當修學。

〔二〕得，《資福藏》、《磧砂藏》、《普寧藏》、《南藏》、《龍藏》、宮内本作「明得」，「明」字衍。
〔三〕聖智，《嘉興藏》本同，餘本作「聖」。

（二十一）

爾時大慧菩薩摩訶薩復白佛言：世尊，建立、誹謗相惟願說之，註云：因上觀二無我，能離有無常二見，故請建立誹謗相也。非有說有，名建立；非無說無，名誹謗。令我及諸菩薩摩訶薩，離建立、誹謗二邊惡見，疾得阿耨多羅三藐三菩提。覺已，離常建立、斷誹謗見，不謗正法。註云：覺知有無惡見過已，能離建立常見、誹謗斷見，令於正法不生毀謗。蓋正法離有無，若說有無，即是謗正法也。

爾時世尊受大慧菩薩請已，而說偈言：

建立及誹謗，無有彼心量；建立、誹謗初無有實，故曰無有彼心量。身受用建立，及心不能知。身雖受用建立，而心不知其然。故實叉云：「所起但是心，離心不可得。」愚癡無智慧，建立及誹謗。愚夫執有、執無爲實也。

爾時世尊於此偈義，復重顯示，告大慧言：有四種非有有[一]建立。云何爲四？謂非有相建立、非有見建立、非有因建立、非有性建立，是名四種建立。《新

[一] 有有，《資福藏》、《磧砂藏》、《南藏》、《龍藏》本作「有」。

説》云：「此列四名，謂非有相、見、因、性之中而横立也。」又誹謗者，謂於彼所立無所得，觀察非分而起誹謗。是名建立、誹謗相。實叉云：「謂於諸惡見所建立法求不可得，不善觀察，遂生誹謗，此是建立、誹謗相。」

復次大慧，云何非有相建立相？謂陰界入非有自共相而起計著，此如是，此不異，是名非有相建立相。此非有相建立妄想，無始虚僞過，種種習氣計著生。《新説》云：「言陰界入無自共相，而妄計此如是，自相也；此不異，共相也。從無始過惡熏習所生故也。」

大慧，非有見建立相者，若彼如是陰界入，我、人、衆生、壽命、長養、士夫見建立，是名非有見建立相。《新説》云：「謂於陰界入中，妄建立我、人、衆生等以爲能見者。」

大慧，非有因建立相者，謂初識無因生，後不實如幻，本不生；眼、色、明〔二〕、界、念前生，生已實已還壞，是名非有因建立相。謂識初則無因而生，後則不實如幻，故曰本不生。眼色明界念雖生，生已實已還壞，亦本不生之意也。

〔二〕明，《高麗藏》、《磧砂藏》本作「眼」。

大慧，非有性建立相者，謂虛空、滅、般涅槃非作，計著〔一〕性建立，此離性非性，一切法如兔馬等角，如垂髮現，離有非有，是名非有性建立相〔二〕。《新説》云：「言外道於三無爲無作法，而建立有性。佛言此離性非性，類明一切諸法離於有無，猶如毛輪、垂髮，由翳目而生兔馬等角，本自無有。」

建立及誹謗，愚夫妄想，不善觀察自心現量，非聖賢〔三〕也。是故離建立誹謗惡見，應當修學。

（二十二）

復次大慧，菩薩摩訶薩善知〔四〕心意意識、五法、自性、二無我相，趣究竟。爲安衆生故，作種種類像，如妄想自性處，依於緣起。菩薩既善知心意識、自性、無我，趣於

〔一〕著，《高麗藏》、《資福藏》、《磧砂藏》、《普寧藏》、《頻伽藏》本脱。
〔二〕是名非有性建立相，《高麗藏》、《龍藏》本置於「非賢聖也」下。
〔三〕聖賢，《嘉興藏》、《石經》本同，餘本作「賢聖」。
〔四〕善知，《石經》本同。

究竟，爲安諸衆生故，隨其善根種類，化身誘之，如妄想依緣起而生。下舉喻正明所化之剎，所説之法也。

譬如衆色如意寶珠，普現一切諸佛剎土，一切如來大衆集會，悉於其中聽受佛[一]法。所謂一切法如幻、如夢、光影、水月，於一切法離生滅斷常，及離聲聞緣覺之法，得百千三昧，乃至百千億那由他三昧。得三昧已，遊諸佛剎，供養諸佛，生諸天宮，宣揚三寶。示現佛身，聲聞菩薩大衆圍繞，以自心現量度脱衆生，分別演説外性無性，實叉云：「説外境界皆唯是心。」悉令遠離有無等見。《新説》云：「如摩尼珠不作心而隨色變，以譬如來不作意，能隨衆生善根心水大小而變。亦如摩尼隨物而變，以譬如來隨衆生善根現取佛土，大衆集會於中説法，其所説諸法不實如幻夢等。菩薩既知諸法如幻，而離生滅斷常等見，亦離二乘自共相見，得諸地無量億三昧，現成正覺，復説自心現量法，令衆離有無等見。」

爾時世尊欲重宣此義，而説偈言：

[一] 佛，《嘉興藏》本同，餘本作「經」。

心量世間，佛子觀察，種類之身，離所作行，得力神通，自在成就。以善觀察世間心量如幻三昧之力，成如來，現種類身，得無作行等一切成就也。

（二十三）

爾時大慧菩薩摩訶薩復請佛言：惟願世尊爲我等説一切法空、無生、無二、離自性相。《新説》云：「因上説一切法如幻如夢，即是説法空，故大慧舉此空法以請如來。所言空者，明前五法非有；無生，以顯八識不生；無二，即二我兩亡；離性，即三性空寂。」我等及餘諸菩薩衆，覺悟是空、無生、無二、離自性相已，離有無妄想，疾得阿耨多羅三藐三菩提。

爾時世尊告大慧菩薩摩訶薩言：諦聽諦聽，善思念之，今當爲汝廣分別説。大慧白佛言：善哉世尊，唯然受教。

佛告大慧：空空者，即是妄想自性處。流支云：「即是妄想法體句。」實叉云：「即是妄計性句義。」大慧，妄想自性計著者，説空、無生、無二、離自性相。大慧，彼略説七種空，謂相空、性自性空、行空、無行空、一切法離言説空、第一義聖智大空、彼彼空。諸教辯空自有增減，此經雖略，其義不殊。

云何相空？謂一切性自共相空，觀展轉積聚故，分别無性，自共相不生，自他俱性無性，故相不住，是故説一切性相空。是名相空。觀諸法相空，展轉因緣積聚故，分别無性，則自相共相不生，自他俱無體故，相依何住？

云何性自性空？謂自己性自性不生，是名一切法性自性空，是故説性自性空。自己之性，自性不生，則一切法自性不生，不生則空矣。

云何行空？謂陰離我我所，因所成、所作業方便生，是名行空。陰行從諸緣所起，以離我我所故空。

大慧〔二〕，即此如是行空，展轉緣起，自性無性，是名無行空。前以離我我所爲行空，此以行空性無性，故爲無行空。

云何一切法離言説空？謂妄想自性無言説，故一切法離言説，是名一切法離言説空。一切法從妄想所起，無自性，故離言説。

〔二〕大慧，宮内本作「大惠」。

云何一切法第一義聖智大空？謂得自覺聖智，一切見過習氣空，是名一切法第一義聖智大空。

云何彼彼空？謂於彼無彼空，是名彼彼空。於彼無此，於此無彼，展轉俱空故也。大慧，譬如鹿子母舍，無象馬牛羊等，非無比丘衆，而説彼空。非舍舍性空，亦非比丘比丘性空，非餘處無象馬。實叉云：「非謂堂無堂自性，非謂比丘無比丘自性，非謂餘處無象馬牛羊。」○《新説》云：「鹿子人名也，其母即毗舍佉優婆夷，深重三寶，造立精舍安止比丘，於中不畜象馬等。象馬無，故言空；舍及比丘有，不名空。若餘處有象馬，亦不説象馬空。」是名一切法自相，彼於彼無彼，是名彼彼空。實叉云：「一切諸法自共相，彼彼求不可得，是故説名彼彼空。

是名七種空。彼彼空者，是空最麤，汝當遠離。《新説》云：「言是空最麤，非是真空，故勸遠離。」○西土外道所宗，在彼彼空處，或計爲神我，或執爲斷常。第一義聖智大空，非彼所聞也。

大慧，不自生，非不生，除住三昧，是名無生。註云：除住八地如幻三昧，是名真無生。

離自性，即是無生。實叉云：「無自性者，以無生故。」離自性，刹那相續流注及異性現，一切性離自性，是故一切性離自性。實叉云：「一切法無自性，以刹那不住故，見後變異故，是中無自性。」○楊云：「刹那之頃流及他性，以是而現一切性皆離自性。」

云何無二？謂一切法如陰〔二〕熱，如長短，如黑白。流支以「陰熱」作「日光影」，實叉作「如光影」。此則以雲氣蒙蔽爲陰，光明燀赫爲熱，言「陰熱」。長短黑白雖殊，而日體無異，以況涅槃生死之無二也。大慧，一切法無二，非於涅槃彼生死，非於生死彼涅槃，異相因有性故，是名無二。如〔三〕涅槃、生死，一切法亦如是。實叉云：「非於生死外有涅槃，非於涅槃外有生死，生死涅槃無相違相。如生死涅槃，一切法亦如是，是名無二相。」○《新説》云：「謂了妄想性空，即生死成涅槃；若迷真實性有，即涅槃成生死。如生死涅槃既無二，類通一切法亦爾。」○相因有性，故非無二；涅槃生死，既異於相因有性，則自然平等無二矣。

〔二〕陰，《高麗藏》本作「冷」。
〔三〕如，《磧砂藏》本訛作「始」。

是[一]故空、無生、無二、離自性相，應當修學。

爾時世尊欲重宣此義，而説偈言：

我常説空法，遠離於斷常，生死如幻夢，而彼業不壞。《宗鏡》云：「以性空故，不壞業道，因果歷然。」[二]

虚空及涅槃，滅二亦如是，愚夫作妄想，諸[三]聖離有無[四]。《新説》云：「舉上三無爲空，不得對涅槃説生死，亦不得對生死説涅槃，愚夫妄想故説爲二，聖人體達故離有無。」

（二十四）

爾時世尊復告大慧菩薩摩訶薩言：大慧，空、無生、無二、離自性相，普入諸佛一切修多羅，凡所有經悉説此義。《新説》云：「言空等義，普入諸經，無有一法不含[五]

〔一〕是，《磧砂藏》本脱。
〔二〕見《宗鏡録》卷第八，《大正藏》第48册，第456頁上。
〔三〕諸，《石經》本作「謂」。
〔四〕有無，《龍藏》本作「無有」。
〔五〕含，原作「舍」，據寶臣《新説》改。

斯理。」

諸修多羅悉隨衆生希望〔二〕心故，爲分別説，顯示其義，而非真實在於言説。如鹿渴想，誑惑羣鹿，鹿於彼相計著水性，而彼無水〔三〕。《新説》云：「此謂會權歸實也。而諸經有不説空無生者，以衆生希望不一故，如來隨衆生心作種種異説，而實在乎心悟，不在文言。譬如羣鹿爲渴所逼，見春時燄而作水想，迷亂馳趣，而彼陽燄實非是水。」如是一切修多羅所説諸法，爲令愚夫發歡喜故，非實聖智在於言説。是故當依於義，莫著言説。

〔二〕希望，《高麗藏》本作「悕望」。
〔三〕無水，《高麗藏》本作「水無」。

楞伽阿跋多羅寶經卷第二

一切佛語心品第二[一]

（一）

爾時大慧菩薩摩訶薩白佛言：世尊，世尊修多羅説如來藏自性清浄，轉三[二]十二相，入於一切衆生身中，諸本皆叠有「世尊」二字，獨實叉無之。考經之意，上二字，是大慧所稱，下二字，是舉世尊所説之法爲問。如第四卷「大慧菩薩復白佛言：世尊，如世尊説修多羅」云云。○流支、實叉並以「轉」爲「具」，以「入」爲「在」。○《宗鏡》云：「經云衆生身中，有佛三十二相，八十種好，坐寶蓮華，與佛無殊，但爲煩惱所覆，故未能得用。」[三]又云：「諸佛

[一] 第二，《磧砂藏》、宮内本同，餘本作「之二」。

[二] 三，《石經》本脱。

[三] 見《宗鏡録》卷第十九，《大正藏》第48册，第520頁上。

一似大圓鏡，我身猶如摩尼珠，諸佛法身入我體，我身常入諸佛軀。」[一]如大價寶，垢衣所纏。如來之藏常住不變亦復如是，而陰界入垢衣所纏，貪欲、恚、癡不實妄想塵勞所汙，一切諸佛之所演説。云何世尊同外道説我，言有如來藏耶？世尊，外道亦説有常作者，離於求那，周遍不滅。世尊，彼説有我。《新説》云：「此難如來，若説有如來藏義，是違上一切修多羅皆應説空，即同外道説有神我。然彼計我，其義有三：一者體常，名爲作者；二者雖在五陰，而離於求那；三者徧歷諸趣，實非生滅。今説藏義，豈非同於外道我耶？」○流支以「離於求那作，不依諸緣」[二]，餘義見上卷。

佛告大慧：我説如來藏，不同外道所説之我。大慧，有時説[三]空、無相、無願、如、實際、法性、法身、涅槃、離自性、不生不滅、本來寂静、自性涅槃如是等句，説如來藏已。如來、應供、等正覺爲斷愚夫畏無我句故，説離妄想無所有境界如來藏門。大慧，未來、現在菩薩摩訶薩不應作我見計著。佛説如來藏，或名爲空、無

[一] 見《宗鏡録》卷第二十，《大正藏》第48册，第526頁中。
[二] 該文爲引義。流支本原文爲「外道亦説有常作者，不依諸緣，自然而有，周偏不滅」。
[三] 説，底本、《資福藏》、《磧砂藏》本脱，據《高麗藏》、《龍藏》本補。

相、無願，乃至自性涅槃，斯則體一，應物名異，不同外道所説神我。次斷愚夫畏無我故，如來方便爲説無所有境界爲如來藏門，勉諸菩薩不應同外道作我相計著。

譬如陶家，於一[一]泥聚，以人工、水、木、輪、繩方便，作種種器。義見下「泥瓶」註。如來亦復如是，於法無我離一切妄想相，以種種智慧善巧方便，或説如來藏，或説無我。以是因緣故，説如來藏，不同外道所説之我。是名説如來藏。開引計我諸外道故，説如來藏，令離不實我見妄想，入三解脱門境界，楊云：「《華嚴》謂菩薩觀緣起，而知自性空，得空解脱；觀十二有支自性滅，得無相解脱；入空無願求，唯爲教化衆生故，得無願解脱。故曰三解脱。」希望疾得阿耨多羅三藐三菩提。以離不實我見妄想，即入三解脱門，疾得阿耨多羅三藐三菩提。言希望者，如《法華信解品》云：「我本無心有所希求，今此寶藏自然而至。」[二]此皆頓證境界也。

是故如來、應供、等正覺，作如是説如來之藏。若不如是，則同外道[三]。是故大

[一] 一，《普寧藏》本誤作「二」。
[二] 見後秦鳩摩羅什譯《妙法蓮華經》卷第二《信解品》第四，《大正藏》第9册，第17頁中。
[三] 外道，《高麗藏》、《頻伽藏》本作「外道所説之我」。

慧，爲離外道見故，當依無我如來之藏。此明欲離妄見，證無上菩提，應知無我如來藏義。

爾時世尊欲重宣此義，而説偈言：

人相續陰，流支云：「人我及於陰。」緣與微塵，勝自在作，心量妄想。《新説》云：「外道所計由神我故令陰相續，又計微塵等與生法爲緣，或計一切悉是勝妙自在天所作，此但心量妄想。」

（二）

爾時大慧菩薩摩訶薩觀未來衆生，復請世尊：惟願爲説修行無間，如諸菩薩摩訶薩修行者大方便。觀未來衆生有頓機成熟者，故請世尊爲説修行即證無間法門，如諸菩薩修行得大方便，匪同小乘從漸而入頓也。

佛告大慧：菩薩摩訶薩成就四法，得修行者大方便。云何爲四？謂善分別自心現，觀外性非性，離生住滅見，得自覺聖智善樂。是名菩薩摩訶薩成就四法，得修行者大方便。

云何菩薩摩訶薩善分別自心現？謂如是觀三界唯心分齊，註云：觀三界唯妄想心所起分齊。離我我所，無動摇，離去來，無始虚僞習氣所熏，三界種種色行繫縛，身財建立妄想隨入現，是名菩薩摩訶薩善分別自心現。楊云：「謂以色行建立身財，隨入自心而現妄想。」

云何菩薩摩訶薩善觀外性非性？謂燄夢等一切性，謂善觀一切諸法外性如燄夢等，以無自性，故曰非性。○流支云：「以無外法故，諸識不起。」無始虛僞妄想習因，觀一切性自性。菩薩摩訶薩作如是善觀外性非性，是名菩薩摩訶薩善觀外性非性。以了唯心故，善觀外性非性。

云何菩薩摩訶薩善離生住滅見？謂如幻夢一切性，自他俱性不生，隨入自心分齊故。實叉云：「隨自心量之所現故。」見外性非性，見識不生及緣不積聚；楊云：「非特見外性以爲非性，而此所見之識亦不生，而緣亦不聚。」見妄想緣生，於三界內外一切法不可得；見離自性，生見悉滅。流支云：「無實體故，遠離生諸法，不正見故。」○實叉云：「知無體實，遠離生見。」知如幻等諸法自性，得無生法忍。得無生法忍已，離生住滅見。是名菩薩摩訶薩〔二〕善分別離生住滅見。註云：知無生故，無生

〔二〕薩，《資福藏》本作「訶」。

住滅。

云何菩薩摩訶薩得自覺聖智善樂？謂得無生法忍，住第八菩薩地，得離心意意識、五法、自性、二無我相，得意生身。註云：得八地無生法忍，能離心意意識、二無我等對治法門。○楊云：「已上八地，一切悉離，若其餘地，未足語此。」

世尊，意生身者，何因緣？

佛告大慧：意生身[一]者，譬如意去，迅疾無礙，故名意生。譬如意去，石壁無礙，於彼異方無量由延，因先所見憶念不忘，自心流注不絶，於身無障礙生。大慧，如是意生身，得一時俱。

菩薩摩訶薩意生身如幻三昧，力、自在、神通妙相莊嚴，聖種類身一時俱生。猶如意生，無有障礙，隨所憶念本願境界，爲成就[二]衆生，得自覺聖智善樂。實叉云：「譬如心意，於無量百千由旬之外，憶先所見種種諸物，念念相續，疾詣於彼，非是其身及

[一] 意生身，《高麗藏》、《資福藏》、《普寧藏》本脱「身」字。
[二] 成就，《高麗藏》、《頻伽藏》本作「成熟」。

山河石壁所能爲礙。意生身者亦復如是，如幻三昧，力、通、自在諸相莊嚴，憶本成就衆生願故，猶如意去生於一切諸聖衆中」云云。

如是菩薩摩訶薩得無生法忍，住第八菩薩地，轉捨心意意識、五法、自性、二無我相身，及得意生身，得自覺聖智[二]善樂。是名菩薩摩訶薩成就四法，得修行者大方便，當如是學。流支、實叉於此四法，文皆不全。

（三）

爾時大慧菩薩摩訶薩，復請世尊：惟願爲説一切諸法緣因之相，以覺緣因相故，流支以「覺」爲「善知」，實叉作「了達」。我及諸菩薩離一切性有無妄見，無妄想見漸次、俱生。流支云：「離於有無不正等見。」○實叉云：「離有無見，不妄執諸法漸生頓生。」

佛告大慧：一切法二種緣相，謂外及内。外緣者，謂泥團、柱、輪、繩、水、木、人工諸方便緣，有瓶生。如泥瓶、縷疊、草

[二] 智，底本作「知」，誤，據《高麗藏》、《龍藏》本改。

席、種牙〔二〕、酪酥等方便緣生，亦復如是。是名外緣，前後轉生。柱，陶輪之柱也。繩，束器口之物也。木，所執之杖也。縷氎，氈毦之屬，以毛縷葺疊而成。○《新説》云：「言泥團爲因，水杖等爲緣，而成於瓶爲果。如泥瓶因果既爾，例餘縷氎等四亦復如是，皆以縷、草、種、酪爲其因，氎、席、芽、酥爲果，緣義可知。是名緣生之法，必先因後果，展轉而生。謂親起者爲因，疏助者爲緣也。」

云何內緣？謂無明、愛、業等法，得緣名。從彼生陰界入法，得緣所起名。彼無差別，而愚夫妄想。是名內緣法。從無明等立緣之名，從緣而生陰界入法，立緣所起之名。雖有次序，了無差別。此皆愚夫妄想所分別耳。

大慧，彼因者有六種，謂當有因、相續因、相因、作因、顯示因、待因。

當有因者，作因已，內外法生。實叉云：「謂內外法作因生果。」○以念起作因，爲當有因也。

相續因者，作攀緣已，內外法生陰種子等。實叉云：「謂內外法作所緣，生果蘊種

〔二〕牙，《磧砂藏》、宮內本同，餘本作「芽」。

子等。」

相因者，作無間相，相續生。實叉云：「作無間相，生相續果。」○註云：因果相續不斷，故名無間。

作因者，作增上事，如轉輪王。實叉云：「謂作增上而生於果。」

顯示因者，妄想事生已，相現作所作，如燈照色等。實叉云：「謂分别生能顯境相，如燈照物。」○《新説》云：「能所因果，互相發明。」

待因者，滅時作相續斷，不妄想性生。實叉云：「謂滅時相屬斷，無妄想生。」○言諸法滅時還作，作時還滅，妄想相續雖斷，不妄想性復生，遞互相待，故曰待因也。

大慧，彼自妄想相愚夫，不漸次生，不俱生。實叉云：「此是愚夫自所分别，非漸次生，亦非頓生。」所以者何？若復俱生者，作所作無分別，不得因相故。若漸次生者，不得相我〔二〕故，漸次生不生〔三〕，如不生子，無父名。流支云：「若一切法一時生者，

〔二〕相我，《高麗藏》、《頻伽藏》本作「我相」。
〔三〕生不生，《普寧藏》本作「生亦不生」，宫内本作「不生不生」。

因果不可差别，以不見因果身相故。若次第生者，未得身相，不得言次第生。」○實叉云：「如未生子，云何名父？」

大慧，漸次生相續方便不然，但妄想耳！因、攀緣、次第、增上緣等，生所生故。流支云：「愚癡凡夫自心觀察，次第相續不相應故，作如是言：因緣、次第緣、緣緣、增上緣等，能生諸法。」○謂漸次相續等，非妄想不能使然。内取外色等塵，曰攀緣；内外法轉生，曰次第緣；心是境之增上緣；境是心之所緣緣。言等者，緣緣也。

大慧，漸次生〔一〕不生，妄想自性計著相故。漸次、俱不生，自心現受用故，自相共相外性非性。大慧，漸次、俱不生，除自心現不覺妄想故相生。是故因緣作事方便相，當離漸次、俱見〔二〕。實叉云：「次第生者，皆是妄情執著相故。漸次與頓皆悉不生，但自心現身資等故，外自共相皆無性故，唯除識起自分別見。大慧，是故應離因緣所作和合相中漸頓生見。」

爾時世尊欲重宣此義，而説偈言：

〔一〕生，《高麗藏》本脱。
〔二〕見，《龍藏》本作「現」。

一切都無生，亦無因緣滅，於彼生滅中，而起因緣想。

非遮滅復生，相續因緣起，唯爲斷凡愚，癡惑妄想緣。實叉云：「非遮諸緣會，如是滅復生，但止於凡愚，妄情之所著。」○遮，即遣也、止也。

有無緣起法，是悉無有生，習氣所迷轉，從是三有現，欲有、色有、無色有也。真實無生緣，亦復無有滅。

觀一切有爲，猶如虚空華，攝受及所攝，捨離惑亂見。

非已生當生，亦復無因緣，一切無所有，斯皆是言説。

（四）

爾時大慧菩薩摩訶薩復白佛言：世尊，惟願爲説言説妄想相心經。流支、實叉並作「心法門」。世尊，我及餘菩薩摩訶薩，若善知言説妄想相心經〔二〕，則能通達言説、所説二種義，實叉以「言説」爲「能説」。疾得阿耨多羅三藐三菩提，以言説、所説

〔二〕經，《磧砂藏》、宫内本無。

二種趣，淨一切衆生。註云：因上言「一切無所有，斯皆是言説」，故大慧舉言説妄想相以請問。〇以通達能所二説所得旨趣，淨衆生一切妄心。

佛告大慧：諦聽諦聽，善思念之，當爲汝説。

大慧白佛言：善哉世尊，唯然受教。

佛告大慧：有四種言説妄想相，謂相言説、夢言説、過妄想計著言説、無始妄想言説。

相言説者，從自妄想色相計著生。

夢言説者，先所經境界隨憶念生，從覺已，境界無性生。實叉云：「謂夢先所經境界，覺已憶念，依不實境生。」

過妄想計著言説者，先怨所作業，隨憶念生。實叉云：「謂憶念怨讎先所作業生。」〇過，即過惡。

無始妄想言説者，無始虛僞計著過自種習氣生。實叉云：「以無始戲論，妄執習氣生。」

是名四種言説妄想相。

爾時大慧菩薩摩訶薩，復以此義勸請世尊：惟願更説言説妄想所現境界。世尊，何處、何故、云何、何因，衆生妄想言説生？流支云：「惟願爲我重説四種虚妄執著言語之相，衆生言語何處出？云何出？何因出？」〇實叉云：「願更爲説言語分別所行之相，何處、何因、云何而起？」

佛告大慧：頭、胸、喉、鼻、脣、舌、齗、齒和合出音聲。

大慧白佛言：世尊，言説、妄想，爲異爲不異？

佛告大慧：言説、妄想非異非不異。所以者何？謂彼因生相故。註云：謂彼言説因妄想生故也。大慧，若言説、妄想異者，妄想不應是因；註云：若言説與妄想異者，不應因妄想起言説。若不異者，語不顯義，而有顯示。若言説與妄想不異者，則言説不能顯義，既能顯示其義，非不異也。是故非異非不異。

大慧復白佛言：世尊，爲言説即是第一義？爲所説者是第一義？

佛告大慧：非言説是第一義，亦非所説是第一義。所以者何？謂第一義聖樂，言説所入是第一義，非言説是第一義。聖樂處，雖由言説而入，不可即言説爲第一義也。第一義者，聖智自覺所得，非言説妄想覺境界。是故言説妄想不顯示第一義。言説者，生滅動摇展轉因緣起。若展轉因緣起者，彼不顯示第一義。大慧，自他相無性故，言説相不顯示第一義。復次大慧，隨入自心現量故，種種相外性非性，言説妄想不顯示第一義。是故大慧，當離言説諸妄想相。實叉云：「第一義者無自他相，言語有相不能顯示；第一義者但唯自心，種種外相悉皆無有，言語分別不能顯示。是故大慧，應當遠離言語分别。」

爾時世尊欲重宣此義而説偈言：

諸性無自性，實叉以「諸性」爲「諸法」。亦復無言説，甚深空空義，愚夫不能了。

一切性自性，言説法如影，言説及諸法，皆不實如影。自覺聖智子即最勝子，實際我所説。

（五）

爾時大慧菩薩摩訶薩復白佛言：世尊，惟願爲説離一異俱不俱、有無非有非無、常無常〔二〕，一切外道所不行，自覺聖智所行，《新説》云：「大慧因上言『第一義者，是自證聖智所得，非言説分別境界』，即舉自證聖智所得第一義以請問。然第一義體離一異、有無、斷常、俱不俱等四句見，故大慧請離四句法也。」離妄想自相共相，入於第一真實之義，諸地相續漸次上上增進清淨之相，隨入如來地相。無開發本願，實叉云：「以無功用本願力故。」譬如衆色摩尼境界無邊相行，自心現趣部分之相一切諸法。流支云：「如如意寶，無量境界修行之相，自然行故，於一切法自心現，見差別相故。」實叉亦以「部分」作「差別」，不同《華嚴》所説部分心城也。我及餘菩薩摩訶薩，離如是等妄想自性自共相見，疾得阿耨多羅三藐三菩提，令一切衆生一切安樂具足充滿。《新説》云：「言非獨離外道見，亦離二乘執陰界入自共相見，令諸菩薩及諸衆生，速證如來無上種智。」

佛告大慧：善哉善哉，汝能問我如是之義，多所安樂，多所饒益，哀愍一切諸天世人。佛告大慧：諦聽諦聽，善思念之，吾當爲汝分別解説。

〔二〕《高麗藏》、《資福藏》、《磧砂藏》、《龍藏》、《頻伽藏》本此句語序爲「唯願爲説離有無、一異俱不俱、非有非無、常無常」。

大慧白佛言：善哉世尊，唯然受教。

佛告大慧：不知心量愚癡凡夫，取內外性，依於一、異、俱、不俱，有、無、非有非無，常、無常，自性習因計著妄想。實叉云：「凡夫無智，不知心量，妄習爲因，執著外物，分別一異俱不俱、有無非有無、常無常等一切自性。」〇《新説》云：「上雖言離有無等，未知何者是有無，今正出有無法體，言凡夫愚癡，不知是自心量妄習爲因之所變現，執著外法爲有爲無，起四句等見，此是妄計有無體也。下十二喻，況比有無、一異等法皆不真實，是應遠離。」

譬如羣鹿流支實叉並作「獸」。爲渴所逼，見春時燄而作水想，迷亂馳趣，不知非水。如是愚夫無始虛僞妄想所熏習[一]，三毒燒心，樂色境界，見[二]生住滅，取內外性，墮於一異俱不俱、有無非有非無、常無常想，妄見攝受。《新説》云：「鹿逐時燄，況愚樂欲境。」

如揵闥婆城，凡愚無智而起城想，無始習氣計著相[三]現，彼非有城、非無城。

[一] 習，《高麗藏》本無。
[二] 見，《資福藏》本無。
[三] 相，《嘉興藏》、宮內本同，餘本作「想」。

如是外道無始虚僞習氣計著，依於一異俱不俱、有無非有非無、常無常見，不能了知〔一〕自心現量。

譬如有人夢見男女、象〔二〕馬、車步、城邑、園林、山河、浴池種種莊嚴，自身入中，覺已憶念。大慧，於意云何？如是士夫，於前所夢憶念不捨，爲黠慧不？大慧白佛言：不也，世尊。佛告大慧：如是凡夫惡見所噬，外道智慧不知如夢自心現性〔三〕，依於一異俱不俱、有無非有非無、常無常見。

譬如畫像不高不下，而彼凡愚作高下想。如是未來外道惡見習氣充滿，依於一異俱不俱、有無非有非無、常無常見，自壞壞他。餘離有無無生之論，亦説言無。流支云：「而彼外道自壞壞他，説如是言：『諸法不生不滅，有無寂静。』彼人名爲不正見者。」〇實叉以「餘」作「於」，謂於餘佛法，離有無無生之論，彼亦説爲斷見也。謗因果見，

〔一〕知，原作「智」，據《高麗藏》、《龍藏》本改。
〔二〕象，《高麗藏》、《頻伽藏》本作「爲」。
〔三〕性，《高麗藏》、《頻伽藏》本作「量」。

拔善根本，壞清淨因。勝求者，當遠離去。作如是説，流支、實叉並以「勝求」作「欲求勝法」。彼墮自他俱見、有無妄想已，墮建立誹謗，以是惡見，當墮地獄。

譬如翳目，見有垂髮，謂衆人言：「汝等觀此。」而是垂髮，畢竟非性非無性，見不見故。流支云：「見虚空中有於毛輪，爲他説言，如是青黄赤白汝何不觀？大慧，而彼毛輪本自無體。何以故？有見不見故。」○實叉亦以「垂髮」爲「毛輪」。如是外道妄見希望，依於一異俱不俱、有無非有非無、常無常見，誹謗正法，自陷陷他。

譬如火輪非輪，愚夫輪想，非有智者。如是外道惡見希望，依於一異俱不俱、有無非有非無、常無常想，一切性生。

譬如水泡似摩尼珠，愚小無智作摩尼想，計著追逐。而彼水泡非摩尼非非摩尼，取不取故。如是外道惡見妄想習氣所熏，於無所有説有生，緣有者言滅。實叉云：「説非有爲生，壞於緣有。」

復次大慧，有三種量、五分論，各建立已，得聖智自覺，離二自性事，而作有性妄想計著。《新説》云：「言三種量者，一現量，二比量，三聖言量。量者，是楷定義，譬夫升斗量物也。現量者，現即顯現，謂分明證境，不帶名言，無籌度心，親得法體，離妄分別，而非錯謬。比量者，比即比類，謂以因由、譬喻比類量度而得知故。聖言量者，謂以如來聖教爲準繩故。《宗鏡》云：『以聖言爲定量，邪僞難移；用至教爲指南，依憑有據。』五分論者，一宗、二因、三喻、四合、五結。宗因喻三，亦云三支比量，合結但成之。且如外道，妄計執聲爲常，於聲明中立量云：聲是有法，定常爲宗。因云：所作性故。同喻如虛空。然而虛空非所非性，則因上不轉，引喻不齊，立聲爲常不成。若佛法中，聲是無常，故立量云：聲是有法，定無常爲宗。因云：所作性故。同喻如瓶盆。如《首楞嚴》云『音聲雜語言，但依名句味』〔一〕，豈常也哉？外道種種計執，自謂過人，若不類彼立量破之，何由去執？」〔二〕○如來建立三種量、五分論，揀辨邪正已，令離緣起、妄想二種自性事，得自覺聖智，而愚夫猶計作有性，起妄想分別。

大慧，心意意識身心轉變，自心現攝所攝諸妄想斷，實叉於此有「住」字。如來地自覺聖智，修行者不〔三〕於彼作性非性想。若復修行者，如是境界性非性攝取相〔四〕

〔一〕［唐］般剌蜜諦譯《大佛頂首楞嚴經》卷第六，《大正藏》第19冊，第130頁上。
〔二〕文字小異。
〔三〕不，《高麗藏》、《頻伽藏》本作「不應」。
〔四〕相，《嘉興藏》、宮內本同，餘本作「想」。

生者，彼即取長養及取我人。

大慧，若説彼性自性自[一]共相，一切皆是化佛所説，非法佛説。又諸言説，悉由愚夫希望見生，不爲别建立趣自性法，得聖智自覺三昧樂住者分别顯示。實叉云：「若於境界起有無執，則著我、人、衆生、壽者。大慧，一切諸法自相共相，是化佛説，非法佛説。化佛説法，但順愚夫所起之見，不爲顯示自證聖智三昧樂境。」

譬如水中有樹影現，彼非影、非非影，非樹形、非非樹形。如是外道見習所熏，妄想計著，依於一異俱不俱、有無非有非無、常無常想，而不能知自心現量。

譬如明鏡，隨緣顯現一切色像而無妄想，彼非像、非非像，而見像非像，妄想愚夫而作像想。如是外道惡見，自心像現妄想計著，依於一異俱不俱、有無非有非無、常無常見。

譬如風水和合出聲，彼非性、非非性。如是外道惡見妄想，依於一異俱不俱、有無非有非無、常無常見。

[一] 自，《高麗藏》、《頻伽藏》本脱。

譬如大地無草木處，熱燄川流，洪浪雲湧[二]，實叉云：「日光照觸，燄水波動。」彼非性、非非性，貪無貪故。《宗鏡》云：「若於貪起邪想，迷貪生執著，則於貪被繫縛；若於貪趣正思，了貪無自性，則於貪得解脱。」[三]如是愚夫無始虚僞習氣所熏，妄想計著，依生住滅、一異俱不俱、有無非有非無、常無常，緣自住事門，亦復如彼熱燄波浪。實叉云：「於聖智自證法性門中，見生住滅、一異、有無俱不俱性。」○謂外道緣於聖智自住境界，反爲熱燄不實波浪。

譬如有人呪術機發，以非衆生數，流支云：「機關木人，無衆生體。」毗舍闍鬼方便合成，動揺云爲。毗舍闍，此云啖精氣，梁言顛鬼。凡愚妄想，計著往來。如是外道惡見希望，依於一異俱不俱、有無非有非無、常無常見，戲論計著，不實建立。

大慧，是故欲得自覺聖智事，當離生住滅、一異俱不俱、有無非有非無、常無常等惡見妄想。《新説》云：「如來結勸，於所證中，應離如上凡夫外道生滅、一異等惡見分

[二] 湧，《高麗藏》、《磧砂藏》、《頻伽藏》本作「踴」，《龍藏》本作「擁」。
[三] 《宗鏡録》卷第二十九，《大正藏》第48册，第587頁中。

别也。然天竺邪見大約有三：一佛法外外道，二附佛法外道，三學佛法成外道。謂執佛教門而生煩惱，不得悟入，失方便門，墮於邪執，稱内邪見。是知法無定相，迴轉隨心，執則成非，達之無咎。如四句法，通塞由人，在法名四句，悟入名四門，妄計名四執，毀之名四謗。四句不動，得失空生，一法無差，升沉自異。但有絲毫見處不忘，皆成外道。故知見在即凡，情亡即佛。」[一]

爾時世尊欲重宣此義，而説偈言：

幻夢水樹影，垂髮熱時燄，如是觀三有，究竟得解脱。

譬如鹿渴想，動轉迷亂心，鹿想謂爲水，而實無水事。

如是識種子，動轉見境界，愚夫妄想生，如爲翳所翳。

於無始生死，計著攝受性，如逆楔出楔[二]，捨離貪攝受。衆生爲計著攝受，如楔楔之不能出離，如來憐憫，以不實諸喻爲楔迷而楔之，令其出離，不被惡見妄想及攝受之性所障。

如幻呪機發，浮雲夢電光，觀是得解脱，永[三]斷三相續。義見第三卷三相續文下，

[一] 該文爲引義。
[二] 楔，《高麗藏》本作「搱」。
[三] 永，《龍藏》本訛作「水」。

《楞嚴》亦有三種相續。

於彼無有作，猶如燄虛空，實叉云：「如空中陽燄。」如是知諸法，則爲無所知。《新説》云：「言知諸法無體，則無可知。」

言教唯假名，彼亦無有相，於彼起妄想，陰行如垂髮。如畫垂髮幻，夢揵闥婆城，火[一]輪熱時燄，無而現衆生。常無常一異，俱不俱亦然，無始過相續，愚夫癡妄想。明鏡水淨眼，摩尼妙寶珠，於中現衆色，而實無所有。明鏡與水及淨眼寶珠，乃十二喻中之四喻，如來舉而頌之，以表圓成之性隨緣不變。如《首楞嚴經》云「譬如虛空，體非羣相，而不拒彼諸相發揮」[二]，與此意同。淨眼，謂無翳也。

一切性顯現，如畫熱時燄，種種衆色現，如夢無所有。此明諸法雖現，皆無實事。

復次大慧，如來説法離如是四句，謂一異俱不俱、有無非有非無、常無常，離

[一] 火，《龍藏》本訛作「人」。
[二] [唐] 般剌蜜諦譯《大佛頂首楞嚴經》卷第四，《大正藏》第19册，第120頁下。

於有無、建立誹謗。分別結集真諦、緣起、道滅解脱，如來説法以是爲首。非性、非自在、非無因、非微塵、非時、非自性相續而爲説法。如來説法以真諦解脱等爲首，非若外道以勝性、自在、無因等爲相續説也。

復次大慧，爲浄煩惱爾燄障故，譬如商主，次第建立百八句無所有，善分別諸乘及諸地相。如來建立一百八句，及分別諸乘地相，引導衆生令浄除二障、斷滅諸惑，猶如商主引導衆商直至寶所，於其嶮阻之處，設諸方便悉令過之。

（六）

復次大慧，有四種禪。云何爲四？謂愚夫所行禪、觀察義禪、攀緣如禪、如來禪。

云何愚夫所行禪？謂聲聞、緣覺、外道修行者，觀人無我性，自相、共相骨瑔，無常、苦、不浄相，計著爲首，如是相不異觀，前後轉進，相〔二〕不除滅，是名愚夫

〔二〕相，《高麗藏》、《磧砂藏》、《龍藏》、《頻伽藏》本作「想」，當誤。

所行禪。註云：二乘觀人空，又觀陰界入自共相，作無常苦不浄觀，如是相不異，如是觀自共相等，觀無常等行，雖有勝進，然不離相，是名愚夫所行禪。

云何觀察義禪？謂人無我自相共相，實叉於「謂」下有「知」字。外道自他俱無性已，觀法無我彼地相義，漸次增進，實叉云：「於法無我諸地相義，隨順觀察。」是名觀察義禪。

云何攀緣如禪？流支、實叉於「如」上並有「真」字。謂妄想二無我妄想，如實處不生妄想，是名攀緣如禪。註云：何者是妄想？謂此二無我是妄想。何故二無我是妄想？爲對除二種妄想我見故，説二種無我，以所治既不實，能治亦是妄，故言二無我妄想。若如實知如理平等，不起二無我妄想，是名攀緣如禪。

云何如來禪？謂入如來地，得〔二〕自覺聖智相三種樂住，流支云：「入內身聖智相三空三種樂行故。」○實叉云：「住自證聖智三種樂。」註云：禪定菩提涅槃也。成辦衆生不思議事，是名如來禪。

〔二〕得，《高麗藏》、《資福藏》、《磧砂藏》、《石經》、《頻伽藏》本作「行」。

爾時世尊欲重宣此義，而説偈言：

愚夫〔一〕所行禪，觀察相義禪，攀緣如實禪，如來清淨禪。已上頌前四種禪，下皆外道禪也。

譬如日月形，鉢頭摩深險，如虚空火盡〔二〕，修行者觀察。《新説》云：「此明外道、二乘修禪之相。言外道計著神我，於禪觀時，見如日月形狀，明淨明耀，或見紅蓮在深險之下。二乘以自共相爲實有，灰身滅智同於虚空，如薪盡火滅，以爲究竟涅槃。」○鉢頭摩，此云紅蓮華。

如是種種相，外道道通禪，亦復墮聲聞，及緣覺境界。如上諸相，是外道之道所通之禪，及二乘禪境界也。

捨離彼一切，則是無所有，實叉云：「住於無所緣。」○《新説》云：「上句觀察義禪，下句是攀緣如實禪。」一切刹諸佛，以不思議手，一時摩其頂，隨順入如相。言入如來清淨禪也。

〔一〕愚夫，本作「凡夫」。
〔二〕盡，《高麗藏》、《資福藏》、《龍藏》本作「燼」。

（七）

爾時大慧菩薩摩訶薩復白佛言：世尊，般涅槃者，説何等法謂爲涅槃？《新説》云：「外道以見神我爲涅槃，二乘以身智滅如薪盡火滅爲涅槃，故問如來説何等法爲涅槃。」

佛告大慧：一切自性習氣，藏意意識[一]見習轉變，名爲涅槃[二]。諸佛及我涅槃自性空事境界。轉自性習氣等爲自覺聖智，名涅槃。以自性空故，即如理如事，是三世諸佛之涅槃。事境界者，如《華嚴》事事無礙法界也。此經之文大率多略。

復次大慧，涅槃者，聖智自覺境界，離斷常妄想性非性。云何非常？謂自相共相妄想斷，故非常。云何非斷？謂一切聖去來現在得自覺，故非斷。大慧，涅槃不壞不死。若涅槃死者，復應受生相續；若壞者，應墮有爲相。是故涅槃離壞離死，是故修行者之所歸依。《新説》云：「以更不受生相續，故涅槃不死；以非有爲

[一] 意識，《高麗藏》、《資福藏》、《普寧藏》、《頻伽藏》本作「識」。
[二] 槃，《磧砂藏》本訛作「般」。

生住滅法，故涅槃不壞；以無壞無死，故爲修行者之所歸依。」

復次大慧，涅槃非捨〔二〕非得，非斷非常，非一義非種種義，是名涅槃。實叉云：

「無捨無得故，非斷非常故，不一不異故，說名涅槃。」○《新說》云：「涅槃無煩惱可捨，無菩提可得，故非斷常一異，唯證相應，是名如來涅槃。」

復次大慧，聲聞緣覺涅槃者，覺自相共相，不習近境界，不顛倒見，妄想不生。彼等於彼，作涅槃覺。實叉云：「捨離憒鬧。」《新說》云：「二乘覺知陰界入中無冥諦神我，捨離憒鬧，煩惱障滅不生顛倒，不起未來生死分別，彼於其中生涅槃想。故《法華經》云：『但盡生死〔三〕，名爲解脫，其實未得一切解脫。』」

（八）

復次大慧，二種自性相。云何爲二？謂言說自性相計著，事自性相計著。

〔二〕捨，《資福藏》、《磧砂藏》、《普寧藏》、《南藏》、《龍藏》本作「斷」。

〔三〕文字小異。見後秦鳩摩羅什譯《妙法蓮華經》卷第二《譬喻品》第三，原文爲「但離虛妄，名爲解脫，其實未得，一切解脫」。

言說自性相計著者，從無始言說虛僞習氣計著生。事自性相計著者，從不覺自心現分齊生〔二〕。

（九）

復次大慧，如來以二種神力建立，實叉作「加持」。菩薩摩訶薩頂禮諸佛，聽受問義。云何二種神力建立？謂三昧正受，爲現一切身面言說神力，及手灌頂神力。因上凡夫計著起二種自性相，故如來以二種神力建立。

大慧，菩薩摩訶薩初菩薩地，住佛神力，所謂入菩薩大乘照明三昧。入是三昧已，十方世界一切諸佛，以神通力爲現一切身面言說，實叉云：「十方諸佛普現其前。」如金剛藏菩薩摩訶薩，及餘如是相功德成就菩薩摩訶薩。如華嚴會中，金剛藏菩薩住初地時，蒙如來神力加持，餘菩薩亦爾。大慧，是名初菩薩地。

〔二〕齊生，《資福藏》本作「生齊」。

菩薩摩訶薩得菩薩三昧正受神力，於百千劫積集〔一〕善根之所成就，次第諸地對治所治相，通達究竟。

至法雲地，住大蓮華微妙宮殿，坐大蓮華寶師子座，同類菩薩摩訶薩眷屬圍繞，衆寶瓔珞莊嚴其身，如黄金、薝〔二〕蔔、日月光明。諸最勝手〔三〕從十方來，就大蓮華宫殿座上而灌其頂，譬如自在轉輪聖王，及天帝釋太子灌頂。是名菩薩手灌頂神力。

大慧，是名菩薩摩訶薩二種神力。若菩薩摩訶薩住二種神力，面見諸佛如來；若不如是，則不能見。

復次大慧，菩薩摩訶薩凡所分别三昧，神足、諸法〔四〕之行，是等一切，悉住如來二種神力。實叉云：「諸菩薩摩訶薩入於三昧，現通説法，如是一切皆由諸佛二種持力。」

〔一〕集，《嘉興藏》本作「習」。
〔二〕薝，《高麗藏》、《磧砂藏》、《資福藏》本作「瞻」，《龍藏》、《嘉興藏》本作「詹」。
〔三〕手，《普寧藏》、《南藏》、《嘉興藏》、《龍藏》本作「子」。
〔四〕諸法，《高麗藏》、《資福藏》、《磧砂藏》、《龍藏》本作「説法」。

大慧，若菩薩摩訶薩離佛神力能辯説者，一切凡夫亦應能説。所以者何？謂不住神力故。大慧，山石樹木及諸樂器，城郭宮殿，以如來入城威神力故，皆自然出音樂之聲，何況有心者？聾盲瘖瘂無量衆苦，皆得解脱。如來有如是等無量神力，利安衆生。前明十地以善法無我故，不久得初地菩薩無所有觀地相，次第進超九地，至法雲地。以此如來二種神力建立，謂「若菩薩摩訶薩住二種神力，面見諸佛如來，若不如是則不能見」，又曰「若菩薩摩訶薩離佛神力能辯説者，一切凡夫亦應能説」。前則頓證之功，此則加被之力，故於百千劫積集善根之所成就。

大慧菩薩復白佛言：世尊，以何因緣，如來、應供、等正覺，菩薩摩訶薩住三昧正受時，及勝進地灌頂時，加其神力？

佛告大慧：爲離魔業煩惱故，及不墮聲聞地禪故，爲得如來自覺地故，及增進所得法故。是故如來、應供、等正覺，咸以神力建立諸菩薩摩訶薩。若不以神力建立者，則墮外道惡見妄〔一〕想及諸聲聞，衆魔希望，不得阿耨多羅三藐三菩提。

〔一〕妄，原作「忘」，據《高麗藏》、《龍藏》本改。

以是故，諸佛如來咸以神力攝受諸菩薩摩訶薩。言初地不加，必墮外道惡見，及聲聞魔境；十地不加，不能速得菩提。

爾時世尊欲重宣此義，而説偈言：

神力人中尊，大願悉清浄，三摩提灌頂，初地及十地。實叉云：「世尊清浄願，有大加持力，初地十地中，三昧及灌頂。」

（十）

爾時大慧菩薩摩訶薩復白佛言：世尊，佛説緣起，即是〔二〕説因緣，不自説道。流支云：「如來亦説依於因緣而生諸法，而不説有自建立法。」世尊，外道亦説因緣，謂勝、自在、時、微塵生，如是諸性生。義見第一卷「若微塵」下註。然世尊所謂〔三〕因緣生諸性言説，有間悉檀？無間悉檀？實叉云：「今佛世尊，但以異名説作緣起，非義有別。」

〔二〕即是，《高麗藏》、《資福藏》、《磧砂藏》、《普寧藏》、《頻伽藏》本作「如是」。
〔三〕謂，《石經》作「説」。

○有間悉檀、無間悉檀者，若曰然世尊所謂因緣生諸性言說，與外道所説，爲有別義？爲無別義？悉檀，華梵兼稱云徧施，此言佛之法施也。

世尊，外道亦説有、無有生。註云：有者，從有因生；無有者，從無因生。世尊亦説無有生，生已滅。如世尊所説，無明緣行，乃至老死，此是世尊無因説，非有因説。世尊建立作如是説，「此有故彼有」，非建立漸生。謂十二因緣，以無明有故行有，行有故識、名色、六入、觸、受、愛、取、有、生乃至死等，皆無前後，非建立漸次而生，則疑其無因也。

觀外道説勝，非如來也。流支云：「若爾，外道説法勝，而如來不如。」所以者何？世尊，外道説因不從緣生，而有所生。世尊説觀因有事，觀事有因，如是因緣雜亂，如是展轉無窮。《新説》云：「謂外道説勝妙、微塵等因，不從他緣生，而能生他，因常爲因不爲果，是外道説勝也。如佛所説『觀行是無明果，觀識即是因』，如是一法即是因、即是果故，因緣雜亂，無明生諸行，諸行生老死，老死生無明，如是展轉無窮，是如來説不如外道也。」〔二〕

〔二〕文字小異。參《注大乘入楞伽經》卷第四，《大正藏》第39册，第462頁上。

佛告大慧：我非無因說，及因緣雜亂說。「此有故彼有」者，攝所攝非性，覺自心現量。大慧，若攝所攝計著，不覺自心現量，外境界性非性，彼有如是過，非我說緣起。我常說言，因緣和合而生諸法，非無因生。實叉云：「大慧，我了諸法唯心所現，無能取所取，說『此有故彼有』，非是無因及因緣過失。大慧，若不了諸法唯心所現，計有能取及以所取，執著外境若有若無，彼有是過，非我所說。」

大慧復白佛言：世尊，非言說有性，有一切性耶？世尊，若無性者，言說不生，是故[一]言說有性，有一切性。以如來所說諸法，由因緣而生，非無因生。故大慧問曰：非言說有自性，而有一切性耶？意謂若無諸法之性，則言說不生；以言說有性故，則有一切性也。自此下至「汝論則壞」，明諸法無性。

佛告大慧：無性而作言說，謂兔角、龜毛等，世間現言說。大慧，非性、非非性，但言說耳。如汝所說言說有[二]性，有一切性者，汝論則壞。實叉云：「大慧，雖無

[一] 是故，《高麗藏》、《資福藏》、《磧砂藏》、《普寧藏》、《南藏》、《龍藏》本作「世尊是故」。
[二] 有，《高麗藏》、《資福藏》、《磧砂藏》、《南藏》、《頻伽藏》本作「自」。

諸法，亦有言說，豈不現見龜毛、兔角、石女兒等，世人於中皆起言說？彼非有非非有，而有言說耳。大慧，如汝所說『有言說故有諸法』者，此論則壞。」○自此下，至「而各辦事」，明言說亦無性。

大慧，非一切刹土有言說。言說者，是作[一]耳。實叉作：「言說者，假安立耳。」或有佛刹瞻視[二]顯法，或有作相，或有揚眉，或有動睛，或笑[三]，或欠[四]，或謦欬[五]，或念刹土，或動搖。流支云：「有佛國土直視不瞬，口無言語，名爲說法；有佛國土直爾示相，名爲說法；有佛國土但動眉相，名爲說法；有佛國土唯動眼相，名爲說法；有佛國土笑名說法；有佛國土欠名說法；有佛國土欬名說法；有佛國土念名說法；有佛國土身名說法。」

大慧，如瞻視及香積世界，流支云：「如無瞬世界，及衆香世界。」普賢如來國土，

[一] 作，《高麗藏》、《頻伽藏》本作「作相」。
[二] 瞻視，宮内本作「瞪視」，下同。
[三] 笑，《石經》、宮内本作「歎」。
[四] 欠，宮内本作「笑」。
[五] 欬，《高麗藏》、《資福藏》、《龍藏》本作「咳」。

但以瞻視，令諸菩薩得無生法忍，及諸[一]勝三昧。是故非言説有性，有一切性。實叉云：「非由言説而有諸法。」大慧，見此世界蚊蚋蟲蟻，是等衆生無有言説而各辨事[三]。謂揚眉、動目、瞻視、微笑、欠、伸、謦、欬、憶念、動摇，以如是等而顯於法。又舉香積世界，以衆香爲佛事，令諸菩薩得無生法忍。又云「見此世界蚊蚋蟲蟻，是等無有言説而各辦自事」，此佛祖所傳之密旨也。孰能親證於言説之表哉！

爾時世尊欲重宣此義，而説偈言：

如虚空兔角，及與槃大子，流支、實叉並作「石女兒」。無而有言説，如是性妄想。

註云：計有言説性，有一切性者，是妄想。

因緣和合法，凡愚起妄想，不能如實知，輪迴三有宅。

（十一）

爾時大慧菩薩摩訶薩復白佛言：世尊，常聲者，何事説？實叉云：「所説常

〔二〕諸，《高麗藏》本作「殊」。
〔三〕辨事，《石經》本作「辦事」。

聲，依何處說？」〇《新說》云：「因上佛謂言說、所說皆無自性，故大慧舉餘修多羅佛自說十二因緣，有佛無佛性相常住，故問所說『常聲』依何處說。」

佛告大慧：爲惑亂。以彼惑亂，諸聖亦現，而非顛倒。常聲者，爲惑亂而說也。以彼惑亂者，謂愚夫見因緣妄法，執爲實有，起生滅見故。諸聖亦現者，謂即彼不實之法爲常，而不離惑亂，但不起顛倒見耳。

大慧，如春時燄、火輪、垂髮、揵闥婆城、幻、夢、鏡像，世間顛倒，非明智也，然非不現。《新說》云：「此七喻者，明境是一，而見有異也。」

大慧，彼惑亂者，有種種現，非惑亂作無常。所以者何？謂離性非性故。大慧，云何離性非性惑亂？謂一切愚夫種種境界故。實叉云：「妄法現時無量差別，然非無常。何以故？離有無故。云何離有無？一切愚夫種種解故。」〇「非惑亂作無常」者，謂妄法現時，離性非性故。然衆生聞此，必惑亂於離性非性處，故如來曰：云何離性非性惑亂？謂一切愚夫執著有無種種境界故。

如彼恒河，餓鬼見不見故，無惑亂性；於餘現故，非無性。如是惑亂，諸聖離顛倒不顛倒。是故惑亂常，謂相相不壞故。大慧，非惑亂種種相妄想相壞，是故惑亂常。實叉云：「如恒河水，有見不見。餓鬼不見，不可言有；餘所見故，不可言無。聖於妄法離顛倒見。大慧，妄法是常，相不異故。非諸妄法有差別相，以分別故而有別異，是故妄法其體是常。」○不見者，謂餓鬼見水是火故也。以譬愚夫無虚妄處見有虚妄，即是見他聖所不見者，是故諸聖於虚妄法離倒、不倒見。以彼惑亂爲常者，謂法相之相，各各起無所從，與真如不異，故曰不壞。

大慧，云何惑亂真實？若復因緣，諸聖於此惑亂不起顛倒覺、非不顛倒覺。實叉云：「云何而得妄法真實？謂諸聖者於妄法中，不起顛倒、非顛倒覺。」大慧，除諸聖，於此惑亂有少分想，非聖智事相〔二〕。大慧，凡有者，愚夫妄説，非聖言説。除諸聖外，於此惑亂有少分想即乖法體，非聖智事相故。實叉云：「有少想者，當知則是愚夫戲論，非聖言説。」

彼惑亂者，倒、不倒妄想，起二〔三〕種種性，實叉云：「若分別妄法是倒非倒，彼則成就二種種性。」謂聖種性及愚夫種性。

〔二〕相，《高麗藏》、《磧砂藏》、《龍藏》、《頻伽藏》作「想」。
〔三〕二，《龍藏》本訛作「一」。

聖種性者，三種分別，謂聲聞乘〔一〕、緣覺乘、佛乘。

云何愚夫妄想，起聲聞乘〔二〕種性？謂自共相計著，起聲聞乘種性，是名妄想起聲聞乘種性。

大慧，即彼惑亂妄想，起緣覺乘種性，謂即彼惑亂自共相，不親〔三〕計著，起緣覺乘種性。實叉云：「復有愚夫分別妄法，成緣覺乘種性，謂即執著自共相時，離於憒鬧不親。」流支作「不樂」。

云何智者即彼惑亂〔四〕，起佛乘種性？謂覺自心現量，外性非性不妄想相，起佛乘種性。是名即彼惑亂，起佛乘種性。實叉云：「何謂智人分別妄法，而得成就佛乘種性？所謂了達一切唯是自心分別所見，無有外法。」〇《新説》云：「智者觀此妄法實相，了彼能見所見從自心起故，無有外法有無妄想，起佛乘種性。」

〔一〕乘，《高麗藏》、《頻伽藏》、《資福藏》本無。
〔二〕乘，《石經》本無。
〔三〕親，《高麗藏》、《頻伽藏》本作「覩」。
〔四〕亂，《高麗藏》、《頻伽藏》本作「亂想」。《資福藏》、《普寧藏》、《石經》本作「想」。

又種種事性，凡夫惑想，起愚夫種性。實叉云：「有諸愚夫分别妄法種種事物，決定如是，決定不異，此則成就生死乘性。」〇《新説》云：「此釋第二愚夫種性。」

彼非有事、非無事，是名種性義。流支云：「彼迷惑法非是實事、非不實事。」

大慧，即彼惑亂不妄想，諸聖心、意、意識過習氣自性法轉變性，是名爲如，是故説如離心。我説此句顯示離想，即説離一切想。實叉云：「即彼妄法，諸聖智者，心意識諸惡習氣自性法轉依故，即説此妄名爲真如，是故真如離於心識。我今明了顯示此句，離分别者，悉離一切諸分别故。」〇《新説》云：「此重釋成佛乘種性，如文可知。問曰：上云妄法是常，以分别故而有别異，謂即真如，愚夫分别名爲妄法；此云即彼妄法習氣轉依，即説此妄名爲真如，既妄法即真如，無復妄法，與誰論即耶？答曰：如爲不識水人，指冰是水，指水是冰，但有名字，寧有二物論相即耶？亦如一珠，向月生水，向日生火，不向則無水火，一物未嘗二，而有水火之殊耳！一心法門亦復如是，在凡夫即真如名妄法，在聖人即妄法名真如，聖凡情盡，真妄見亡者，孰得而名乎？」

大慧白佛言：世尊，惑亂爲有、爲無？舉上三乘、凡夫同觀惑亂妄法，以問如來爲有爲無。

佛告大慧：如幻，無計著相。若惑亂有計著相者，計著性不可滅，緣起應如外道説因緣生法。實叉云：「如幻無執著相故，若執著相體是有者，應不可轉，則諸緣起應如外道説作者生。」

大慧白佛言：世尊，若惑亂如幻者，復當與餘惑作因。

佛告大慧：非幻惑因，不起過故。大慧，幻不起過，無有妄想。實叉云：「非諸幻事爲妄惑因，以幻不生諸過惡故，以諸幻事無分別故。」

大慧，幻者從他明處生，非自妄想過習氣處生，流支云：「一切幻法依於人功呪術而生，非自心分別煩惱而生。」是故不起過。

大慧，此是愚夫心惑計著，非聖賢也。

爾時世尊欲重宣此義，而説偈言：

聖不見惑亂，中間亦無實，中間若真實，惑亂即真實。

捨離一切惑，若有相[一]生者，是亦爲惑亂，不淨猶如翳。聖於惑亂，而不見有惑亂

[一] 相，《石經》本作「想」。

者，謂中間無真實故。若有真實，則彼惑亂亦應真實。然捨離一切惑亂，若有不惑亂真實之相生者，是亦爲惑亂故，如眼有翳，未能清明。

（十二）

復次大慧，非幻無有相似，見一切法如幻。註云：言諸妄法離幻更無相似，故説一切法如幻。

大慧白佛言：世尊，爲種種幻相計著，言一切法如幻？爲異相計著？《新説》云：「既言離幻更無相似，爲計著種種幻相言如幻耶？爲異此計著顛倒相言如幻耶？」若種種幻相計著，言一切性如幻者，世尊，有性不如幻者。所以者何？謂色種種相非因。世尊，無有因色種種相現如幻。謂若計著種種幻相，言一切性如幻者，則必有不如幻性，而種種色相非因，以無有因令種種相現如幻。世尊，是故無種種幻相計著相似性如幻。實叉云：「是故世尊，不可説言依於執著種種幻相，言一切法與幻相似。」

佛告大慧：非種種幻相計著相似，一切法如幻。大慧，然不實一切法速滅如電，是則如幻。實叉云：「佛言：大慧，不依執著種種幻相，言一切法如幻。大慧，以一切法不實速滅如電，故説如幻。」大慧，譬如電光，刹那頃現，現已即滅，非愚夫現。一切諸法如電之起滅，初無有實，而愚夫執爲實有，不能觀察無性非現，故云非愚夫現。如是一切性自妄想自共相，觀察無性非現，色相計著。註云：一切法無性故，不現；妄想故，作色相計著。

爾時世尊欲重宣此義，而説偈言：

非幻無有譬，説法性如幻，頌非幻無有相似，見一切法如幻。不實速如電，是故説如幻。頌上答文。

（十三）

大慧復白佛言：如世尊所説，一切性無生及如幻，將無世尊前後所説自相違耶？説無生性如幻。大慧以如來前後説法性，説無生、説如幻，意謂幻與無生是無，諸法之性是有，故曰自相違耶。

佛告大慧：非我説無生性如幻，前後相違過。所以者何？謂生無生，覺自心現量。有非有，外性非性，無生現。實叉云：「我了於生即是無生，唯是自心之所見故。若有若無一切外法，見其無性，本不生故。」

大慧，非我前後説相違過〔二〕。然壞外道因生故，我説一切性無生。大慧，外道癡聚，欲令有無有生，非自妄想種種計著緣。大慧，我非有無有生，是故我以無生説而説。實叉云：「外道羣聚共興惡見，言從有無生一切法，非自執著分別爲緣。大慧，我説諸法非有無生，故名無生。」

大慧，説性者，爲攝受生死故，壞無見、斷見故，爲我弟子攝受種種業受生處故，以聲性〔三〕説攝受生死。實叉云：「説諸法者，爲令弟子知依諸業攝受生死，遮其無有斷滅見故。」○聲者，法也。前説一切諸法之性者，爲攝受生死，破外道空見斷見故，又欲令諸弟子離此二見，以法性之説攝受生死。

大慧，説幻性自性相，爲離性自性相故。墮愚夫惡見相希望，不知自心現量，壞因所作生，緣自性相計著，説幻夢自性相一切法。不令愚夫惡見希望，計著自

〔二〕過，《石經》本脱。
〔三〕以聲性，《高麗藏》作「以性聲」，《資福藏》本作「以生聲性」。

及他，一切法如實處見作不正論。實叉云：「説諸法相猶如幻者，令離諸法自性相故。爲諸凡愚墮惡見欲，不知諸法唯心所現，爲令遠離執著因緣生起之相，説一切法如幻如夢。彼諸愚夫執著惡見，欺誑自他，不能明見一切諸法如實住處。」○《新説》云：「如實住處者，謂無所住，故名如實住。此是自覺聖智、無師智、自然智之所證處，不由他悟。若有所住，則爲非住。」○以執著自他諸法，於如實見反爲不正之論，故如來不令愚夫起此惡見。

大慧，如實處見一切法者，謂超[一]自心現量。實叉云：「見一切法如實處者，謂能了達唯心所見。」○《新説》云：「從無住本立一切法，非了唯自心者，豈能明見乎？是故如來所説諸法無生、如幻，無有相違。」

爾時世尊欲重宣此義，而説偈言：

無生作非性，有性攝生死，觀察如幻等，於相不妄想。謂一切法無生，所作非性，爲遮斷見説。業性攝生死，觀諸法如幻，故於相不起分別。

[一] 超，《高麗藏》、《頻伽藏》作「起」。

（十四）

復次大慧，當説名、句、形身相。善觀名、句、形身菩薩摩訶薩，隨入義、句、形身，實叉云：「我當説名、句、文身相，諸菩薩摩訶薩善觀此相，了達其義。」疾得阿耨多羅三藐三菩提。如是覺已，覺一切衆生。《新説》云：「因上如來爲衆生故，慈悲方便作種種異説，欲令衆生了名句中實義，莫著言説，故説名句文身。」○覺，開悟也，即先覺覺後覺也。

大慧，名身者，謂若依事立名，是名名身。句身者，謂句有義身，自性決定究竟，是名句身。形身者，謂顯示名句，是名形身。實叉云：「名身者，謂依事立名，名即是身，是名名身。句身者，謂能顯義，決定究竟，是名句身。文身者，謂由於此能成名句，是名文身。」○《新説》云：「如依瓶盆事立瓶盆名，謂一名二名多名能詮自性，名曰名身。言句身等者，即因名成句，因句顯義，如銅鐵等瓶，句義各異，謂一句二句多句能詮差別，名曰句身。由於此文能成名句，謂一字二字多字，爲二所依，名曰文身。身者，多法積聚義也。」○《名義》云：「依類像形爲字，形聲相稱曰文。」[一]文，即字也。

[一] 見《翻譯名義集》五，《大正藏》第54册，第1137頁上。

又形身者〔二〕，謂長短高下。流支云：「謂聲長短，音韻高下。」又句身者，謂徑跡，如象馬人獸等所行徑跡，得句身名。所有言句皆徑跡耳。註本謂尋跡以得象馬，喻因言而悟也。

大慧，名及形者，謂以名說無色四陰，故說名；自相現，故說形。實叉云：「名，謂非色四蘊，以名說故；文，謂名之自相，由文顯故。」○謂受想行識四陰，但有名言；相所現處，色陰乃彰。

是名名、句、形身，說名、句、形身相分齊，應當修學。

爾時世尊欲重宣此義，而說偈言：

名身與句身，及形身差別，凡夫愚計著，如象溺深泥。如來假名、句、文身方便說法，若凡愚猶著言說，不悟實義，如象溺深泥，何由出離哉！

〔二〕者，《頻伽藏》本訛作「名」。

（十五）

復次大慧，未來世智者，以[二]離一異俱不俱見相，我所通義，問無智者。彼即答言：「此非正問。謂未來世智者，以我所通義，離一異等相問無智者，彼無智者答曰：此不正之問也。謂色等常無常，爲異不異？如是涅槃諸行，相所相，求那所求那，實叉云「依所依」。造所造，見所見，塵及微塵，流支云「泥團微塵」。修與修者，如是比展轉相。如是等問，而言佛説無記止論！非彼癡人之所能知，謂聞慧不具故！」[三]如來、應供、等正覺，令彼離恐怖句故，説言無記，不爲記説；又止外道見論故，而不爲説。明無智者，以不知真實義故，取名相一異以爲正問。智者應語之言，如是等問，而佛名爲無記止論。以彼愚人無聞慧故，不知有無，是邪是正，故置而不答。如來欲令彼離斷常邪見諸怖畏故，説言無記，不爲記説；又止外道神我見論故，欲令思而取解，故不爲説。

大慧，外道作如是説，謂命即是身，如是等無記論。以外道即陰離陰而計我故，故

[二] 以，《嘉興藏》本同，餘本作「當以」。
[三] 魏譯本此下云「佛如是説是謗我」。

説身命爲一爲異等，皆無記邪論耳。大慧，彼諸外道愚癡，於因作無記論，非我所説。流支云：「外道迷於因果義故，是故無記，非我法中名無記也。」大慧，我所説者，離攝所攝，妄想不生。云何止彼？流支云：「是故我法中無有置答。」大慧，若攝所攝計著者，不知自心現量，故止彼。實叉云：「若有執著能取所取，不了唯是自心所見，彼應可止。」大慧，如來應供等正覺，以四種記論爲衆生説法。四種記論見後偈。大慧，止記論者，我時時説，爲根未熟，不爲熟者。實叉云：「以根未熟，且止説故。」

復次大慧，一切法離所作因緣不生，無作者故，一切法不生。流支云：「一切法離作者及因，是故不生，以無作者故，是故我説諸法不生。」大慧，何故一切性離自性？以自覺觀時，流支云「以自智觀察」。自共性相不可得故，説一切法不生。

何故一切法不可持來、不可持去？以自共相欲持來無所來，欲持去無所去，是故一切法離持來去。實叉云：「何故一切法無來去？以自共相來無所從，去無所至。」

大慧，何故一切諸法不滅？謂性自性相無故，一切法不可得故，一切法不滅。以諸法無性相不可得故，故不滅。

大慧，何故一切法無常？謂相起無常性，是故説一切法無常。註云：謂諸法相起即滅，是故説一切法無常。

大慧，何故一切法常？謂相起無生性，無常常，故説一切法常。實叉云：「謂諸相起即是不起，無所有故，無常性常，是故我説一切法常。」

爾時世尊欲重宣此義，而説偈言：

記論有四種，一向反〔一〕詰問，分別及止論，流支云：「直答反質答，分別答置答。」以制諸外道。

有及非有生，僧佉毗舍師，流支云：「僧佉毗世師。」○實叉云：「數論與勝論。」○僧佉，正云僧企耶，此云數術，又云數論。毗舍，亦名毗世，此云勝異論師。即此二種論師也。

一切悉無記，彼如是顯示。實叉云：「如是等諸法，一切皆無記。」○言如來四種記論者：

〔一〕反，《高麗藏》、《資福藏》、《普寧藏》本作「及」。

一謂隨問而答，名爲一向； 二謂反詰所問而答，名爲反詰問； 三謂簡辨而答，名爲分別； 四謂折伏外道故，置而不答，名爲止論。 如僧佉、毗舍師諸外道有無等見，種種論說，一切悉不可說。

正覺所分別，實叉云：「以智觀察時。」自性不可得，以離於言說，故說離自性。

（十六）

爾時大慧菩薩摩訶薩，復白佛言： 世尊，惟願爲說諸須陀洹、須陀洹趣差別通相。註云： 大慧因上愚夫觀惑亂法，起聲聞乘種性，然聲聞法中有四果差別，故舉四果差別以請問。 流支、實叉並以「趣」作「行」。 行，謂因行。 須陀洹人所修因行，正欲趣向阿羅漢果，根有利鈍，故有通別之異。

若菩薩摩訶薩善解須陀洹趣差別通相，及斯陀含、阿那含、阿羅漢方便相，分別知已，如是如是爲衆生說法。 謂二無我相及二障淨，度諸地相究竟通達，得諸如來不思議究竟境界。 如衆色摩尼，善能饒益一切衆生，以一切法境界無盡身財，攝養一切。 差別通相者，謂相雖通之，證有差別也。 方便相者，四果修行方便相也。 須陀洹，此云預流，謂三界四諦下八十八使見惑斷盡，則證初果，以初入聖流，故云預流。斯陀含，此云一往來，謂於三界九地八十一品思惑中，方斷欲界一地六品盡，則證二果，從此命終，更須一往上二界一來欲界，斷餘三品惑，故云一往來。阿那含，此云不來，謂欲界一地九品思惑斷盡，則證三果，故於色界受生，更不還來欲界，故云不來。已上三果，名有學。阿羅漢，此云無生，又殺賊，又應供，謂上二界八地七十二品思惑斷盡，則證四阿羅漢果無學位，故云無生。菩薩善分別知四果相已，爲衆生説如是聲聞法，如是菩薩法，令其證得人法無我，淨惑智障，超諸地相，究竟通達至如來所證境界，得佛法身法財，益物無盡。以有此利，故請如來説四果差別。○楊云：「身財，即《華嚴》之行海也。」

佛告大慧：諦聽諦聽，善思念之，今爲汝説。大慧白佛言：善哉，世尊！唯然聽受。

佛告大慧：有三種須陀洹、須陀洹果差別。云何爲三？謂下中上。上問諸須陀洹須陀洹趣，今答云有三種須陀洹、須陀洹果差別，言互顯故，利鈍不同，故有三耳。

下者，極七有生。實叉云：「於諸有中極七反生。」○極七有生者，謂初品潤二生，次三品各潤一生，次二品共潤一生，後三品共潤一生，即欲界一地九品俱生煩惱，共潤七生也。此須陀洹是下機極鈍者，未斷欲界惑，故人天七反方證阿羅漢果。

中者，三五有生而般涅槃。中機者，或三生五生得阿羅漢涅槃。

上者，即彼生而般涅槃。上機者，即此一生得阿羅漢果，名現滅須陀洹，不説中間經於二果。

此三種有三結：下中上。註云：三種結中，皆有下中上，謂上上、上中、上下，中上、中中、中下，下上、下中、下下，故諸結通有九品。云何三結？謂身見、疑、戒取義見下文。是三結差別，上上升進，得阿羅漢。

大慧，身見有二種，謂俱生及妄想。如緣起妄想，自性妄想。譬如依緣起自性，種種妄想自性計著生，依緣起自性，則種種妄想自性計著而生，以喻依五陰起妄想身見。以彼非有、非無、非有無，無實妄想相故。愚夫妄想，種種妄想自性相計著，實叉云：「彼法但是妄分別相，非有、非無、非亦有亦無，凡夫愚癡而横執者。」如熱時燄，鹿渴水想。是須陀洹妄想身見。彼以人無我攝受無性，斷除久遠無知計著。流支云：「是名須陀洹分別身見。何以故？以無智故，無始世來虛妄取相故。大慧，此身見垢，見人無我乃能遠離。」

大慧，俱生者，須陀洹身見，自他身等四陰無色相故，色生造及所造故，展轉相因相故，大種及色不集故。實叉云：「俱生身見，以普觀察自他之身受等四蘊無色相故，色由大種而得生故，是諸大種互相因故，色不集故。」○《新説》云：「言能普觀自身與他身齊等，受想行識諸陰與色陰俱，有名無體，無自性相。觀色陰從四大種所造，展轉相因而生，四大中既無主宰，誰能合集以成色乎？色陰有質尚空，況受等四陰無色相故，豈非空耶？」

須陀洹觀有無品不現[一]，身見則斷。如是身見斷，貪則不生。是名身見相。有者，色陰也；無者，四陰也。言觀此五陰無體，身見則斷。凡貪愛者，爲有身見，捨身見故，貪從何生？故《法華經》云：「諸苦所因，貪欲爲本。」[二]貪不生故，是名斷身見相。

大慧，疑相者，謂[三]得法善見相故，及先二種身見妄想斷故，疑法不生，謂於所

[一] 不現，《資福藏》、《普寧藏》本作「不見」，《高麗藏》、《頻伽藏》本訛作「見」。
[二] [後秦]鳩摩羅什譯《妙法蓮華經》卷第二《譬喻品》第三，《大正藏》第9册，第15頁上。
[三] 謂，原作「諸」，據《高麗藏》、《龍藏》本改。

得四真諦法，善見彼相，能斷前身見二種俱生妄想，故疑法不生也。不於餘處起大師見，爲淨不淨，是名疑相須陀洹斷。初尊天魔外道，反疑佛爲淨不淨見，今既知非，不復有所疑矣，是名疑相斷。

大慧，戒取者，云何須陀洹不取戒？謂善見受生處苦相故，是故不取。言須陀洹不取未來受生戒，觀有生處即有諸苦，不求受生處樂。大慧，取者，謂愚夫決定受習苦行，爲衆具樂〔一〕，故求受生。流支云：「戒取者，謂諸凡夫持戒精進，種種善行，求樂境界，生諸天中。」彼則不取，除迴向自覺勝、離妄想、無漏法相行方便，受持戒支。是名須陀洹取戒相斷。實叉云：「須陀洹人不取是相，唯求所證最勝、無漏、無分別法，修行戒品，是名戒禁取相。」

須陀洹斷三結，貪癡不生。若須陀洹作是念，「此諸結我不成就」者，應有二過，墮身見及諸結不斷。謂存能斷之心，則墮身見，反不能斷諸結，是爲二過。故流支云：「彼若如是，不離三結。」

〔一〕具樂，《嘉興藏》、宫内本同，餘本作「樂具」。

大慧白佛言：世尊，世尊説衆多貪欲，彼何者貪斷？謂斷何等貪。佛告大慧：愛樂女人，纏綿貪著，種種方便，身口惡業，受現在樂，種未來苦，彼則不生。所以者何？得三昧正受樂故。是故彼斷，非趣涅槃貪斷。雖斷世間五欲貪，未斷出世間趣涅槃貪。

大慧，云何斯陀含相？謂頓照色相妄想生相，見相不生，善見禪趣相故，頓來此世，盡苦際，得涅槃，是故名斯陀含。實叉云：「一往來已，善修禪行，盡苦邊際而般涅槃。」

大慧，云何阿那含？謂過去、未來、現在色相性非性生見過患，使妄想不生故，及結斷故，名阿那含。阿那含者，已出欲界，皆生色界，觀三世色性無實見，凡有生處即有諸苦過患，起空無漏智，斷諸結使，未來妄想生相不生，名阿那含。

大慧，阿羅漢者，謂諸禪、三昧、解脱、力、明，煩惱苦妄想非性故，名阿羅漢。《新説》云：「言阿羅漢修行四禪及三三昧，了八解脱，分證十力，三明六通皆已成就，煩惱發業所招諸苦妄想永滅，是故名阿羅漢。」

大慧白佛言：世尊，世尊説三種阿羅漢，此説何等阿羅漢？世尊，爲得寂静一乘道？爲菩薩摩訶薩方便示現阿羅漢？爲佛化化[一]？實叉云：「佛所變化。」

佛告大慧：得寂静一乘道聲聞，非餘。餘者，行菩薩行及佛化化，巧方便本願故，於大衆中示現受生，爲莊嚴佛眷屬故。佛告大慧：所説趣寂定性羅漢，斷四住煩惱，出生死苦得涅槃者，非是其餘退已還發大菩提心者，及佛所化者。佛所化，則已曾發善巧廣大行願，成熟衆生故，於彼示生菩薩方便所化，則爲莊嚴諸佛國土及衆會眷屬故。

大慧，於妄想處種種説法，謂得果、得禪、禪[二]者入禪悉遠離故，示現得自心現量得果相，説名得果。實叉云：「於虚妄處説種種法，所謂證果、禪者及禪皆性離故，自心所見得果相故。」

復次大慧，欲超禪、無量、無色界者，當離自心現量相。即遣前得自心現量果相。大慧，受想正受超自心現量者，不然。何以故？有心量故。謂不滅受想即證正受，如《維摩經》不滅受而取證，至此真俗雙拂，空有俱消，了邊即中，無邊可離，達中即邊，無中可存，

[一] 佛化化，《普寧藏》、《南藏》、《龍藏》本作「佛化作」。下同。

[二] 禪禪，《高麗藏》本作「禪」。

能證之智既亡，所證之理亦寂，方超心量，則與諸禪有心量者不同，故曰不然。

爾時世尊欲重宣此義，而説偈言：

諸禪四無量，無色三摩提，一切受想滅，心量彼無有。《新説》云：「諸禪，謂四禪也。無量，即慈悲喜捨，度衆生四無量心也。無色三摩提，四無色定也。受想滅，謂四禪、四無色定，受想悉寂滅也。皆唯心量，彼悉無有。」

須陀槃那果，往來及不還，及與阿羅漢，斯等心惑亂。見第一卷註。

禪者禪及緣，斷知見[一]真諦，此則妄想量，若覺得解脱。實叉以「及」爲「所」，「知」爲「惑」。○初四句明所修行法，次四句明能證之人，此四句能所合明，皆是妄想心量。若覺此妄想心量不實，即得究竟解脱。

（十七）

復次大慧，有二種覺，謂觀察覺，及妄想相攝受計著建立覺。實叉云：「有二種

[一] 見，《高麗藏》、《資福藏》、《普寧藏》、《頻伽藏》本作「是」。

覺智，謂觀察智及取相分別執著建立智。」〇以觀察覺爲真覺，建立覺爲妄覺。

大慧，觀察覺者，謂若覺性自性相，選擇離四句不可得，是名觀察覺。若覺性自性相，本來空寂，於一切諸法選而擇之，未有一法爲真實者，離一異等四句，則一切法了不可得。

大慧，彼四句者，謂離一異、俱不俱，有無、非有非無，常無常，是名四句。大慧，此四句離，是名一切法。實叉云：「是故説言一切法離。」大慧，此四句觀察一切法，應當修學。

大慧，云何妄想相攝受計著建立覺？謂妄想相攝受計著堅、濕、煖、動不實妄想相四大種，宗、因相〔二〕、譬喻計著不實建立而建立，是名妄想相攝受計著建立覺。是名二種覺相。實叉云：「謂於堅、濕、煖、動諸大種性取相執著，虚妄分別，以宗、因、喻而妄建立，是名取相分别執著建立智。是名二種覺智相。」

若菩薩摩訶薩成就此二覺相，人法無我相究竟，善知方便無所有覺觀察行地，得初地，入百三昧，得差別三昧，見百佛及百菩薩，知前後際各百劫事，光照百

〔二〕相，《高麗藏》、《龍藏》本作「想」。

剎土；若菩薩摩訶薩融通真妄，成就此二覺之相，了人法空，我不可得。以無所有覺，於解行地善巧觀察，即得初地，入大乘光明等百三昧門。以差別三昧力見百佛，乃至光明照燭百佛剎土。故《攝論》云：「菩薩入初地時，證十百明門：一於一刹那頃證百三摩地；二以浄天眼見百佛國；三以神通力，能動百佛世界；四能往百佛世界教化衆生；五能以一身化百類身形，令有情見；六能成就百類所化有情；七若爲利益，能留身住世百劫；八能知前後際百劫事；九能以智慧入百法明門，洞達曉了；十能以身觀百類眷屬，餘地倍倍增勝。」[一]知上上地相，大願殊勝，神力自在，法雲灌頂，當得如來自覺地，善繫心十無盡句，成熟衆生，種種變化光明莊嚴，得自覺聖樂三昧正受[二]。言第二離垢地，乃至如來地，皆是成就初地之中十無盡句事，見《華嚴》等經，餘義經文自顯。

（十八）

復次大慧，菩薩摩訶薩當善四大造色。因上外道計有四大種性，造出四大色相，故

[一] 見[唐]宗密《華嚴經行願品别行疏鈔》卷第三，《新續藏》第5册，第262頁上。
[二] 正受，《高麗藏》、《頻伽藏》本作「正受故」。

次勸菩薩當善了知大種造色無實。云何菩薩善四大造色？大慧，菩薩摩訶薩作是覺〔一〕，彼真諦者，四大不生。於彼四大不生，作如是觀察。觀察已，覺名相妄想分齊，自心現分齊，外性非性。是名心現〔二〕妄想分齊。謂三界觀彼四大造色性離，四句通淨，離我我所，如實相自相分段〔三〕住，無生自相成。實叉云：「云何了知？大慧，菩薩摩訶薩應如是觀，彼諸大種真實不生，以諸三界但是分别，唯心所見，無有外物。如是觀時，大種所造悉皆性離，超過四句，無我我所，住如實處，成無生相。」〇真諦常寂故，四大不生，觀察彼真諦四大不生已，則知名相分齊，是自心現分齊，以外性無性故。善觀四大造色之性本無所有，離於四句則無不淨，無不淨則我我所離，了知自相分段法，住如實相處，成自相無生也。

大慧，彼四大種，云何生造色？

謂津潤妄想大種，生内外水界；水大以津潤爲性，即《楞嚴》「寶明生潤，火光上蒸，故有水輪含十方界」是也。

〔一〕覺，《高麗藏》、《資福藏》、《普寧藏》、《頻伽藏》本作「學」。
〔二〕心現，《高麗藏》、《頻伽藏》本作「自心現」。
〔三〕段，《高麗藏》、《頻伽藏》作「齊」。

堪能妄想大種，生内外火界；實叉以「堪能」作「炎盛」。○火大以炎盛爲性，即《楞嚴》「堅覺寶成，摇明風出，風金相摩，故有火光爲變化性」[一]是也。

飄動妄想大種，生内外風界；風大以飄動爲性，即《楞嚴》「覺明空昧，相待成摇，故有風輪執持世界」是也。

斷截色妄想大種，生内外地界。實叉以「斷截色」作「色分段」。○地大以色分段爲性，即《楞嚴》「火騰水降，交發立堅，濕爲巨海，乾爲洲潬」是也。此其敘外界之四大也。又曰「堅相爲地，潤濕爲水，煖觸爲火，動摇爲風」，此其敘内界之四大也。嘗有以五行配於外界四大者，不知金木水火土外餘風輪也。然金出於土，而木因土有，故二物皆屬地大。以此而推，不過於四數而已。如内界四大，亦有以五行配之者，如醫家以心爲火，肝爲木，腎爲水，肺爲金，脾爲土。此五物雖各有所主，不知亦皆屬地大也。《圓覺》所謂「髮毛爪齒，皮肉筋骨，髓腦垢色，皆歸於地」，不其然乎？以此而推，亦不過四數而已。故佛世尊於内外界，但以四大言之，可謂明誨。然《首楞嚴》敘四大則起於「覺明」，此經敘四大則生於「妄想」，故各標妄想於大種之上。

[一]［唐］般剌蜜諦譯《大佛頂首楞嚴經》卷第四，《大正藏》第19册，第120頁上。次下二同。

是知匍匐三界、醞釀四生者，皆「覺明、妄想」之咎也。

色及虛空俱，計著邪諦，五陰集聚四大造色生。以不能了知四大本無生相，及妄計色與空俱，則爲邪諦。又妄認五陰由四大造色集聚而生。○《智度論》云「四大及造色圍虛空故名爲身，是中內外入因緣和合生識種，身得是種和合，作種種事」[一]云云。

大慧，識者，因樂種種跡境界故，餘趣相續。言識者，即上五陰中妄識也。由迷真心而成五陰、六入、十二處、十八界，皆識之跡境界也。妄識樂著種種跡境界故，作業受生，於餘趣中相續不斷。

大慧，地等四大及造色等有四大緣，非彼四大緣。邪諦以地等四大及造色爲緣，如來即牒其語隨而破之，謂四大不與造色爲緣。所以者何？謂性形相處，所作方便無性，大種不生。大慧，性形相處所作方便和合生，非無形。實叉云：「何以故？謂若有法有形相者，則是所作，非無形者。」是故四大造色相，外道妄[二]想，非我。《新說》云：「非四大種爲大種因，謂皆由心現也。故結云：此大種造色相，是外道妄想分別。」

[一] 見《大智度論》卷第二十，《大正藏》第25冊，第206頁中。

[二] 妄，原作「忘」，據《高麗藏》、《龍藏》本改。

（十九）

復次大慧，當説諸陰自性相。註云：破上外道妄計四大造色，生五陰自性相。云何諸陰自性相？謂五陰。云何五？謂色受想行識。彼四陰非色，謂受想行識。註云：此四陰非是形色。

大慧，色者，四大及造色，各各異相。大慧，非無色有四數，如虚空。譬如虚空過數相，離於數，而妄想言一虚空。實叉云：「大慧，色謂四大及所造色，此相各異，受等非色。大慧，非色诸蘊，猶如虚空無有四數。大慧，譬如虚空超過數相，然分别言此是虚空。」○虚空本無數量，妄以一言之。

大慧，如是陰過數相，離於數，離性非性，離四句。數相者，愚夫言説，非聖[一]賢也。諸陰如虚空，超過數相，則離於數；離性非性，則離於四句。○《新説》云：「自下復破五蘊皆空無自性相，非獨色陰四大不實。」

大慧，聖者如幻種種色像，離異不異施設。又如夢影士夫身，離異不異故。

[一] 非聖，《高麗藏》、《資福藏》、《龍藏》、《頻伽藏》本作「所説非聖」。

大慧，聖智趣同陰妄想現，實叉云：「諸聖但説如幻所作，唯假施設，離異不異，如夢如像，無別所有。不了聖智所行境故，見有諸蘊分別現前。」○謂聖智同諸陰妄想而現者，與凡愚妄想所現無別故。《宗鏡》云：「十法界衆生陰佛陰，無毫芥之殊；三世佛事，衆生四儀，無不圓足。」[一]是名諸陰自性相，汝當除滅。滅已，説寂静法，斷一切佛刹諸外道見。《新説》云：「謂諸法實相，從本以來無有趣相也。」

大慧，説寂静時，法無我見浄，流支云：「證清浄無我之相。」及入不動地。入不動地已，無量三昧自在，及得意生身，得如幻三昧，通達究竟力明自在，救攝饒益一切衆生。猶如大地載育衆生，菩薩摩訶薩普濟衆生，亦復如是。

（二十）

復次大慧，諸外道有四種涅槃。《新説》云：「上明覺智，以顯生德優劣；此明涅槃，辨其顯德邪正。是謂菩提涅槃二轉依果德也。」云何爲四？謂性自性非性涅槃，種種

[一] 見《宗鏡録》卷第十四，《大正藏》第48册，第490頁下。

相性非性涅槃，自相自性非性覺涅槃，諸陰自共相相續流注斷涅槃。是名諸外道四種涅槃，非我所説法。《新説》云：「外道計諸法體性是有名性自性，後除爲無名非性，以冥諦爲涅槃。又計有諸法相名種種相性，後觀爲無名非性，以神我爲涅槃。又通計相性是有名自相自性，亦後觀爲無名非性，以妄覺爲涅槃。上三種正出外道計。又斷五陰六道中流注，以人無我爲涅槃，是二乘涅槃，以見有五陰，亦同外道。」○註本義與此同，皆指後一種爲二乘涅槃。若以「是名諸外道四種涅槃，非我所説法」考之，恐非二乘所諸〔二〕著。《首楞嚴》敘外道立五陰中五現涅槃，至「或以四禪苦樂二亡，不受輪迴生滅性故」〔三〕，即此經以五陰中自共相相續流注斷爲涅槃也。

大慧，我所説者，妄想識滅，名爲涅槃。實叉云：「分別爾燄識滅，名爲涅槃。」

○《新説》云：「前謂證自智境界，轉所依藏識爲大涅槃。復云一切識自性習氣，藏識意識見習轉已，我及諸佛説名涅槃。此又獨言分別所知境界識滅，名爲涅槃。雖通別稱異，皆欲諸識習種現行俱滅也。次文問答可見。」

〔二〕諸，疑爲「計」。

〔三〕［唐］般剌蜜諦譯《大佛頂首楞嚴經》卷第十，《大正藏》第19册，第153頁上。

大慧白佛言：世尊，不建立八識耶？佛言：建立。

大慧白佛言：若建立者，云何離意識，非七識？

佛告大慧：彼因及彼攀緣故，七識不生。彼因、彼攀緣皆由意識也。謂此識能起惑造業故。實叉云：「大慧言：若建立者，云何但説意識滅？非七識滅？佛告大慧：以彼爲因及所緣故，七識得生。」實叉意謂以彼意識爲因，及所緣境界故，七識得生。此經意謂若意識不爲因，及不攀緣境界故，則七識自然不生。

意識者，境界分段計著生，習氣長養藏識。意俱我我所計著，思惟因緣生，不壞身相。實叉云：「意識分别境界起執著時，生諸習氣長養藏識，由是意俱我我所執思量隨轉，無别體相。」

藏識因攀緣自心現境界，計著心聚[二]生，展轉相因。藏識因攀緣等變起根身、種子、器界，復計著自心現境，故曰「計著心聚生」。八識因七識影現，七識因六識染習，六識因五識分别，五識因六識攬境。五識非因，六識不能攬境；六識非因，七識不能分别；七識非因，

[二] 聚，《磧砂藏》、《南藏》、《龍藏》本作「衆」。

八識不能染習；八識非因，七識不能影現。故曰「展轉相因」。譬如海浪，自心現境界風吹，若生若滅亦如是。是故意識滅，七識亦滅。海，喻藏識；浪，喻七識；境風，喻意識。此七識之浪，若無色聲香味觸法境界風吹，則無復起滅，故云「意識灭，七識亦滅」。

爾時世尊欲重宣此義，而說偈言：

我不涅槃性，流支云：「我不取涅槃。」所作及與相，實叉云：「我不以自性，及以所作相。」妄想爾燄識，此滅我涅槃。謂如來不取涅槃之性及所作相如外道見，唯妄相所知識滅爲我涅槃也。

彼因[一]彼攀緣，意趣等成身，註云：緣六識成七識身。與因者是心[二]，爲識之所依。與諸識爲因者是藏識心，此心爲諸識之所依止。

如水大流盡，波浪則不起，如是意識滅，種種識不生。如流盡則無波，以譬賴耶識中意識習種相續永滅，則餘七識亦隨滅也。

[一] 因，《普寧藏》本作「用」。
[二] 與因者是心，《頻伽藏》本脫。

（二十一）

復次大慧，今當說妄想自性分别通相。若妄想自性分别通相善分别，汝及餘菩薩摩訶薩離妄想，到自覺聖，外道通趣善見，覺攝所攝妄想，斷緣起種種相妄想自性行，不復妄想。

實叉云：「我今當說妄計自性差别相，令汝及諸菩薩摩訶薩善知此義，超諸妄想，證聖智境，知外道法，遠離能取所取分别。於依他起種種相中，不更取著妄所計相。」○因上言妄想識滅名爲涅槃，今正明滅妄想識分别通相。謂分别妄計自性，有十二種差别，通歸於妄想之相。汝及餘菩薩，若於妄想自性分别通相善能分别，則離諸妄想，到自覺聖處，見外道通趣等法，於攝所攝妄想覺而離之。斷，即離也。自性行，即法體相。

大慧，云何妄想自性分别通相？謂言說妄想、所說事妄想、相妄想、利妄想[一]、自性妄想、因妄想、見妄想、成妄想、生妄想、不生妄想、相續妄想、縛不縛妄想，是名妄想自性分别通相。

[一] 想，原作「相」，據《高麗藏》、《龍藏》本改。

大慧，云何言説妄想？謂種種妙音歌詠之聲，美樂計著，是名言説妄想。此計著種種音聲詞句以爲有性。

大慧，云何所説事妄想？謂有所説事自性，聖智所知，依彼而生言説妄想，是名所説事妄想。實叉云：「謂執有所説事，是聖智所證境，依此起説。」○此計有五法、三自性。

大慧，云何相妄想？謂即彼所説事，如鹿渴想，種種計著而計著，謂堅濕煖動相一切性妄想，是名相妄想。此言計有四大相。

大慧，云何利妄想？謂樂種種金銀珍寶，是名利妄想。此計有財利慳貪取著。

大慧，云何自性妄想？謂自性持此如是不異，惡見妄想，是名自性妄想。實叉云：「謂以惡見如是分別此自性，決定非餘。」○如計有四大性，言地性堅、水性濕、火性熱、風性動，乃至真俗各有自性不同。

大慧，云何因妄想？謂若因若緣有無分別，因相生，是名因妄想。謂於因緣分別有無，以此因相而能生故。

大慧，云何見妄想？謂有無、一異俱不俱惡見，外道妄想計著妄想，是名見妄想。謂依此有無起四句見。

大慧，云何成妄想？謂我我所想，成決定論，是名成妄想。謂於五蘊中計我我所説虚妄法。

大慧，云何生妄想？謂緣有無性生計著，是名生妄想。謂依衆緣有無法中生執著心。

大慧，云何不生妄想？謂一切性本無生，無種因緣生無因身，是名不生妄想。實叉云：「謂計一切法本來不生，未有諸緣而先有體不從因起。」○計諸法本不生無有體性，不假緣起從因緣生者，無因無果。

大慧，云何相續妄想？謂彼俱相續如金縷，是名相續妄想。實叉云：「謂此與彼遞相繫屬，如金與綫。」○計有爲諸法，俱有因果遞相繫屬，如以金爲縷，金即在縷，縷即在金。

大慧，云何縛不縛妄想？謂縛不縛[二]因緣計著，如士夫方便，若縛若解，是名

[二] 縛不縛，「不」字，原無，據《嘉興藏》、《龍藏》本補。《高麗藏》、《資福藏》、《磧砂藏》、《頻伽藏》無前二字，僅一「縛」字。

縛不縛妄想。實叉云：「謂執因能縛而有所縛，如人以繩方便力故，縛已復解。」○計有煩惱能縛衆生，後時修道能解。衆生如人，先以繩縛，縛已復解，亦復如是。

於此妄想自性分别通相，一切愚夫計著有無。

大慧，計著緣起而計著者，種種妄想計著自性，如幻示現種種之身，凡夫妄想見種種異幻。實叉云：「如依於幻見種種物，凡愚分别見異於幻。」○於依他緣起中，生種種妄想自性，如依呪術見諸幻事，愚夫妄想見異於幻，計有種種實物。

大慧，幻與種種非異、非不異。若異者，幻非種種因；若不異者，幻與種種無差别，而見差别。是故非異、非不異。是故大慧，汝及餘菩薩摩訶薩，如幻緣起妄想自性，異不異、有無莫計著。

爾時世尊欲重宣此義，而説偈言：

心縛於境界，覺想智隨轉，《新説》云：「言愚夫妄心，爲生死境界所縛，妄想智隨境界轉也。覺，謂妄覺也。」無所有及勝，平等智慧生。無所有最勝處無自他相故，平等真性圓明，故智慧生。

妄想自性有，於緣起則無，妄想或攝受，緣起非妄想。實叉云：「在妄計是有，於

緣起則無，妄計迷惑取，緣起離分别。」○《新説》云：「如依藤計蛇，妄情謂有，緣起藤體實非蛇相。此舉緣起破妄計也。」〔二〕

種種支分生，如幻則不成，彼相有種種，妄想則不成。謂種種緣生支分，雖有所生，然皆如幻，故支分不成；彼緣生之相雖有種種，然屬妄想，故彼相不成。此舉妄想破緣起也。

彼相則是過，皆從心縛生，妄想無所知，於緣起妄想。彼緣起相，種種不實之過，從心縛境界而生，以不了妄想無所知故，則於緣起妄想分别計有計無。此頌緣起從妄想而生。

此諸妄想性，即是彼緣起，妄想有種種〔三〕，於緣起妄想。「此諸妄想性，即是彼緣起」者，謂妄想無性，因彼緣起而有，既因緣起有種種性，故於緣起中復計實有妄想之性也。此頌妄想從緣起而生。

世諦第一義，第三無因生，《新説》云：「由妄計緣而生三界生死有無一切諸法，即是世諦；若了緣無性，妄想滅，即是聖人所行境界第一義也。」○《涅槃》云：「出世人所知名第

〔二〕該文爲引義。
〔三〕種種，《磧砂藏》本訛作「種性」。

一義諦，人所知名世諦。」〔一〕外道立二十五諦，明因中有果，第一從冥初生覺，第二從覺生我心，第三從我心生色聲香味觸等，以不知緣起根本而妄想分別，故佛破彼爲無因生也。妄想説世諦，斷則〔二〕聖境界。斷妄想所説世諦，即證自覺聖智境界。

譬如修行事，於一種種現，於彼無種種，妄想相如是。此一喻破妄想偏計性也。如二乘人修諸觀行，若作青想觀時，天地萬物莫不皆青，以無青處見青，由心變故，於一色境現種種相，黄赤白等亦復如是。而如實體性，初無彼種種之相，其所現者是妄想耳。故曰「妄想相如是」。

譬如種種翳，妄想衆色現，翳無色非色，緣起不覺然。此一喻破因緣依他起性也。如目有種種翳，以妄想分別故，見有青黄赤白等色顯現，然翳本無色，亦無非色，緣起如之，以計著故，故曰「不覺」。

譬如煉真金，遠離諸垢穢，虛空無雲翳，妄想淨亦然。此一喻以斷彼妄想虛僞及緣起過患，則圓成之性如真金離垢穢，如虛空無雲滓也。

〔一〕文字小異。見北涼曇無讖譯《大般涅槃經》卷第十三《聖行品》第七之三。
〔二〕則，《磧砂藏》、《南藏》、《龍藏》本作「於」，當誤。

無有妄想性，及有彼[二]緣起，建立及誹謗，悉由妄想壞。謂妄想與緣起之性本自無有，若於非有計有、非無計無，是爲建立誹謗，悉由妄想自破如實之見。

妄想若無性，而有緣起性，無性而有性，有性無性生。

依因於妄想，而得彼緣起，相名常相隨，而生諸妄想。

究竟不成就，則度諸妄想，妄想無性，而緣起有性，即是「無性而有性」，有性從無性而生。蓋因妄想有緣起，則與相名如影隨形，生諸虛妄，能知虛妄之法究竟不實，則度諸妄想。相名，即名相也。然後智[三]清净，是名第一義。

妄想有十二，緣起有六種，自覺知爾燄，彼無有差別。既度諸妄想成清净智，了知十二妄想，六種緣起，但有其名而無所實。復於自覺聖境界中，了知爾燄智障與彼妄想緣起，悉空無相，無有差別。故下文以五法等爲真實也。緣起有六者，即前緣因中六種因是。

五法爲真實，自性有三種，修行分别此，不越於如如。《宗鏡》云：「迷如理以成

[二] 彼，原作「復」，據《高麗藏》、《龍藏》本改。
[三] 智，《高麗藏》、《資福藏》、《磧砂藏》、《頻伽藏》本作「知」。

名相，妄想即生；悟名相之本如，妄便稱智。則無名相妄想，唯如智矣。智因如立，智體亦空；如假智明，本來常寂，故並空矣。」[二]今言修行者，雖能分別五法三性之真妄，未能空其智體，故曰「不越於如如」也。

衆相及緣起，彼名起妄想，彼諸妄想相，從彼緣起生。結頌妄想、緣起遞互相生。**覺慧善觀察，無緣無妄想，成已無有性，云何妄想覺？**以覺慧之智觀察，無有緣起及諸妄想成圓成之性；圓成已，則無有無之性。既無有無之性，云何更有妄想覺知？**彼妄想自性，建立二自性，妄想種種現，清浄聖境界。**彼妄想自性，謂計著内外諸法，建立名相、事相二種自性。然此種種妄想雖現非實，則自然清浄，成聖智境界。名相事相，見第一卷「二種妄想自性」文下。

妄想如畫色，緣起計妄想，妄想如畫種種色像，雖有分别而無實體。衆生計著緣起而生妄想亦復如是。**若異妄想者，則**[三]**依外道論。**《新説》云：「此明佛法知生死緣起法從自妄想心中生，若計生死有無諸法異於妄想，從微塵、冥諦、自在等生者，即外道論也。」

[二]見《宗鏡録》卷第四十一，《大正藏》第48册，第656頁上。
[三]則，《高麗藏》、《資福藏》、《磧砂藏》、《頻伽藏》作「即」。

妄想說所想，因見和合生，實叉云：「以諸妄見故，妄計於妄計。」離二妄想者，如是則爲成。謂於妄想說妄想事，此二妄想因見根、境、識和合故生，離此二妄想，則爲圓成實性。

（二十二）

大慧菩薩摩訶薩，復白佛言：世尊，惟願爲說自覺聖智相及一乘。若[二]自覺聖智相及一乘，我及餘菩薩善自覺聖智相及一乘，不由於他，通達佛法。即《華嚴》「成就慧身，不由他悟」。

佛告大慧：諦聽諦聽，善思念之，當爲汝說。大慧白佛言：唯然受教。

佛告大慧：前聖所知，轉相傳授，妄想無性。菩薩摩訶薩獨一靜處，自覺觀察不由於他，離見妄想，上上升進入如來地，是名自覺聖智相。轉相傳授者，謂佛佛以所知無上至真之道，遞代相授，妙在於默契也。如外道問佛「不問有言，不問無言」，世尊良

〔二〕若，《高麗藏》本作「若說」。

久，外道契悟。又如維摩默然，文殊贊善。蓋非言語可及，不得已而爲直言之曰「妄想無性」。然恐便謂妄想本無有性，執以爲是，不求升進，復曰「菩薩摩訶薩獨一靜處，以自覺智觀察」，貴自得之，雖諦見其妄想起滅根原，則此見復當離之，方能上上升進入如來地，無所疑矣。

大慧，云何一乘相？謂得一乘道覺，我説一乘。謂得一乘道覺故，我説爲一乘。云何得一乘道覺？謂攝所攝妄想，如實處不生妄想，是名一乘覺。謂能取所取妄想當體即真故，如實處不生妄想，名一乘覺也。大慧，一乘覺者，非餘外道、聲聞、緣覺、梵天王等之所能得，唯除如來，以是故説名一乘。

大慧白佛言：世尊，何故説三乘，而不説一乘？佛告大慧：不自般涅槃法故，不説一切聲聞緣覺〔一〕一乘。以一切聲聞緣覺，如來調伏，授寂靜方便而得解脱，非自己力，是故不説一乘。謂彼但依如來所授寂靜方便調伏修行，雖證解脱，非自所得故，不爲説一乘。

〔一〕緣覺，《頻伽藏》本倒。

復次大慧，煩惱[二]障業習氣不斷故，不說一切聲聞緣覺一乘。不覺法無我，不離分段死，故說三乘。此結聲聞緣覺有如上過，不堪受大法故，不爲説一乘，以未覺法無我，不離分段死，故但爲説三乘。

大慧，彼諸一切起煩惱過習氣斷，及覺法無我，彼一切起煩惱過習氣斷，三昧樂味著非性，無漏界覺。覺已，復入出世間上上無漏界，滿足衆具，當得如來不思議自在法身。實叉云：「若彼能除一切過習，覺法無我，是時乃離三昧所醉，於無漏界而得覺悟。既覺悟已，於出世上上無漏界中，修諸功德，普使滿足，獲不可思議自在法身。」

爾時世尊欲重宣此義，而說偈言：

諸天及梵乘，聲聞緣覺乘，諸佛如來乘，我說此諸乘。

乃至有心轉，諸乘非究竟，若彼心滅盡，無乘及乘者。

無有乘建立，我說爲一乘，若有心謂諸乘爲未究竟，欲轉此諸乘歸於一乘者，則有所證之乘，能證之人。彼轉心滅盡，則無所證之乘，能證之人，亦無有諸乘可以建立，方說爲一乘也。

〔二〕煩惱，《磧砂藏》本作「墮諸」。

引導衆生故，分别説諸乘。

解脱有三種，及與法無我，煩惱智慧等，解脱則遠離。流支云：「解脱有三種，及二法無我，不離二種障，遠離真解脱。」○爲引導衆生故，説有諸乘，然於三種解脱、二種無我及煩惱智障等法，到如實解脱處無有不遠離者，蓋以解脱爲遠離也。

譬如海浮木，常隨波浪轉，聲聞愚亦然，相風所漂[一]蕩。

彼起煩惱滅，餘[二]習煩惱愚。註云：聲聞斷四住煩惱，故言「起煩惱滅」也；未斷無明，故言「餘習煩惱愚」。○彼聲聞雖斷現行煩惱，未斷所知及根本無明，猶被習氣自共相風飄蕩其心，如海中木，常隨浪轉。

味著三昧樂，安住無漏界，無有究竟趣，亦復不退還。以味著三昧樂故，無有進趣究竟之地。又安住無漏界中，以三昧力故，不復退還人世。即《首楞嚴》名「不迴心鈍阿羅漢」是也。得諸三昧身[三]，乃至劫不覺。得諸三昧定，身忘知與覺，故經劫數久遠，如彈指

[一] 漂，《資福藏》、《磧砂藏》、《普寧藏》本作「摇」，《高麗藏》本作「飄」。
[二] 餘，《嘉興藏》本同，餘本作「除」。
[三] 三昧身，《資福藏》本作「身三昧」。

頃耳。

譬如昏醉人，酒消然後覺，彼覺法亦然，得佛無上身。彼聲聞於無漏界中，忽悟知住有餘地，迴心升進，亦得佛無上究竟法身。

楞伽阿跋多羅寶經卷第三

一切佛語心品第三〔一〕

（一）

爾時世尊告大慧菩薩摩訶薩言：意生身分別通相，我今當說。第二卷嘗槩言意生身，未盡其旨，故今分別三種差別，如前通分別相也。諦聽諦聽，善思念之。大慧白佛言：善哉世尊，唯然受教。

佛告大慧：有三種意生身。云何爲三？所謂三昧樂正受意生身、實叉以「意生」例作「意成」，於「所謂」下有「入」字。○圭峯云「梵語三昧，此云正受」，又曰「不受諸受，是

〔一〕第三，《磧砂藏》、宮内本同，餘本作「之三」。

名正受」〔一〕。寂音曰「三昧、正受有二義」〔二〕，《寶積》曰「三昧及正受」〔三〕是也。愚嘗以譯梵諸集紬繹，悉無三昧翻正受之義，亦無華梵雙彰之説。此經云「三昧樂正受」者，頗與《寶積》句意相合，若以「及」、「樂」二字考之，二義明矣。此經又云「離三昧行」〔四〕，故三昧屬行門。然諸經所敘不同，或以一行、一相、海印、德藏爲三昧者，或以無緣、無作、無得、無諍爲三昧者，或以中道、二諦、如幻、語言等爲三昧者，皆是功行中純熟之義。又《止觀》明四種三昧云：「行法衆多，略言有四：一常坐，二常行，三半行半坐，四非行非坐。」〔五〕諸師雖以事理二觀釋之，不出是功行中調攝之義。《輔行》云「三昧者，秦言正心行處，或云調直定，由衆生心屈曲散亂，佛以諸三昧門，令直其屈曲，正其散亂也。」〔六〕《首楞嚴》曰「失於正受，當從淪墜」〔七〕，此經又曰「入滅受想正受」〔八〕，

〔一〕該文爲引義。參唐宗密《大方廣圓覺修多羅了義經略疏注》卷上之一，《大正藏》第39册，第529頁中。
〔二〕未查見該引文出處。
〔三〕見《大寶積經》卷第七十一《菩薩見實會浄居天子讚偈品》第二十三之二，《大正藏》第11册，第403頁上。
〔四〕見本經卷四，中部「得十賢聖種性道，及身、智、意生，離三昧行」。
〔五〕見隋天台智者《摩訶止觀》卷第二，《大正藏》第46册，第11頁上。
〔六〕該文爲引義。參唐湛然《止觀輔行傳弘決》卷第二之一，《大正藏》第46册，第182頁上。
〔七〕見唐般剌蜜諦譯《大佛頂首楞嚴經》卷第九，《大正藏》第19册，第148頁中。
〔八〕見本經卷四，中「彼諸受根滅，次第不生，餘自心妄想不知苦樂，入滅受想正受」。

又曰「正受滅盡定，三昧起心説」〔二〕，是皆以正定爲正受，無可疑者。則知三昧是定之用，正受是定之體。屬用有多種名，屬體無別立義，止曰「正定」而已。正受者，是正定之異名，學者不可不辨。意生身義，下文自明。**覺法自性性意生身、種類俱生無行作意生身。**流支、實叉並以「行作」爲「作行」。**修行者了知初地上上**〔三〕**增進相，得三種身。**流支云：「菩薩從於初地如實修行，得上上地證智之相。」

大慧，云何三昧樂正受意生身？謂第三、第四、第五地三昧樂正受故，《新説》云：「舉中三地，意該前後以明七地也。」**種種自心寂静安住，心海起浪識相不生，知自心現境界性非性，**實叉云：「心海不起轉識波浪，了境心現皆無所有。」○楊云：「知所現性皆非其性。」**是名三昧樂正受意生身。**

大慧，云何覺法自性性意生身？謂第八地，觀察覺了如幻等法悉無所有，身心轉變，實叉云：「心轉所依。」○心轉所依，則身能變化，故如意生也。**得如幻三昧及餘**

〔二〕見本經卷一，世尊偈答之初。
〔三〕上上，《嘉興藏》本同，餘本作「上」。

三昧門，無量相、力、自在、明如妙華莊嚴，迅疾如意，猶如幻、夢、水月、鏡像，非造非所造，如造所造，一切色種種支分具足莊嚴，流支云：「非四大生，似四大相，具足身分。」隨入一切佛刹大衆，通達自性法故，是名覺法自性性意生身。八地菩薩覺了諸法猶如幻夢，得如幻等三昧，轉變自在。此意生身菩薩光明相好，如妙華莊嚴。然此意生身，與幻夢、水月、鏡像等，非四大所造，如四大造也。一切色相支節手足自然端嚴，入於佛刹大衆之中化諸衆生，通達諸法自性之性，故名覺法自性性也。

大慧，云何種類俱生無行作意生身？所謂覺一切佛法，緣自得樂相，是名種類俱生無行作意生身。實叉云：「了達諸佛自證法相。」○謂覺了一切諸佛所證之法，緣自得樂相，而千種萬類之身，於無功用行無作而作，一時俱生，猶如意生無障礙也。

大慧，於彼三種身相觀察覺了，應當修學。

爾時世尊欲重宣此義，而説偈言：

非我乘大乘，流支云：「我乘非大乘。」實叉云：「我大乘非乘。」○此皆局於偈句，互有所略，合云：我大乘非大乘，此大乘爲對小乘而立。初無實法，故曰非也。餘義見下文。非説亦非字，非諦非解脱，非無有境界。

然乘摩訶衍，謂此大乘非言說文字，及實諦解脱，亦非無有境界，然我大乘非無大乘也。摩訶衍，此云大乘，以梵音變其文耳。三摩提自在，註云：頌上初地以上、七地以下三昧樂正受意生身。種種意生身，註云：頌種類俱生無行作意生身。自在華莊嚴。註云：頌八地覺法自性性意生身。

（三）

爾時大慧菩薩摩訶薩白佛言：世尊，如世尊說，若男子女人行五無間業，不入無擇地獄。流支、實叉並作「無間」。世尊，云何男子女人行五無間業，不入無擇地獄？世尊嘗說：造五無間業者，即入無間地獄。又云：行五無間業者，不入無間地獄。故舉此問之。

佛告大慧：諦聽諦聽，善思念之，當爲汝說。大慧白佛言：善哉世尊，唯然受教。

佛告大慧：云何五無間業？所謂殺父母，及害羅漢，破壞衆僧，流支、實叉並作「破和合僧」。惡心出佛身血。

大慧，云何衆生母？謂愛更受生，貪喜俱，如緣母立。流支云：「更受後生，貪喜俱出。」〇以癡愛爲母，故曰「更受後生」；以貪喜爲子，故曰「如緣母立」。流支、實叉於此下有「何者爲父」四字。無明爲父，生入處聚落。入，六入。處，十二處。聚落，無明依止處也。謂六入、十二處、十八界，皆以無明爲父。斷二根本，名害父母。流支云：「斷彼二種能生根本。」〇以愛與無明爲二根本也。流支、實叉於此下有「云何殺阿羅漢」六字。

彼諸使不現，如鼠毒發，諸法究竟斷彼，名害羅漢。鼠之齧人，瘡雖已愈，其毒遇雷即發。羅漢諸使亦爾，雖隱而不現，遇緣即發。能斷彼微細習使，名害羅漢。

云何破僧？謂異相諸陰和合積聚，究竟斷彼，名爲破僧。異相，即色受想行識也。僧，以和合爲義，今稱陰爲僧者，以妄爲和合，故斷彼陰集，名破和合僧。流支、實叉於此下有「云何惡心出佛身血」八字。

大慧，不覺外自共相自心現量七識身，以三解脱無漏惡想，究竟斷彼七種識佛〔二〕，名爲惡心出佛身血。謂不覺五陰自共相是自心所現不實，計有七識身。今以此身爲

〔二〕佛，《南藏》、《龍藏》本作「身」。

佛者，蓋七識爲妄覺境界故，依之起染故，復名血。以空無相願三無漏智，斷彼七識妄覺染汙，名爲惡心出佛身血也。○流支、實叉並以「七識」爲「八識」。

若男子女人行此無間事[一]者，名五無間[二]，流支、實叉於「五」上，皆有「内」字。亦名無間等[三]。此名即證無間等真實法也。故流支云：「行此無間，得名無間，無間者證如實法故。」實叉云：「即得現證實法。」

復次大慧，有外無間，今當演說，汝及餘菩薩摩訶薩聞是義已，於未來世不墮愚癡。流支云：「不生疑心。」實叉云：「不生疑惑。」○謂汝及餘菩薩聞此義已，於未來世令諸衆生不墮愚癡之惑。謂行内無間，即證聖智法門；行外無間，即入無間地獄也。

云何五無間？謂先所說無間。實叉云：「謂餘教中所說無間。」若行此者，於三解說，一一不得無間等法。餘教中所說無間者，謂弑父、害母、壞阿羅漢、破和合僧、出佛身血。若行此五無間者，不唯於三解脫，一一不能得證無間等法，亦入無間地獄受無量苦也。

[一] 無間事，《嘉興藏》本同，餘本作「無間」。
[二] 無間，《嘉興藏》本同，餘本作「無間事」。
[三] 等，《高麗藏》、《資福藏》、《磧砂藏》、《普寧藏》、《頻伽藏》、廣勝本作「業」。

除此〔一〕已，註云：除此愚夫實行外無間事。餘化神力現無間等，謂聲聞化神力，菩薩化神力，如來化神力，爲餘作無間罪者除疑悔過〔二〕，爲勸發故，神力變化現無間等。實叉云：「以神通力示同其事。」〇謂此三種聖人，方便現行外無間時，爲餘作無間罪者除疑悔過。如闍王弑父、害母，身生惡疾，求佛懺悔，佛令作實相觀，觀已疾除。此是勸發，非實造也。

無有一向作無間事，不得無間等〔三〕。《新説》云：「無有實造無間業者，不得無間等苦也。」

除覺自心現量，離身財妄想，離我我所攝受，實叉云：「離我我所分別執見。」或時遇善知識，解脱餘趣相續妄想。餘趣，即惡道。相續，即輪迴。故流支云：「遇善知識，於異道身，離於自心虚妄見過。」

爾時世尊欲重宣此義，而説偈言：

〔一〕此，《高麗藏》、《頻伽藏》本作「此法」。
〔二〕過，《資福藏》、《嘉興藏》、廣勝本作「故」。
〔三〕等，《高麗藏》、《頻伽藏》、廣勝本作「等法」。

貪愛名爲母，無明則爲父，覺境識爲佛，諸使爲羅漢，陰集名爲僧，無間次第斷，註云：以空無漏無間智，次第斷此無明貪愛等。謂是五無間，不入無擇獄。註云：言行是五種内無間，不入無間獄。○前文爲顯行内五無間證真實法故，因兼説外五無間，所以此偈唯頌内五無間也。

（三）

爾時大慧菩薩復白佛言：世尊，惟願爲説佛之知覺。實叉作「諸佛體性」。世尊，何等是佛之知覺？

佛告大慧：覺人法無我，了知二障，註云：煩惱障、智障亦斷。離二種死，註云：分段死、變易死。斷二煩惱，一者見惑，名分別煩惱，在初地入心少分中斷；二者修惑，名俱生煩惱，在十地滿心方能斷盡。然此二煩惱斷盡，尚有無明餘習，斷此餘習，方證佛之知覺。故註本以二煩惱爲四住煩惱、無明煩惱也。○《新説》云：「諸障中煩惱尤甚，又别示其相，欲學者痛治之。」是名佛之知覺。聲聞緣覺得此法者，亦名爲佛。以是因緣故，我説一乘。以聲聞緣覺，亦能證上二無我等法，故説一乘。

爾時世尊欲重宣此義，而説偈言：

善知二無我，二障煩惱斷，實叉云：「除二障二惱。」永離二種死，是名佛知覺。

（四）

爾時大慧菩薩白佛言：世尊，何故世尊於大衆中，唱如是言，「我是過去一切佛，及種種受生。我爾時作曼〔二〕陀轉輪聖王、流支、實叉並作「頂生王」。六牙大象及鸚鵡鳥、釋提桓因、善眼仙人」，如是等百千生經説？流支云：「如是等百千經，皆説本生。」實叉云：「説百千本生之事。」○因上佛説覺二無我等法名之爲佛，大慧以謂：過去諸佛由覺此法故名之爲佛，今世尊覺此法亦名爲佛，覺道雖一，過現不同，云何言我是過去一切諸佛？又《本生經》説如來過去曾種種受生，如作轉輪王及作釋提、善眼、大象、鸚鵡等百千生，故舉相違之義以問。事見《本生》等經。

佛告大慧：以四等故，實叉云：「依四平等秘密意故。」如來應供等正覺，於大衆

〔二〕曼，《高麗藏》、《資福藏》、《磧砂藏》、《龍藏》、《頻伽藏》、廣勝本作「漫」。

中唱如是言，「我爾時作拘留孫、拘〔二〕那含牟尼、迦葉佛」。

云何四等？謂字等、語等、法等、身等，是名四等。以四種等故，如來、應供、等正覺於大衆中唱如是言。

云何字等？若字稱我爲佛，彼字亦稱一切諸佛，彼字自性無有差別，是名字等。實叉云：「謂我名佛，一切如來亦名爲佛，佛名無別，是謂字等。」

云何語等？謂我六十四種梵音言語相生，彼諸如來、應供、等正覺亦如是，六十四種梵音言語相生，無增無減，無有差別，迦陵頻伽梵音聲性。實叉云：「謂我作六十四種梵音聲語，一切如來亦作此語，迦陵頻伽梵音聲性，不增不減，無有差別，是名語等。」○《新説》云：「《密跡力士經》説，佛聲有八轉，謂體、業、具、爲、從、屬、於、呼，是八轉聲，各具八德，所謂調和聲、柔軟聲、諦了聲、易解聲、無錯謬聲、無難小聲、廣大聲、深遠聲，八八即成六十四種。非唯釋迦佛，一切諸佛皆如是。」〔三〕○頻伽，此云妙聲鳥。《正法念經》云：「迦陵

〔二〕拘，《南藏》、《嘉興藏》、宫内、廣勝本作「鈎」。
〔三〕「六十四種梵音」的相关内容，可参阅《佛説如來不思議祕密大乘經》卷第七，《大正藏》第11册，第719頁下。

頻伽出妙音聲，若天、若人、緊那羅等無能及者，唯除如來音聲。」〔二〕故諸經稱佛音聲，必引爲喻。

云何身等？　謂我與諸佛法身及色身相好無有差別，除爲調伏彼彼諸趣差別衆生故，示現種種差別色身，是名身等。　註云：　答上種種受生。　佛謂除爲化異趣衆生，方便示現種種之身，若不如是，則無差別。

云何法等？　謂我及彼佛得三十七菩提分法，《新説》云：「菩提是覺，分是因義。此三十七爲諸乘覺因，亦爲道品。　故《净名》云「道品是道場」〔三〕，是法身因。　然三十七品，總有七類：　一對治顛倒道，即四念處；　二斷諸懈怠道，謂四正勤；　三引發神通道，謂四神足；　四現觀方便道，所謂五根；　五親近現觀道，即是五力；　六現觀自體道，謂七覺分；　七現觀後起道，謂八正道。　義如別説。　此七類次第者，謂聞法已，先當念持，次即勤修，勤故攝心調柔，柔故信等成根，根增爲力，七覺分別，八正正行。　總以喻顯法性如地，念處如種子，正勤爲種植，神足如抽芽，五根如生根，五力如莖葉增長，開七覺華，結八正果。　一切諸佛所證無異，是名法等。」

〔二〕相关内容，見《翻譯名義集》二，《大正藏》第54册，第1089頁下。

〔三〕該文爲引義，原經文爲「三十七品是道場」，見後秦鳩摩羅什《維摩詰所説經》卷上《菩薩品》第四，《大正藏》第14册，第542頁下。

略說佛法無障礙智。

是名四等。是故如來應供等正覺，於大衆中唱如是言。

爾時世尊欲重宣此義，而說偈言：

迦葉拘留孫，拘[一]那含是我，以此四種等，我爲佛子說。

（五）

大慧復白佛言：如世尊所說，「我從某夜得最正覺，乃至某夜入般涅槃，於其中間，乃至不說一字，亦不已說、當說，不說是佛說」。流支云：「佛言非言。」世尊[二]，如來、應供、等正覺，何因說言「不說是佛說」？流支云：「世尊依何等義，說如是語，佛語非語？」○大慧因上佛言「以此四種等，我爲佛子說」，故引離言說相問之。

佛告大慧：我因二法故，作如是說。云何二法？謂緣自得法，及本住法，是

[一] 拘，《磧砂藏》、宮内、廣勝本作「鉤」。

[二] 世尊，《嘉興藏》本同，餘本作「大慧白佛言：世尊」。

名二法。不從他得曰「自得」，了無所遷曰「本住」。因此二法故，我如是説。

云何緣自得法？若彼如來所得，我亦得之，無增無減。緣自得法究竟境界，離言説妄想，離字二趣。佛佛所證世出世自得之法，無絲毫增減，此法究竟境界，離言説、文字二種趣也。

云何本住法？謂古先聖道如金銀等性，法界常住。古先聖道法界常住，如金銀等性，在礦不增，出礦不減。若如來出世，若不出世，法界常住，如趣彼城〔二〕道。流支云：「如城本道。」○此之法界，非因如來出世方得常住故，如趣彼城道也。譬如士夫行曠野中，見向古城平坦正道，即隨入城，受如意樂。實叉云：「止息遊戲。」大慧，於意云何？彼〔三〕作是道，及城中種種樂耶？流支云：「彼人始作是道，隨入城耶？始作種種諸莊嚴耶？」答言：不也。

佛告大慧：我及過去一切諸佛法界常住，亦復如是。是故説言，「我從某夜

〔二〕城，《高麗藏》、《資福藏》、《磧砂藏》、《頻伽藏》、廣勝本訛作「成」。
〔三〕彼，《高麗藏》、《頻伽藏》、廣勝本作「彼士夫」。

得最正覺，乃至某夜入般涅槃，於其中間不説一字，亦不已説、當説」。此古城道本來如是平坦，非因彼士夫入時始有，古先聖道亦復如是，非因如來出世説法利生始有之也。謂離文字、言説之相，唯在契證而已，故曰「不説一字」。

爾時世尊欲重宣此義，而説偈言：

我某夜成道，至某夜涅槃，於此二中間，我都無所説。緣自得法住，註云：緣自得者，頌上「緣自得法」不是言説也。法住者，頌上「法界常住」亦不是言説，以明不説。故我作是説，彼佛及與我，悉無有差別。言我與諸佛同證此無言説法故。

（六）

爾時大慧菩薩復請世尊：惟願爲説一切法有無有相，令我及餘菩薩摩訶薩離有無有相，疾得阿耨多羅三藐三菩提。

佛告大慧：諦聽諦聽，善思念之，當爲汝説。大慧白佛言：善哉世尊，唯然受教。

佛告大慧：此世間依有[二]二種，謂依有及無[三]，實叉云：「世間衆生多墮二見，謂有見、無見。」墮性非性，欲見不離離相。流支云：「以見有諸法，見無諸法故。」○註云：不離，是有；離相，是無。○依有者，計諸法是有；依無者，計諸法是無。墮性非性者，計諸法有，名爲性；破有爲無，名非性。世間衆生墮性非性者，唯欲見有諸法、見無諸法，故曰「欲見不離離相」。

大慧，云何世間依有？謂有世間因緣生，非不有；從有生，非無有生。實叉云：「謂實有因緣而生諸法，非不實有；實有諸法從因緣生，非無法生。」大慧，彼如是説者，是説世間無因。註云：外道計世間從四大、微塵、自在天等生，又説四大等不從因生，即是無因而有，故言「是説世間無因」。

大慧，云何世間依無？謂受貪恚癡性已，然後妄想計著貪恚癡性非性。始受貪恚癡性，後起妄想計著此性爲非性，故依無也。

大慧，若不取有性者，性相寂靜故，註云：若不妄取貪癡爲有性者，貪癡性相本來寂

[二] 有，宮内本脱。
[三] 有及無，《資福藏》、《磧砂藏》、《普寧藏》、《龍藏》、廣勝本脱「無」，《高麗藏》、《頻伽藏》本作「有無及」。

靜，則不須破有依無也。謂諸如來、聲聞、緣覺，不取貪恚癡性爲有爲無。註云：明三乘人知貪癡體離有無，故不取爲有，即不須除有爲無。

大慧，此中何等爲壞者？實叉云：「此中誰爲壞者？」○壞，墮義。謂此中誰爲墮空見者。

大慧白佛言：世尊，若彼取貪恚癡性，後不復取。謂彼愚夫以取貪恚癡性爲有，不取爲無者是也，以壞有立無爲義。

佛告大慧：善哉善哉，汝如是解。實叉云：「汝解我問。」大慧，非但貪恚癡性非性爲壞者，於聲聞、緣覺及佛亦是壞者。此人非止不取貪恚癡，謂三乘人亦因不取貪恚癡故，而得成聖果者。所以者何？謂內外不可得故，煩惱性異不異故。佛與聲聞緣覺，非以不取爲無是壞者。將欲明告其意，故曰「所以者何」。以內身外塵不可得故，煩惱之性非一非異。

大慧，貪恚癡〔一〕若內若外不可得，貪恚癡性無身故、無取故，實叉作「無體性故、

〔一〕癡，廣勝本作「癡性」。

無可取故」。非佛、聲聞、緣覺是壞者。佛、聲聞、緣覺自性解脱故，縛與縛因非性故。貪恚癡性内外既不可得，則無身無取，本來虚寂，非有非無，故佛與聲聞緣覺非是壞者。以佛聲聞等自性解脱，謂有無及能縛與縛因非有性故。故註本云：縛者，煩惱也；縛因者，衆生也；非性者，無實也。言佛知煩惱與衆生無實故，未當有人斷煩惱得解脱也。

大慧，若有縛者，應有縛是縛因故。註云：縛者，衆生也。言若有衆生是縛因，應有煩惱爲能縛；今觀衆生空，故無縛因，亦無煩惱爲能縛也。此重釋自性解脱。大慧，如是説壞者，實叉云：「作如是説，名爲壞者。」是名無有〔一〕相。若作如上説，取貪嗔癡爲有，壞之爲無者，是名不立有相，則墮空見。

大慧，因是故，我説寧取人見如須彌山，不起無所有增上〔二〕慢空見。實叉云：「不起空見，懷增上慢。」

大慧，無所有增上慢者，是名爲壞，墮〔三〕自共相見希望，起無所有空見爲增上慢

〔一〕無有，《高麗藏》、《頻伽藏》本作「無所有」。

〔二〕上，《普寧藏》本訛作「二」。

〔三〕墮，《資福藏》、《磧砂藏》、《南藏》、《龍藏》本作「隨」，當誤。

人，是名不取貪嗔癡爲壞者，則墮自共相見希望妄想。不知自心現量，見外性無常，刹那展轉壞，陰界入相續流注變滅，離文字相妄想，是名爲壞[一]者。不知自心現量，見外法無常，刹那之間展轉變壞，及陰界入相續流注變滅，悉歸於無，謂已離文字相妄想分别，亦墮無所有空見，是名壞諸法之相者。

爾時世尊欲重宣此義，而説偈言：

有無是二邊，乃至心境界，浄除彼境界，平等心寂滅。註云：浄除有無及妄心境界，平等心自然寂滅。

無取境界性，滅非無所有，有事悉如如，如賢聖境界。註云：知貪愛境界性，虚妄無可取，即是體性寂滅，非是無他所有始寂滅也。觀諸有事悉平等無二，即是賢聖境界。

無種而有生，生已而復滅，因緣有[二]非有，不住我教法。實叉云：「彼非住我法。」○註云：世間從因緣有，後除滅之，名非有。言外道作此有無解者，不住如來實相教法。

非外道非佛，非我亦非餘，因緣所集起，云何而得無？實叉以「亦非餘」爲「非餘

[一] 名爲壞，《嘉興藏》本同，餘本作「名壞」。
[二] 有，宫内本作「而」。

衆」，「因緣所集起」爲「能以緣成有」。○註云：言生法，非外道作，又非佛作，非神我作，亦非餘者微塵四大等作，但從妄想生故也。既從因緣集會始得起者，即無自體；無自體，即明無此生法也。生法本無，何須更無之？

誰集因緣有，而復説言無？邪見論生法，妄想計有無。《新説》云：「四大五蘊中各無主，誰集會之，仍説因緣有生？有既不有，寧得復説破有爲無？明外道邪見故，説有生法；妄想故，計爲有無。」

若知無所生，亦復無所滅，觀此悉空寂，有無二俱離。流支、實叉並以「觀此」爲「觀世」。

（七）

爾時大慧菩薩復白佛言：世尊，惟願爲我及諸菩薩説宗通相。若善分别宗通相者，我及諸菩薩通達是相。通達〔二〕是相已，速成阿耨多羅三藐三菩提，不隨覺

〔二〕通達，《嘉興藏》本同，餘本作「通」。

想及衆魔外道。流支云：「不隨一切虚妄覺觀魔事故。」

佛告大慧：諦聽諦聽，善思念之，當爲汝説。大慧白佛言：唯然受教。

佛告大慧：一切聲聞、緣覺、菩薩有二種通相，謂宗通及説通。《宗鏡》云：「内證自心第一義理，住自覺地，入聖智門，以此相應，名宗通相。此是行時，非是解時，因解成行，行成解絶，則言説道斷，心行處滅。」又曰：「宗通爲菩薩，説通爲童蒙。」[一]

大慧，宗通者，謂緣自得勝進相，遠離言説文字妄想，趣無漏界自覺地[二]自相，遠離一切虚妄覺想，降伏一切外道衆魔，緣[三]自覺趣光明輝發，是名宗通相。以自得勝進故，能離文字言説，趣無漏界，入自覺地，證真實相；又能遠離虚妄覺想，降伏衆魔外道者，緣自覺趣智光所證也。

云何説通相？謂説九部種種教法，離異不異、有無等相，以巧方便隨順衆生，如應説法，令得度脱，是名説通相。楊云：「如響之應，曰如應。」

[一] 見《宗鏡録》卷第三，《大正藏》第48册，第428頁中。
[二] 地，宫内本訛作「也」。
[三] 緣，《資福藏》、《磧砂藏》、《南藏》、《龍藏》本脱。

大慧，汝及餘菩薩應當修學。《新説》云：「經通大小乘，有十二部。今説九部者，如《涅槃》第三云『護大乘者，受持九部』，《法華》第一云『我此九部法，隨順衆生説』。《瑜伽》等論，説聲聞藏無有方廣，然諸經論且約一相，故作是説。如實説者大小皆具，如《深密》中菩薩依十二分教修奢摩他，《瑜伽》二十一云『佛爲聲聞，一一具演十二分教』。而《涅槃》説大但有九者，依三部之小相故，謂因緣中取因事制戒，於譬喻中依爲誘引，於論義中約非了義。《法華》九部小者，三相大故，於記莂中取記作佛，自説之内依不請友，方廣之中依廣大利樂，其正法廣陳通大通小。今此既云『一切二乘及諸菩薩，有二種通相』，則會權趣實，亦該《法華》、《涅槃》之二義也。故謂説九部種種教法，離於一異有無四句見相等，是名説通相，結勸菩薩應勤修學。」

爾時世尊欲重宣此義，而説偈言：

宗及説通相，緣自與教法，實叉云：「宗趣與言説，自證及教法。」善〔二〕見善分別，不隨諸覺想。此略舉宗説二義，若善分別，則不隨妄覺凡夫。

非有真實性，如愚夫妄想，流支云：「實無外諸法，如凡夫分別。」云何起妄〔三〕想，

〔二〕善，《嘉興藏》、宫内本同，餘本作「若」。
〔三〕妄，《嘉興藏》、宫内本同，餘本作「欲」。

非性爲解脱？《新説》云：「若知諸法非有實性，無可得故，即是解脱如來宗趣。」

觀察諸有爲，生滅等相續，增長於二〔一〕見，顛倒無所知。《新説》云：「明於生滅中，妄計有實，增長有無二見者，是愚夫顛倒，無正知見。」

一是爲真諦，無罪爲涅槃，註云：平等一如爲真諦。○《行法經》云：「一切業障海，皆從妄想生。」〔二〕故註本云：罪者，妄想也；言無妄想，即是涅槃。觀察世妄想，如幻夢芭蕉。《浄名》云：「是身如芭蕉，中無有堅；是身如幻，從顛倒起；是身如夢，爲虚妄見。」〔三〕○《新説》云：「已上明如來宗趣也，言如來有自宗通，故知世法虚妄，悉如幻夢。」

雖〔四〕有貪恚癡，而實無有人，楊云：「皆自起故。」從愛生諸陰，有皆如幻夢。《新説》云：「此頌上『言説相』也。佛言雖有貪恚癡，是虚妄所見故，實無有人也。從渴愛所逼妄生五陰，計此五陰爲有者，如夢所見也。」

〔一〕二，宫内本訛作「一」。
〔二〕見宋曇無蜜多譯《佛説觀普賢菩薩行法經》，一卷。《大正藏》第9册，第393頁中。
〔三〕見後秦鳩摩羅什譯《維摩詰所説經》卷上《方便品》第二，《大正藏》第14册，第539頁中。
〔四〕雖，《石經》本訛作「唯」。

（八）

爾時大慧菩薩白佛言：世尊，惟願爲説不實妄想相。註云：問妄想相。不實妄想云何而生？問妄想云何生。説何等法名不實妄想？問妄想體。於何等法中不實妄想？問妄想起處。

佛告大慧：善哉善哉，能問如來如是之義，多所饒益，多所安樂，哀愍世間一切天人。諦聽諦聽，善思念之，當爲汝説。大慧白佛言：善哉世尊，唯然受教。

佛告大慧：種種義、種種不實妄想，註云：言種種色、聲、香、味、觸，人天諸法義是妄想相。答上問妄想相。計著妄想生。註云：言計著人天等諸法義，故生妄想。答上問妄想云何生。大慧，攝所攝計著，不知自心現量，及墮有無見，增長外道見。註云：不知我我所是自心現量，妄生計著，墮有無見，增長外道四句，是妄想體。答上問妄想體。妄想習氣，計著外種種義，心、心數妄想，計著我我所生〔二〕。上「心」字，是八識心王；下「心數」字，是心法之名數。此數有五十一種，謂遍行五、別境五、善十一、煩惱六、隨煩惱二十、

〔二〕計著我我所生，《資福藏》本作「我我所計著生」。

不定四。心數，或云心所，此五十一種是心所有法，皆屬能緣計著，色等相應起時，造善惡業。

大慧白佛言：世尊，若種種義、種種不實妄想計著，妄想生。攝所攝計著，不知自心現量，及墮有無見，增長外道見。妄想習氣計著外種種義，心心數妄想，我我所計著生。[一]大慧牒上語以難之。

世尊，若如是外種種義相，墮有無相[二]，離性非性，離見相。《新説》云：「謂若如是者，世諦所見外種種義墮有無相，即是性離有無超四句見相。」

世尊，第一義亦如是，離量、根[三]、分、譬[四]、因相。實叉以「量」爲「根量」。○《新説》云：「謂第一義離妄想諸根，及三種量、五分論、譬喻、因相。」

世尊，何故一處妄想不實義種種性計著，妄想生；非計著第一義處相，妄想生？《新説》云：「明世尊何故偏於世諦離有無處，言起妄想；第一義諦離有無處，不言起

[一]「大慧白佛言」至「我我所計著生」，《磧砂藏》、《資福藏》本無。
[二]相，《石經》本作「想」。
[三]根，《高麗藏》、《頻伽藏》、廣勝本作「限」。
[四]譬，《高麗藏》、《頻伽藏》本作「譬喻」。

妄想耶？」將無世尊説邪因論耶〔二〕？流支云：「墮世間論。」實叉云：「所言乖理。」○疑世尊所説爲不正之論。説一生一不生。註云：言世諦與第一義諦，既同離有無，何故一處生妄想，一處不生妄想？成上佛説邪因論。

佛告大慧：非妄想一生一不生。註云：佛言，我非計世諦處生妄想，第一義諦處不生妄想。所以者何？謂有無妄想不生故，外現性非性，覺自心現量，妄想不生。註云：覺有無是自心現量，外現性無實故，不計著世諦處生妄想。大慧，我説餘愚夫自心種種妄想相故，事業在前，種種妄想性相〔三〕計著生。註云：佛言我前説種種不實義計著生妄想者，爲餘愚夫計著事業爲實故，我説種種義不實妄想計著生。

云何愚夫得離我、我所計著見，離作、所作因緣過？註云：愚夫既妄計不實義生妄想，云何能離我我所、作所作妄想因緣過也。覺自妄想心量，身心轉變，究竟明解一切

〔二〕耶，《高麗藏》、《磧砂藏》、《南藏》、《龍藏》、《頻伽藏》本作「邪」。
〔三〕相，《資福藏》本脱，《高麗藏》、《磧砂藏》、《頻伽藏》本訛作「想」。

地如來自覺境界，離五法、自性事見妄想。楊云：「至此又拂五法、自性之跡。」以是因緣故，我説妄想從種種不實[一]義計著生，知如[二]實義，得解脱自心[三]種種妄想。以是因緣故，我説愚夫執著種種不實而生妄想。若能知如實義，即得解脱，滅諸妄想。○註本作「得解脱，息種種妄想」。

爾時世尊欲重宣此義，而説偈言：

諸因及與緣，從此生世間，妄想著四句，不知我所通。註云：妄計因緣中有生，故起有無四句見，不知如來所通，從緣生者是無生。

世間非有生，亦復非無生，不從有無生，亦非非有無。註云：此是有無四句，言世間不從此四句生。

諸因及與緣，云何愚妄想？註云：云何愚夫妄想，計因緣中有生？

非有亦非無，亦復非有無，如是觀世間，心轉得無我。《新説》云：「能如是觀者，

〔一〕不實，《資福藏》、《磧砂藏》本無，當脱。
〔二〕如，《石經》本作「知」。
〔三〕自心，《磧砂藏》、《石經》本作「自」，《高麗藏》、《資福藏》、廣勝本作「息」。

妄心轉滅，得法無我。」

一切性不生，以從緣生故，一切緣所作，所作非自有。註云：從緣生者，無自體故，則知一切法無生。○楊云：「所作皆緣於心。」

事不自生事，有二事過故，無二事過故，非有性可得。實叉云：「果不自生果，有二果失故，無有二果故，非有性可得。」○此言果者，以事法爲果也。故註本云：如粟還自生粟，即有能所過故；既無能生所生過，則無生性可得。

觀諸有爲法，離攀緣所緣，無心之心量，我説爲心量。妄想念慮名攀緣，六塵境界爲所緣，離此二緣，是無心之心量，故爲心量也。

量者自性處，緣性二俱離，性究竟妙浄，我説名心〔一〕量。言量之自性處，由所緣之法，能緣之性，二俱離故。此自性究竟妙浄尚屬表示，故説爲心量也。

施設世諦我，彼則無實事，諸陰陰施設，無事亦復然。實叉云：「施設假名我，而實不可得，諸蘊蘊假名，亦皆無實事。」

〔一〕心，《嘉興藏》本同，餘本作「爲」。

有四種平等，相及因性生，第三無我等，第四修修者。註云：相者，五陰相也，言相非相平等也。因性生者，因果平等也。修，是所修法；修者，是人也，言人與所修法平等也。

妄想習氣轉，有種種心生，境界於外現，是世俗心量。以不了平等故，妄想習氣隨轉。妄想習氣隨轉故，種種心生。種種心生故，境界外現。是爲世俗心量。

外現而非〔一〕有，心見彼種種，建立於身財，我說爲心量。註云：言妄心妄見彼種種生死妄想，建立有五識身財，亦是心量。

離一切諸見，及離想所想，無得亦無生，我說爲心量。

非性非非性，性非性悉離，謂彼心解脫，我說爲心量。

如如與空際，流支、實叉皆云「真如空實際」。涅槃及法界，種種意生身，我說爲心量。註云：對變異故說如如，對有故說空，對妄故說實際，對生死故說涅槃，對六道故說法界，對五陰故說意生身。○《宗鏡》云：「量者，是能緣心，但有對俗說真，因虛立實，斥差別，論平

〔一〕非，《石經》本作「不」。

等，遣異相，建如如，盡是對待得名，破執説教。」〔二〕

（九）

爾時大慧菩薩白佛言：世尊，如世尊所説，菩薩摩訶薩當善語義。云何爲菩薩善語義？云何爲語？云何爲義？註云：因上愚夫知如實義，得解脱自心種種妄想，故舉上菩薩當依於義，莫著言説，故問「云何菩薩善語義」。

佛告大慧：諦聽諦聽，善思念之，當爲汝説。大慧白佛言：善哉世尊，唯然受教。

佛告大慧：云何爲語？謂言字妄想和合，依咽喉、脣舌、齒齗、頰輔，因彼我言説，妄想習氣計著生，是名爲語。此明言説文字等和合所依之處，然後因彼我言説等，計著分别諸法，出諸音聲，是名爲語。

大慧，云何爲義？謂離一切妄想相、言説相，是名爲義〔三〕。

〔二〕見《宗鏡録》卷第八十五，《大正藏》第48册，第884頁中。

〔三〕是名爲義，《石經》本脱。

大慧，菩薩摩訶薩於如是義，獨一静處，聞思修慧，緣自覺了向涅槃城，習氣身轉變已，自覺境界，觀地地中間勝進義相，是名菩薩摩訶薩善義。流支云：「菩薩摩訶薩依聞思修聖智慧力，於空閒處獨坐思惟，云何涅槃、趣涅槃道？觀察内身修行境界，地地處處修行勝相，轉彼無始熏習之因。大慧，是名菩薩善解義相。」〇聞思修慧，名曰三慧。

復次大慧，善語義菩薩摩訶薩，觀語與義非異非不異，觀義與語亦復如是。若語異義者，則不因語辨[二]義，而以語入義，如燈照色。實叉云：「譬如有人，持燈照物，知此物如是，在如是處。」〇註云：因燈見色，而色非燈也。因燈見色，不得言異；而色非燈故，不得言一。以譬因語入義，不得言異；而義非語故，不得言一，故言離異不異。

復次大慧，不生不滅、自性涅槃、三乘、一乘、心、自性等，如緣言説義計著，墮建立及誹謗見。異建立、異妄想，如幻種種妄想現。譬如種種幻，凡愚衆生作異妄想，非聖賢[三]也。實叉云：「大慧，若有於不生不滅、自性涅槃、三乘、一乘、五法、諸心、自

[二] 辨，《高麗藏》、《資福藏》、《嘉興藏》、《龍藏》、廣勝本作「辯」。
[三] 聖賢，《石經》本作「賢聖」。

性等中，如言取義，則墮建立及誹謗見，以異於彼起分別故。如見幻事計以爲實，是愚夫見，非賢聖也。」○《新説》云：「此明若有於不生不滅等染浄諸法中，如言取義，計言説與義一者，名建立計；言説與義異者，名誹謗。」

爾時世尊欲重宣此義，而説偈言：

彼言説〔二〕妄想，建立於諸法，以彼建立故，死墮泥犁中。《新説》云：「言諸愚夫隨言取義建立諸法，以計有法不免惡道，誹謗亦爾。」

陰中無有我，陰非即是我，不如彼妄想，亦復非無我。謂五陰中初無有我，又謂非五陰是我，然亦非如彼愚夫妄想，計爲實無有我。

一切悉有性，如凡愚妄想，若如彼所見，一切應見諦。如凡愚妄想，見一切諸法悉皆有性，若實有性，於一切法應亦見實諦。此明非有性也。

一切法無性，浄穢悉無有，不實如彼見，亦非無所有。一切法性既無，安有染浄？然聖人於一切法，與彼愚夫所見無異，但知其爲不實，非無所有。此明非無性也。

〔二〕説，《嘉興藏》、宮内、廣勝本同，餘本訛作「既」。

（十）

復次大慧，智識相今當說。註云：如來因上菩薩當善語義相，欲明知語者是識、知義者是智，故次明智識相也。若善分別智[一]識相者，汝及諸菩薩則能通達智識之相，疾成[二]阿耨多羅三藐三菩提。

大慧，彼智有三種，謂世間、出世間、出世間上上[三]。

云何世間智？謂一切外道凡夫計著有無。

云何出世間智？謂一切聲聞、緣覺墮自共相希望計著。

云何出世間上上智？謂諸佛菩薩觀無所有法，見不生不滅，離有無品，如[四]如來地，人法無我，緣自得生。謂此智從自得聖境界所生。

大慧，彼生滅者是識，不生不滅者是智。

〔一〕智，《資福藏》、《磧砂藏》本無。
〔二〕成，《嘉興藏》本作「得」。
〔三〕上上，《嘉興藏》、宮內本同，餘本作「上上智」。
〔四〕如，《高麗藏》、《頻伽藏》、廣勝本作「入」，餘本無。

復次，墮相無相，及墮有無種種相因是識，超有無相是智。謂不墮有相無相，及有無相等因也。

復次，長養相是識，謂熏集種子，長養諸法，起現行相也。非長養相是智。自「緣自得生」下，辨識明智，成上世出世等三種智也。

復次，有三種智，謂知生滅，知自共相，知不生不滅。《新説》云：「明如來一智應物有殊也。謂應凡夫知生滅，導二乘知自共相，類菩薩知不生不滅，故復言三種也。」

復次，無礙相是智，境界種種礙相是識。註云：知妄故無礙，計有即有礙。

復次，三事和合生方便相是識，無事方便自性相是智。實叉云：「三和合相應生是識，無礙相應自性相是智。」○《新説》云：「我及根塵三事和合相應生，是識；不藉緣生，不因境起，無礙相應，性自神解，名智。」

復次，得相是識，不得相是智。自「知不生不滅」下，辨識明智，成上「復次有三種智」也。自得聖智境界不出不入故，如水中月。楊云：「自得境界實相如如，不見去來，如水中月，是謂聖智。」

爾時世尊欲重宣此義，而說偈言：

採集業爲識，即前偈「心名採集業」，此以妄心爲識也。不採集爲智，觀察一切法，通達無所有，逮得自在力，是則名爲慧。楊云：「不採爲智，至此發慧。」縛境界爲心，覺想生爲智，無所有及勝，慧則從是生。註云：爲煩惱境界所縛者，爲妄想心；覺煩惱境界從妄想生者，爲智。無所有，八地也。勝，佛地也。○謂八地及佛地之慧，從覺妄想智所生也。

心意及與識，義見首卷「離心意意識」下註。遠離思惟想，得無思想法，佛子非聲聞。八地及佛地之慧發生，知心意諸識虛妄，遠離思惟妄想，得無思惟妄想法，登菩薩地爲佛真子，非聲聞可比，故曰非聲聞也。

寂静勝進忍，如來清浄智，生於善勝義，所行悉遠離。《仁王經》中説有五忍，謂伏、信、順、無生、寂滅，各有下中上品。地前但得伏忍，三品九地如次配次三忍，十地、等覺及佛得寂滅忍，故云「寂静勝進忍，是如來清浄智」也。明佛忍浄智從勝義諦生，妄想心識所行境界皆悉遠離。

我有三種智，聖開發真實。註云：如來隨機説法故，有三種智。言此三種智，正欲開悟衆生，令得真實離言説法。

於彼想[一]思惟，悉攝受諸性；　二乘不相應，智離諸所有，計著於自性，從諸聲聞生；　超度諸心量，如來智清淨。於彼妄想起思惟，攝受諸生滅性者，此世間智也。二乘智慧離諸所有，不與諸生滅相應，然計著自共相性，謂從聲聞生者，此出世間智也。越彼凡愚二乘，世間出世間種種心量，得如來清淨智者，此乃出世間上上智也。蓋總頌上二種三智。

（十一）

復次大慧，外道有九種轉變論，外道轉變見生，所謂：　形處轉變、相轉變、因轉變、成轉變、見轉變、性轉變、緣分明轉變、所作分明轉變、事轉變。大慧，是名九種轉變見。　一切外道因是起有無生轉變論。註云：　人天六道形狀不同，名形處轉變；　五陰相生住異滅，一念不住，名相轉變；　因滅果起，名因轉變；　因所成法壞，名成轉變；　於一法上，始見爲是，後見爲非，名見轉變；　萬物體性轉變，名性轉變；　十二因緣生滅不住，名緣分明轉變；　緣所作果壞，名所作分明轉變；　有爲法滅，名事轉變。　諸外道因是九

[一] 想，廣勝本作「相」。

種轉變，起有無見，生轉變論。

云何形〔一〕處轉變？謂形處異見。譬如金變作諸器物，則有種種形處顯現，非金性變。一切性變亦復如是。《新説》云：「明此形轉變，譬如以金作諸器服，則有種種形狀不同，言有轉變，非金性變也。一切諸法轉變亦爾，妙明真體常住不易，凡夫外道無有知者。」或有外道作如是妄想，乃至事變〔二〕妄想，彼非如非異，妄想故。實叉云：「諸餘外道種種計著，皆非如是，亦非別異，但分別故。」如是一切性轉變，當知如乳酪、酒果等熟。外道轉變妄想，彼亦無有轉變，若有若無自心現，外性非性。《新説》云：「外道妄計一切性轉變非一非異，譬如乳酪酒果等熟也。因乳得酪，不得言異；氣味不同，不得言一，彼實無有，無法可轉變也。言有無法是自心妄現，外性無實故。」○非一，即非如也。

大慧，如是凡愚衆生自妄想修習生〔三〕。大慧，無有法若生若滅，如見幻夢色生。實叉云：「皆是愚迷凡夫從自分別習氣而起，實無一法若生若滅，如因幻夢所見諸色，如

〔一〕形，《石經》本無。
〔二〕變，《高麗藏》、《頻伽藏》本作「轉變」。
〔三〕生，《石經》本脱。

石女兒，說有生死。」

爾時世尊欲重宣此義，而說偈言：

形處時轉變，四大種諸根，中陰漸次生，妄想非明智。實叉以「中陰」作「中有」。○《新説》云：「外道言形處、時節、四大作種諸根轉變，二乘之人計有中陰漸續生陰，悉是妄想。」○中陰，即中有也。《俱舍》云：「死生二有中五蘊，名中有。」[一]

最勝於緣起，非如彼妄想，然世間緣起，如揵[二]闥婆城。《新説》云：「佛知因緣所起法無生，非如彼妄想分別，計因緣中有世間諸法轉變也。但世間從緣起者，如揵闥婆城本不實故。」

（十二）

爾時大慧菩薩復白佛言：世尊，惟願爲説一切法相續義、解脱義。若善分別一切法相續、不相續相，此問一切法相續不相續義，及相續不相續相。言解脱者，即不相續

[一] 見《阿毘達磨俱舍論》卷第八《分別世品》第三之一，《大正藏》第29册，第44頁中。
[二] 揵，《高麗藏》、《龍藏》本作「乾」。

義也。我及諸菩薩善解一切相續巧方便，不墮如所説義計著相續。善於一切諸法相續、不相續相，及離言説文字妄想覺，遊行一切諸佛刹土無量大衆，力自在通〔二〕總持之印〔三〕。種種變化光明照耀，覺慧善入十無盡句，無方便行猶如日月、摩尼、四大。日月之照臨，摩尼之隨色，地水火風之周徧，皆無作也。菩薩無方便行如之。於一切地離自妄想相見，實叉云：「住於諸地，離分別見。」見一切法如幻夢等，入佛地身。於一切衆生界，隨其所應而爲説法，而引導之，悉令安住一切諸法如幻夢等，離有無品及生滅妄想，異言説義，其身轉勝。實叉云：「斷生滅執，不著言説，令轉所依。」〇註云：法身轉勝也。

佛告大慧：善哉善哉，諦聽諦聽，善思念之，當爲汝説。大慧白佛言：唯然受教。

佛告大慧：無量一切諸法，如所説義計著相續，實叉云：「於一切法如言取義，

〔二〕通，《高麗藏》、廣勝本作「神通」。
〔三〕印，《石經》本訛作「市」。

執著深密，其數無量。」所謂：相計著相續，計五陰相。緣計著相續，計十二因緣。性非性計著相續，計有非有。生不生妄想計著相續，滅不滅妄想計著相續，乘非乘妄想計著相續，有爲無爲妄想計著相續，地地自相妄想計著相續，於地地計自起，如無階級中立階級。自妄想無間妄想計著相續，計自妄想無間。有無品外道依妄想計著相續，外道計有無品爲宗。三乘一乘無間妄想計著相續。計三乘與一乘無間。

復次〔一〕大慧，此及餘凡愚衆生，自妄想相續，註云：此，外道也。言外道及凡愚衆生自妄想故，説有相續。以此相續故，凡愚妄想〔二〕如蠶作繭，以妄想絲自纏纏他，有無有〔三〕相續相計著。註云：計有無起相續相。

復次大慧，彼中亦無相續及不〔四〕相續相，見一切法寂静。妄想不生故，菩薩摩訶薩見一切法寂静。

〔一〕復次，《石經》本脱。
〔二〕想，原作「相」，據《高麗藏》、《龍藏》本改。
〔三〕有，《高麗藏》、《資福藏》、《磧砂藏》、《龍藏》本無。
〔四〕及不，《磧砂藏》、宫内、廣勝本作「及」，《龍藏》本作「不」。

復次大慧，覺外性非性，自心現相無所有，楊云：「菩薩當覺外性非本有性，惟自心現，亦本無有。」隨順〔一〕觀察自心現量，有無一切性無相，見相續寂靜故，於一切法無相續、不相續相。楊云：「以見分別有無故，名相續；以見諸法寂靜故，名不相續，菩薩於此悉無是相。」

復次大慧，彼中〔二〕無有若縛若解，餘墮不如〔三〕實覺知，有縛有解。註云：明至理無縛無解，餘愚夫墮不如實妄想覺知，故有縛有解。所以者何？謂於一切法有、無有，無衆生可得故。實叉云：「一切諸法若有若無，求其體性不可得故。」

復次大慧，愚夫有三相續，謂貪恚癡，及愛未來有，喜愛俱。註云：愚夫現在三毒與未來喜愛俱，故有相續。以此相續故，有趣相續。彼相續者，續五趣。實叉云：「令諸衆生續生五趣。」大慧，相續斷者，無有相續不相續相。

復次大慧，三和合緣作方便計著，識相續無間生，註云：外道妄計三緣發識，造作

〔一〕順，《龍藏》本訛作「顯」。
〔二〕中，《石經》本無。
〔三〕如，《石經》本脱。

諸業故，生死諸陰相續不絶。方便計著，則有相續。三和合緣識斷，見三解脫，一切相續不生。註云：計著三緣方便，則有相續；三緣識斷，一切相續不生，則見三解脫門。

爾時世尊欲重宣此義，而說偈言：

不真實妄想，是說相續相，若知彼真實，相續網則斷。註云：謂不實妄想故，說有相續相；若了真實，解脫尚無，相續網豈有？

於諸性無知，隨言說攝受，譬如彼蠶蟲，結網而自纏，實叉云：「譬如蠶處繭，妄想自纏縛。」愚夫妄想縛，相續不觀察。註云：愚夫不知諸性無實，隨方便言說攝受計著，不觀察相續是虛妄，爲妄想所纏。

（十三）

大慧復白佛言：如世尊所說，以彼彼妄想，妄想彼彼性，非有彼自性，但妄想自性耳。實叉云：「如世尊說，由種種心分別諸法，非諸法有自性，此[一]但妄計耳。」○以彼彼

[一] 此，原脱，據唐譯本補。

妄想分别諸法，則知妄想彼彼性，彼非有性，但妄想計有自性耳。

世尊[一]，若但妄想自性，非性自性相待[二]者，非爲世尊如是説煩惱、清浄無性過耶？ 一切法妄想自性非性故。流支云：「世尊，若唯自心分别，非彼法相者，如世尊説，一切諸法應無染浄。何以故？ 如來説言一切諸法妄分别見，無實體故。」〇大慧謂：若但妄想自性，非與性自性相爲對待者，是無諸法之性；豈非是世尊所説衆生染習煩惱、如來清浄涅槃，一切無性爲過？ 以一切法妄想自性非有性故，成上如來説無性過也。

佛告大慧：如是如是，如汝所説。大慧，非如愚夫性自性妄想真實。愚夫於性自性，計妄想以爲真實，故言「非如」。此妄想自性，非有性自性相然。實叉云：「此但妄執，無有性相。」大慧，如聖智有性自性，聖知聖見聖慧眼，如是性自性知。已上答大慧所問煩惱、清浄無性之過，即以聖智、聖知、聖見、聖慧眼，明如實性自性，非同凡愚妄想自性也。

大慧白佛言：若使如聖，以聖知、聖見、聖慧眼，非天眼、非肉眼，性自性如是

[一] 世尊，《嘉興藏》本同，餘本作「大慧白佛言：世尊」。
[二] 待，《石經》本訛作「侍」。

知，非如愚夫妄想。流支云：「如諸聖人等，依聖智、依聖見、依聖慧眼，非肉眼、天眼，覺知一切諸法體相無如是相，非如凡夫虛妄分别。」○自此下，至「而説聖智自性事」文，起五難。依《新説》：一凡聖各别難。

世尊，云何愚夫離是妄想，不覺聖性事故？問：云何愚夫離是妄想分别境界，竟不能覺知聖性智事？○二非倒不倒難。

世尊，彼亦非顛倒、非不顛倒。所以者何？謂不覺聖事性自性故，不見離有無相故。謂其非顛倒者，不覺聖事性自性故；謂其非不顛倒者，不見離有無相故。○三明聖同凡倒難。

世尊，聖亦不如是見，如事[二]妄想，不以自相境界爲境界故。聖於諸法亦不作顛倒不顛倒見。如凡愚計著有無事相妄想，聖人若以妄想爲妄想，以自覺相境界爲境界，則成認著，所以言「不以」也。

世尊，彼亦性自性相，妄想自性如是現，不説因無因故，謂墮性相見故。流支

[二] 事，《高麗藏》、《磧砂藏》、《頻伽藏》本作「是」。

云：「彼諸聖人見有法體，分別法相，以世尊不説有因、不説無因。何以故？以墮有法相故。」○註云：聖人亦有真實性自性相，如凡愚妄想自性現。○《新説》云：「此正立難也。」異境界，非如彼等，如是無窮過。世尊，不覺性自性相故。《新説》云：「此重釋成也。」○異境界者，具言三界凡夫異趣境界也。若異境界凡夫，非如彼等聖人，是凡乖於聖；若聖人非如彼等異境界凡夫，是聖違於凡。如是則有無窮之過，由不能覺知性自性相故。○四明凡境非妄難。

世尊，亦非妄想自性因，性自性相，彼云何妄想非妄想，如實知妄想？實叉云：「諸法性相不因分別，云何而言以分別故而有諸法？」○此妄想自性，非因性自性相而有，彼聖人云何以妄想爲非妄者？爲如實知妄想爲不實也。

世尊，妄想異，流支、實叉於「異」上，並有「相」字。自性相異。世尊，不相似因，妄想自性相[二]。彼云何各各不妄想，而[三]愚夫不如實知？幻夢妄想、諸法自性二相之因各異，故曰「不相似因」。此不相似因妄想自性相，彼聖人云何各各不妄想？以如實知妄想故。

[二] 相，廣勝本作「想」。
[三] 而，《嘉興藏》本同，餘本無。

而愚夫不如實知，故不離妄想。然爲衆生離妄想故，說如妄想相不如實有。註云：然爲令愚夫離不如實妄想故，說諸法如幻夢妄想相不如實有。○五明聖墮有見難。

世尊，何故遮衆生有無有見[一]事自性計著，聖智所行境界計著，墮有見？言世尊何故令彼凡夫離有、無見，及計著事自性，而自計著聖智所行境界？墮於有見，即是如來說有也。說空法非性，而說聖智自性事？實叉云：「何以故不說寂靜空無之法，而說聖智自性事故？」○註云：說一切法空無，實即是如來說無也。說聖智知有真實自性事，即是如來說事也。如來自說有、說無、說事，何故遮衆生說有、說無、說事乎？○《新說》云：「佛上又言分別法性非如是有，是墮無見。此難聖人亦墮有無也。」

佛告大慧：非我說空法非性，亦不墮有見，說聖智自性事，然爲令衆生離恐怖句故。自此下至「離有無事見相」，總答前五難也。○註云：衆生計著於有無，若聞說諸法如幻，則生斷滅恐怖，是故如來方便爲說有聖智自性事。衆生無始以[二]來，計著性自性相，聖智事自性計著相見，說空法。註云：衆生無始以來計著有無自性相故，於聖智事離有

〔一〕有無有見，《高麗藏》、《頻伽藏》本作「有無見」，《普寧藏》本訛作「有無有是」。
〔二〕以，《高麗藏》本作「已」。

無處計著相見。爲此衆生故，説諸法空除其執著，故不墮無過。

大慧，我不説性自性相[一]。繳[二]所説聖智空法，皆爲衆生故，我不自説性自性相也。

大慧，但我住自得如實空法，離惑亂相見，離自心現性非性見，得三解脱，如實印所印，於性自性得緣自覺觀察住，離有無事見相。謂我不説性自性相，但住自得如實空法，離惑亂相見，及自心現有無性見，故得三空智，獲如實印，於性自性自覺觀察，離有無事見相故。

（十四）

復次大慧，自此下至「一切法無自性不應立宗」，文有六節，以破立不生宗情執。○依《新説》：一法本不生破。一切法不生者，菩薩摩訶薩不應立是宗。所以者何？謂宗一切性非性故，及彼因生相故。楊云：「謂法不生，則是於一切性有非性之見，因有生對，方立不生之宗。」○二因待生法破。

[一] 相，《石經》本脱。
[二] 繳，疑爲「總」字。

說一切法不生宗，彼宗則壞。彼宗一切法不生，彼宗壞者，以宗有待而生故。註云：若立不生宗，即自壞不生義。又徵自壞不生義者，以所立不生宗，要因待生法，故說不生宗不生。若因他生法說，即是自壞不生義。故《中論》云：「若法爲待成，是法還成待。」〔二〕〇三責同諸法破。

又彼宗不生，入一切法故，註云：又彼不生宗，即入一切法數中。一切法者，生不生、一異、常無常等法也。言若立不生宗，即入此一切法數，故不得立不生宗也。不壞相不生故，立一切法不生宗者，彼說則壞。楊云：「不壞真相本自不生，今乃建立是宗而入一切法，則彼建立何爲不壞？」〇四假五分成墮有無破。

大慧，有無不生宗，彼宗入一切性〔三〕，有無相不可得。實叉云：「又彼宗諸分而成故，又彼宗有無法皆不生，此宗即入一切法中，有無相亦不生故。」〇就有無上立不生宗，則入一切有無之性；有無性相既不可得，却於何處立有無不生宗也。〇五立宗多過破。

大慧，若使彼宗不生，一切性不生而立宗，如是彼宗壞，以有無性相不生故，

〔二〕文字小異。爲，原文作「因」。見《中論》卷第二，《大正藏》第30册，第15頁中。
〔三〕性，《高麗藏》、《龍藏》本作「法」，廣勝本作「法性」。

不應立宗。若使彼宗不生，以一切性不生而立宗者，彼宗則壞，謂有無性相本自不生故，不應更立不生爲宗。

五分論多過故，五分論，義見前註，指宗因喻三過也。一宗有九過，二因有十四過，三同喻有五過，别喻有五過，共三十三過。宗九者：曰現量相違、聖教相違、世間相違、比量相違、自語相違、相符極成、能别不極成、所别不極成、俱别不極成。因十四者：一偏是宗法性，於此初相有四不成，曰隨一不成、所依不成、兩俱不成、猶豫不成。後二相共十過：有六不定，曰同分異全不定、異分同全不定、俱品一分轉不定、共不定、不共不定、決定相違不定；有四相違，曰法自相相違、法差别相違、有法自相相違、有法差别相違。三同喻五者，曰所立不成、能立不成、俱不成、無合、倒合。别喻五者：能立不遣、所立不遣、俱不遣、不離、倒離。註本謂：於五分論上，更立論宗爲多過者，非義。展轉因異相故，及爲作故，不應立宗分。言五分論多過，展轉因於相違不成、不定、不遣等異相，及有爲有作法故，不應立其宗分。○六相望准例破。

謂一切法不生，如是一切法空，如是一切法無自性，不應立宗。謂法不生、法空、法無自性，皆不應立宗。

大慧，然菩薩摩訶薩説一切法如幻夢[一]，現不現相故，上破不應立宗，此語菩薩應説一切諸法性同幻夢。如幻夢現故，生不成生也；幻夢不現故，不生不成不生也。及見覺過故，流支云：「以諸法相迷惑見智故。」〇智既迷惑，而於見聞覺知不無過咎。當説一切法如幻夢性，除爲愚夫離恐怖句故。菩薩當説一切法如幻夢性，不當立一切法不生宗，除爲愚夫不得已而説一切法不生也。

大慧，愚夫墮有無見，莫令彼恐怖，遠離摩訶衍。流支云：「以凡夫聞如幻如夢生驚怖故，遠離大乘。」〇此重囑菩薩當隨機開導之意。

爾時世尊欲重宣此義，而説偈言[二]：

無自性無説，無事無相續，彼愚夫妄想，如死屍惡覺。言一切法初無自性，離言説相，亦無事法而爲相續，愚夫妄起惡覺知見，其計執如同死尸故。實叉云：「惡覺如死屍。」

一切法不生，非彼外道宗，至竟無所生，性緣所成就。佛説一切法本自不生，非彼

[一] 幻夢，《高麗藏》、《資福藏》、《頻伽藏》本作「幻夢性」。

[二] 言，《高麗藏》、《資福藏》、廣勝本作「曰」。

外道妄計爲宗，諸法至竟無所生，以一切性從緣所成就故。

一切法不生，慧者不作想，彼宗因生故，覺者悉除滅。註云：慧者知諸法體不生故，不作不生想；彼不生宗因生相而立故，覺者悉除滅之。

譬如翳目視，妄見垂髮相，計著性亦然，愚夫邪妄想。謂妄想計有諸法者，譬如翳目見毛輪、垂髮也。

施設於三有，無有事自性，施設〔二〕事自性，思惟起妄想。

相事設言教，意亂極震掉〔三〕，佛子能超出，遠離諸妄想。實叉云：「三有唯假名，無有實法體，由此假施設，分別妄計度。假名諸事相，動亂於心識，佛子悉超過，遊行無分別。」〇《新説》云：「言三界有無生死諸法，但有假名，而無實義。愚夫不達聖人方便言教是假施設，由此分別妄想計度名言事相以爲實有，惑亂心識。佛子菩薩能知如來方便言説，無可計度，超過情量所行境界，無有分別。」

〔二〕設，底本誤作「説」，據《高麗藏》、《龍藏》本改。
〔三〕掉，《石經》本作「恌」。

非水水想〔一〕受流支、實叉並云：「無水取水相。」斯從渴愛生，愚夫如是惑，聖見則不然。《新説》云：「由渴愛故，無水處妄作水想，以譬愚夫由癡愛故，無生〔二〕滅有無處，妄作生滅有無想。」

聖人見清淨，三脱三昧生，遠離於生滅〔三〕，遊行無所有〔四〕。修行無所有，亦無性非性，性非性平等，從是生聖果。實叉云：「常行無相境，修行無相境，亦復無有無，有無悉平等，是故生聖果。」○新説云：「言三解脱從聖人清淨知見生也。遠離生滅常行無相境者，亦無有無一異等法也。由此有無平等，悟諸法實相，是故能生聖人果也。○無所有處，即無相境也。」

云何性非性？云何爲平等？謂彼心不知，内外極漂動；若能壞彼者，心則平等見。佛自徵問何者性非性？何者爲平等？謂彼愚夫不達諸法虚妄，計著有無，故内

〔一〕想，《高麗藏》、《磧砂藏》、《頻伽藏》、廣勝本作「相」。
〔二〕生，原作「水」，據《新説》改。
〔三〕滅，《嘉興藏》、石經、宫内本同，餘本作「死」。
〔四〕有，《嘉興藏》、《石經》本同，餘本作「畏」。

外漂動；若能了知有無妄想，滅彼内外漂動之相，則心見自然平等矣。

（十五）

爾時大慧菩薩復[一]白佛言：世尊，如世尊說，如攀緣事智慧不得，流支云：「如世尊說，智慧觀察不能見前境界諸法。」〇謂觀察前境，智不得於所緣之事也。是施設量建立施設。註云：言前境界，是妄想量施設建立。所攝受非性，攝受亦非性，以無攝故，智則不生，唯施設名耳。流支云：「無法可取，亦無能取，是故智亦不能分别而取。」〇註云：言一切法唯妄想施設名字，無有實體。

云何世尊，爲不覺性自相共相異不異故，智不得耶？流支云：「智不能知。」下類此。爲自相共相種種性自性相隱蔽故，智不得耶？爲山巖、石壁、地水火風障故，智不得耶？爲極遠極近故，智不得耶？爲老小盲冥諸根不具故，智不得耶？上五節文，是大慧疑辭，下皆躡前語而質之。

〔一〕復，《嘉興藏》本同，餘本無。

世尊，若不覺自共相異不異智不得者，不應説智，應説無智，以有事不得[二]故。實叉云：「此不名智，應是無智，以有境界而不知故。」

若復種種自共相性自性相隱蔽故，智不得者，彼亦無智，非是智。世尊，有爾燄故智生，非無性會爾燄故，名爲智。實叉云：「此亦非智，以知於境説名爲智，非不知故。」〇謂有所知故則智生，非無能知之性會合所知之境故名爲智。

若山巖、石壁、地水火風，極遠極近，老小盲冥諸根不具，智不得者，此亦非智，應是無智，以有事不可得故。實叉云：「彼亦非智，以有境界智不具足而不知故。」

佛告大慧：不如是無智，應是智，非非智。佛意云：豈可謂不得前境便爲無智，應知此實是智，非無智也。此破大慧説無智及非智之疑。

我不如是隱覆説攀緣事智慧不得，是施設量建立。註云：佛言我不如是説，有前境迭相隱覆故，智慧不得；若計有前境迭相隱覆故，智慧不得者，是妄想施設量建立也。

[二] 不得，《高麗藏》、《頻伽藏》本作「不可得」。

覺自心現量，有無有外性非性，知〔一〕而事不得。不得故，智於爾燄不生，順三解脱，智亦不得。實叉云：「以了但是自心所見外法有無，智慧於中畢竟無得，以無得故爾燄不起，入三脱門，智體亦忘。」○事，即攀緣事也。智既不得於事，則所知不生。

非妄想者，無始性非性虛僞習智作如是知，是知彼不知。智體亦忘處，非妄想愚夫作如是知；作如是知處，彼愚不知。

故於外事處所相性無性〔二〕，妄想不斷。彼愚夫不知智體之忘故，於外境界形相有無，妄想分别相續不斷。○流支以「外事處所」作「外境界」。○實叉作「外法」。

自心現〔三〕量建立，説我我所相攝受計著，不覺自心現量，於智、爾燄而起妄想。妄想故，外性非性觀察不得，依於斷見。愚夫於自心現量建立計著，不覺我我所攝受是自心現量，於智爾燄而起妄想。由妄想有無觀察不可得故，則依於斷見。

爾時世尊欲重宣此義，而説偈言：

〔一〕知，《高麗藏》、《頻伽藏》、廣勝本作「智」。
〔二〕無性，《高麗藏》、《頻伽藏》本作「作無性」，「作」字衍。
〔三〕現，《高麗藏》、《嘉興藏》、廣勝本同，餘本無。

有諸攀緣事，智慧不觀察，此無智非智，是妄想者說。計有境界諸攀緣事，不能觀察爲無智非智，是妄想愚夫作是說也。

於不異相[一]性，智慧不觀察，頌上「不覺性自相共相異不異故」等文。障礙及遠近，頌上「山巖石壁，極遠極近」等文。是名爲邪智。結頌上大慧「無智非智」之問爲邪智也。

老小諸根冥，而智慧不生，而實有爾焰，是亦說邪智。此四句頌上「老小盲冥」等文，及通結大慧所問爲邪智，故言「亦說」。

（十六）

復次大慧，愚癡凡夫無始虛僞惡邪妄想之所回轉，回轉時，自宗通及說通不善了知，謂被惡邪妄想所轉故，自宗說二通不善了知。著自心現外性相故，著方便說，於自宗四句清淨通相不善分別。謂其執文遺旨，未能得意忘言，以計著性相，執方便言說，於離四句自宗通法，不善分別。

[一] 相，《普寧藏》本訛作「根」。

大慧白佛言：誠如尊教。惟願世尊爲我分別説通及宗通，我及餘菩薩摩訶薩善於二通，來世凡夫、聲聞、緣覺不得其短。宗説既通，行解相應，無復過失，故凡夫二乘求其短隙不可得也。

佛告大慧：善哉善哉，諦聽諦聽，善思念之，當爲汝説。大慧白佛言：唯然受教。

佛告大慧：三世如來有二種法通，謂説通及自宗通。

説通者，謂隨衆生心之所應，爲説種種衆具契經，是名説通。梵語修多羅，此云契經，謂契理契機也。衆具者，摭華云契理，則合於二諦；契機，則符彼三根。

自宗通者，謂修行者離自心現種種妄想，謂不墮一異俱不俱品，超度一切心意意識，實叉於此有「於」字。自覺聖境界〔二〕，離因成見〔三〕相，流支、實叉並云：「離諸因緣相應見相。」一切外道、聲聞、緣覺墮二邊者所不能知，謂墮有墮無，及斷常一異等。下

〔二〕境界，《嘉興藏》本同，餘本作「境」。

〔三〕見，《普寧藏》本作「是」，當誤。

文如之。我説是名自宗通法。

大慧，是名自宗通及説通相，汝及餘菩薩摩訶薩應當修學。宗説二通前文已明，今再説者，蓋有以也。前約三乘，則先宗後説；此約一乘，則先説後宗。機感有殊，故非重也。

爾時世尊欲重宣此義，而説偈言：

我謂〔一〕二種通，宗通及言説，説者授童蒙，《新説》云：「凡愚無知如童蒙。」宗爲修行者。即修行如實行者。

（十七）

爾時大慧菩薩白佛言：世尊，如世尊一時説言，世間諸論種種辯説，慎勿習近，流支、實叉以「世間諸論」作「盧伽耶陀」，此翻左世，亦云惡論，即外道論也。若習近者，攝受貪欲，不攝受法。流支云：「彼人但攝受欲食，不攝法食。」世尊何故作如是説？

〔一〕我謂，《高麗藏》、《頻伽藏》、廣勝本作「謂我」。

佛告大慧：世間言論種種句味，因緣、譬喻採集[一]莊嚴，誘引誑惑愚癡凡夫，不入真實自通，不[二]覺一切法妄想顛倒，墮於二邊。凡愚癡惑而自破壞，諸趣相續不得解脱，實叉云：「盧伽耶陀所有詞論，但飾文句誑惑凡愚，隨順世間虛妄言説，不如於義，不稱於理，不能證入真實境界，不能覺了一切諸法，恒墮二邊，自失正道，亦令他失，輪迴諸趣，永不出離。」不能覺知自心現量，不離外性自性妄想計著。

是故世間言論種種辯説，不脱生老病死、憂悲苦惱，誑惑迷亂。

大慧，釋提桓因廣解衆論，自造聲論。釋提桓因，具云釋迦提婆因陀羅，略云帝釋，蓋華梵雙舉也。彼世論者有一弟子，持龍形像，詣釋天宮，建立論宗，要壞帝釋千輻之輪。隨我不如，斷一一頭，以謝所屈。作是要已，即以釋法，摧伏帝釋。流支、實叉並以「釋法」作「論法」。釋墮負處，即壞其車[三]，還來人間。

如是大慧，世間言論因譬莊嚴，即上「因緣、譬喻採集莊嚴」也。下皆如之。乃至畜

[一] 採集，《高麗藏》、《頻伽藏》、廣勝本訛作「採習」。
[二] 不，《石經》本脱。
[三] 車，《高麗藏》、《頻伽藏》、廣勝本作「輪」。

生，流支云：「乃至現畜生身。」亦能以種種句味，惑彼諸天及阿修羅著生滅見，而況於人？

是故大慧，世間言論應當遠離，以能招致苦生因故，慎勿習近。大慧，世論者，唯説身覺境界而已。《新説》云：「明世論言説，唯説此生見聞覺知虚妄境界。」

大慧，彼世論者乃有百千，實叉於此有「字句」二字。但於後時後五十〔二〕年，當破壞結集，此讖佛法於季世中夷滅之時。惡覺因見盛故，惡弟子受。外道雖有多種，然不離二因、五見。二因者，謂無因、邪因。五見者，謂十使煩惱中五利使也。以所見顛倒，故曰惡覺。有是師，則有是資也。

如是大慧，世論破壞結集，種種句味因譬莊嚴，説外道事，著自因緣，無有自通。智不外得曰自，理無疑礙曰通。實叉云：「非如實法者，有執著故也。」

大慧，彼諸外道無自通論，於餘世論，廣説無量百千事門，無有自通，亦不自知愚癡世論。不自知是愚癡世俗之論。

〔二〕十，《資福藏》本作「百」。

爾時大慧白佛言：世尊，若外道世論，種種句味因譬莊嚴，無有自通，自事計著者，牒上外道事著自因緣爲問。世尊亦說世論，爲種種異方諸來會衆，天、人、阿修羅廣説無量種種句味，亦非自通耶？疑佛所說法，同於世論，亦非如實法也。亦入一切外道智慧言說數耶？又疑佛所說法，亦入外道聰慧辯說妄想數中也。

佛告大慧：我不說世論，亦無來去，唯說不來不去。大慧，來者趣聚會生，去者散壞，緣會而生，緣散而滅。不來不去者是不生不滅。我所說義[一]，不墮世論妄想數中。所以者何？謂不計著[二]外性非性，自心現處，二邊妄想所不能轉，相境非性，覺自心現，則自心現妄想不生。妄想不生者，空、無相、無作，入三脫門，名爲解脫。

大慧，我念一時，於一處住，有世論婆羅門，具云婆羅賀磨拏，此云淨裔，自稱祖自梵天口生，因從梵姓，諸經中梵志即同此名，唯五天竺有，餘國無之。又云外意，其種別有經書

[一] 義，《嘉興藏》、宫内本同，餘本無。
[二] 著，《高麗藏》、《頻伽藏》本訛作「者」。

世承爲業，或在家或出家，恃術倨傲，亦云浄行。來詣我所，不請空閒，註云：以無我爲空閒。〇外道宗我爲神我故，不請佛言無我也。便問我言：瞿曇，一切所作耶？我時報[一]言：婆羅門，一切所作，是初世論。

彼復問言：一切非所作耶？我復報言：一切非所作，是第二世論。

彼復問言：一切常耶？一切無常耶？一切生耶？一切不生耶？我時報言：是六世論。

大慧，彼復問我言：一切一耶？一切異耶？一切俱耶？一切不俱耶？一切因種種受生現耶？謂一切法因種種受生而顯現耶。我時報言：是十一世論。《新説》云：「如來舉其昔事，廣明世論言一切法梵天等作也。以先問，故答言初世論。再問，故答言二世。後四，合明爲六。又以前六後五爲十一也。」

大慧，彼復問言：一切[二]無記耶？一切記[三]耶？有我耶？無我耶？有此

[一] 報，《高麗藏》、《龍藏》、《廣勝》本作「答」。
[二] 切，原作「如」，據《高麗藏》、《龍藏》本改。
[三] 記，《高麗藏》、《頻伽藏》本作「有記」。

世耶？無此世耶？有他世耶？無他世耶？有解脱耶？無解脱耶？一切刹那耶？一切不刹那耶？虚空耶？非數滅耶？實叉以「數」爲「擇」。涅槃耶？瞿曇，作耶？非作耶？有中陰耶？無中陰耶？

大慧，我時報言：婆羅門，如是説者，悉是世論，非我所説，是汝世論。我唯説無始虚僞妄想習氣，種種諸惡，三有之因，不能覺知自心現量而生妄想，攀緣外性。

如外道法，我、諸根、義三合知[一]生。實叉云：「我及根境三，和合知生。」〇外道謂根、境、我三義和合故則知生。知，即識也。

我不如是。婆羅門！我不説因，不説無因，唯説妄想攝所攝性，施設緣起，非汝及[二]餘墮受我[三]相續者，所能覺知。實叉云：「非汝及餘取著我者之所能測。」〇相續，即妄想義。

[一] 知，《高麗藏》、《龍藏》、廣勝本作「智」。
[二] 及，《嘉興藏》、宮内本同，餘本作「所及」，「所」字衍。
[三] 我，《普寧藏》、《南藏》、《龍藏》本作「我見」。

大慧，涅槃、虛空、滅非有三種，但數有三耳。實叉云：「虛空、涅槃及非擇滅，但有三數，本無體性，何況而説作與非作。」

復次大慧，爾時世論婆羅門，復問我言：癡愛〔二〕業因故，有三有耶？爲無因耶？我時報言：此二者，亦是世論耳。

彼復問言：一切性皆入自共相耶？我復報言：此亦世論。婆羅門，乃至意流妄計外塵，實叉云：「乃至少有心識流動，分別外境。」皆〔三〕是世論。

復次大慧，爾時世論婆羅門，復問我言：頗有非世論者不？我是一切外道之宗，説種種句味，因緣譬喻莊嚴。我復報言：婆羅門，有！非汝有者。非爲、非宗、非説，非不説種種句味，非不因譬莊嚴。世尊曰「有！非汝有者」，恐世論與非世論漫而不分故也。曰「非爲、非宗、非説」者，謂雖非作爲、非所宗、非言説，然亦不墮空見，故曰亦非不説種種章句譬喻等也。

〔二〕愛，原作「受」，據《高麗藏》、《龍藏》本改。
〔三〕皆，原作「此」，據《高麗藏》、《龍藏》本改。

婆羅門言：何等爲非世論，非非宗，非非説？婆羅門躡前如來所答而問。我時報言：婆羅門，有非世論，汝諸外道所不能知，以於[一]外性不實妄想虚僞計著故。以彼計著不實妄想故，不能知有非世之論。此一節答文有二義，謂先以「不知」定其是非，次以「非論」顯其真妄，故下文云云。謂妄想不生，覺了有無自心現量，妄想不生，不受外塵，妄想永息，是名非世論。此是我法，非汝有也。

婆羅門，略説彼識，指世論者之妄識也。若來若去，若死若生，若樂若苦，若溺若見，若觸若著種種相，若和合相續，若愛[二]若因計著，實叉於「因」下，有「而生」二字。婆羅門，如是比者[三]，是汝等世論，非是我有。自「略説」下，比類諸法皆世論也。

大慧，世論婆羅門作如是問，我如是答，彼即默然，不辭而退，婆羅門曰「我是一切外道所宗」，讀其言，知其自負不淺，既所論不勝，則有赧色，故默然不辭而退。思自通處，

[一] 於，《龍藏》本作「爲」，當誤。
[二] 愛，《高麗藏》、《龍藏》、廣勝本作「受」。
[三] 比者，《資福藏》、《龍藏》、《頻伽藏》、宫内、廣勝本作「比皆」，《高麗藏》本作「等比者」。

作是念言：沙門釋子，出於通外，思執己解爲自通處，謂佛所說之法，出其所見之外。此一節文意，流支、實叉所敘不同。說無生、無相、無因，覺自妄想現相〔一〕，妄想不生。婆羅門敘佛所勝之法。

大慧，此即是汝向所問我，何故說習近世論種種辯〔二〕說，攝受貪欲，不攝受法。此舉昔答婆羅門義，結酬大慧所請。

大慧白佛言：世尊，攝受貪欲及法，有何句義？佛告大慧：善哉善哉，汝乃能爲未來衆生，思惟諮問如是句義。諦聽諦聽，善思念之，當爲汝說。大慧白佛言：唯然受教。

佛告大慧：所謂貪者，若取若捨，若觸若味〔三〕，繫著外塵，墮二邊見，復生苦〔四〕陰，生老病死，憂悲苦惱。如是諸患皆從愛起，斯由習近世論及〔五〕世論者，謂婆羅

〔一〕相，《高麗藏》、《資福藏》、《磧砂藏》、《龍藏》、廣勝本無。
〔二〕辯，原作「辨」，據《高麗藏》、《龍藏》本改。
〔三〕味，《嘉興藏》本訛作「未」。
〔四〕苦，原作「若」，據《高麗藏》、《龍藏》本改。
〔五〕及，《普寧藏》本訛作「人」。

門。我及諸佛説名爲貪。是名攝受貪欲，不攝受法。

大慧，云何攝受法？謂善覺知自心現量，見人無我及法無我相，妄想不生；善知上上〔二〕地，離心意意識，一切諸佛智慧灌頂，具足攝受十無盡句，於一切法無開〔三〕發自在，即首卷中「無開發行，自心自在」也是名爲法。所謂不墮一切見、一切虛僞、一切妄想、一切性、一切二邊。

大慧，多有外道癡人墮於二邊，若常若斷，非黠慧者。受無因論，則起常見；外因壞，因緣非性，則起斷見。言無黠慧者，受此無因論，計四大不從因生，則起常見；或計造色外因壞滅，不復更生，因緣之性亦無，則起斷見。大慧，我不見生住滅故，説名爲法。

大慧，是名貪欲及法，汝及餘菩薩摩訶薩應當修學。

爾時世尊欲重宣此義，而説偈言：

〔二〕上上，《高麗藏》、《資福藏》、《磧砂藏》、《頻伽藏》本訛作「上下」。
〔三〕開，《石經》本作「明」。

一切世間論，外道虛妄說，妄見作所作，彼則無自宗。實叉云：「不能自成立。」〇《新說》云：「言梵天等爲能作，一切諸法爲所作，妄計能所。如來法身真實自宗，彼不能成。」

唯我一自宗，離於作所作，爲諸弟子說，遠離諸世論。彼以作所作故，無自宗；此以一心爲自宗故，離作所作也。爲弟子說，令離世論。

心量不可見，不觀察二心，攝所攝非性，斷常二俱離。

乃至心流轉，是則爲世論，妄想不轉者，是人見自心。心量無有實，故不可見。外道由此不能觀察有無二心，與攝所攝法本無有性，俱離斷常，乃至心識流轉妄計外塵，是爲世論。能不爲妄想所轉者，則見自本心矣。

來者謂事生，去者事不現，明了知去來，妄想不復生。

有常及無常，所作無所作，此世他世等，斯皆世論通。《新說》云：「上四偈略頌長行世論計執，如文可知。」

（十八）

爾時大慧菩薩[一]復白佛言：世尊，所言涅槃者，説[二]何等法名爲涅槃，而諸外道各起妄想？因上佛謂大慧曰「涅槃、虚空、滅非有三種，但數有三耳」，故舉如來説何法以爲涅槃，而諸外道各妄分别起涅槃見。

佛告大慧：諦聽諦聽，善思念之，當爲汝説。如諸外道妄想涅槃，非彼妄想隨順涅槃。實叉云：「如諸外道分别涅槃，皆不隨順涅槃之相。」大慧白佛言：唯然受教。

佛告大慧：或有外道，陰界入滅，境界離欲，註云：外道言五陰身寂滅，離五欲境界。見法無常，註云：作無常觀。心心法品不生，不念去來現在境界，執心心數法不生爲定，故不繫念於三世境界。諸受陰盡，如燈火滅，如種子壞，妄想不生，斯等於此作涅槃想。實叉云：「如燈盡，如種敗，如火滅，諸取不起，分别不生，作涅槃想。」大慧，非以

[一] 菩薩，《石經》本脱。
[二] 説，《嘉興藏》本同，餘本作「爲」。

見壞名爲涅槃。外道見者，法壞滅爲涅槃，如來破彼所計，故曰非也。

大慧，或以從方至方，名爲解脱實叉作「涅槃」，下二「解脱」同，境界想滅，猶如風止。楊云：「從方至方，謂無有異趣，境界之想雖滅，而想性不滅，如風暫止。」

或復以覺所覺見壞，名爲解脱。或見常無常，作解脱想。外道或計能覺所覺之見壞滅，名爲解脱。或見常無常不起分別，作解脱想。

或見種種相想，招致苦生因，思惟是已，不善覺知自心現量，流支云：「復有外道作如是言，分別見諸種種異相能生諸苦，以自心見虚妄分別一切諸相。」怖畏於相，而見無相，深生愛樂，作涅槃想。外道作如此計，不知相從心現也。

或有覺知内外諸法自相共相，去、來、現在有性不壞，作涅槃想。註云：知五陰法，三世有性不壞。

或謂我、人、衆生、壽命一切法壞，作涅槃想。以四相諸法壞滅，作涅槃想。

或以外道惡燒智慧，見自性及士夫，彼二有間，士夫所出名爲自性。如冥初比，求那轉變，求那是作者，作涅槃想。從初生覺爲一有，從塵生大爲一有，是爲二有。冥初，冥諦也。謂外道惡毒如火能燒智慧，見二有爲因之間，出士夫神我爲果，名爲自性。如冥初比，妄計求那能依諸緣轉變作一切物，即以作者爲涅槃也。〇《僧佉論》〔一〕明因中有果，計一爲宗。一者從初生覺，過八萬劫前冥然不知，但見最初中陰初起，以宿命力，恒憶想之名爲冥諦，亦云世性。謂世間衆生由冥初而有，即世間本性；次從覺生我心者，此是我慢之我，非神我也。僧佉，此云數術。〇註本：指冥初爲自性。

或謂福非福盡； 流支云：「外道説如是罪盡故，福德亦盡，名爲涅槃。」

或謂諸煩惱盡，或謂智慧； 流支云：「言煩惱盡，依智慧故。」〇實叉云：「或計不由智慧，諸煩惱盡。」

或見自在是真實作生死者，作涅槃想。 流支云：「見自在天造作衆生，虚妄分別，名爲涅槃。」〇計彼天是真實能司人生死者，以此作涅槃想。

或謂展轉相生，生死更無餘因， 流支、實叉於「展」上，有「衆生」二字。 **如是即是計**

〔一〕《僧佉論》，又名《金七十論》，乃數論外道自在黑造，梁真諦譯，收録在《大正藏》第54册中。內容主要闡述數論派之教義，兼爲破斥佛教之論書。爲令博學而破邪顯正者，能明了外道所宗，故亦被收在藏經中。

著因，而彼愚癡不能覺知，以〔二〕不知故，作涅槃想。《新説》云：「計劫初生一男一女，彼二和合展轉相生，不知是無明愛業而爲根本，謂一切物滅歸於彼而爲涅槃。」

或有外道，言得真諦道，作涅槃想。實叉云：「或計證於諦道，虚妄分別，以爲涅槃。」○註云：以冥諦爲真諦。

或見功德，功德所起和合，一異俱不俱，作涅槃想。註云：以功德所起，五陰與神我和合，起四句見，作涅槃想。

或見自性所起孔雀文彩，種種雜寶及利刺等性，見已，作涅槃想。實叉云：「或計諸物從自然生，孔雀文彩，棘針銛利，生寶之處出種種寶，如此等事是誰能作？即執自然以爲涅槃。」○《首楞嚴經》云：「是人見末無因，何以故？是人於生，既見其根，知人生人，悟烏生烏。烏從來黑，鵠從來白。人天本竪，畜生本横。白非洗成，黑非染造。從八萬劫無復改移，今盡此形亦復如是。而我本來不見菩提，云何更有成菩提事？當知今日一切物象，皆本無因。」〔三〕即此類也。

〔二〕以，《嘉興藏》本同，餘本無。
〔三〕〔唐〕般剌蜜諦譯《大佛頂首楞嚴經》卷第十，《大正藏》第19册，第151頁下。

大慧，或有覺二十五真實；或王守護國，受六德論，作涅槃想。實叉云：「或謂能解二十五諦，即得涅槃。或有説言能受六分，守護衆生，斯得涅槃。」或見時是作者，時節世間，如是覺者，作涅槃想。註云：以時節爲因，能生世間法者，以此作涅槃想。或謂性；或謂非性；或謂知性非性；註云：或以有性爲涅槃，或以無性爲涅槃，或以有無二性爲涅槃。或見有覺與涅槃差别，作涅槃想。觀有覺起自於冥初，謂涅槃全歸於寂滅，故見有覺與涅槃差别也。由是反計有覺，作涅槃想。有如是比種種妄想，此結外道計有如是種種妄想比度涅槃也。外道所説，不成所成，智者所棄。註云：外道所説涅槃，不成真實所成涅槃也。○已上皆是妄想涅槃不如實法，故智者所棄。大慧，如是一切悉墮二邊，作涅槃想。如是等外道涅槃妄想，彼中都無若生若滅。彼涅槃妄想中，本無生滅之相，是妄想自生滅耳。大慧，彼一一外道涅槃，彼等自論，註云：彼等一一涅槃，自妄想而論。智慧觀察都無所立。如彼妄想心意來去、漂馳、流動，一切無有得涅槃者。

大慧，如我所説涅槃者，謂善覺知自心現量，前文云「我所説妄想識滅，名爲涅槃」，此云「我所説涅槃者，善覺知自心現量」，以善覺知自心現量，故妄想識滅。大經云「涅言不生，槃言不滅，不生不滅名大涅槃」[一]。乃知二經之旨，語異而體同也。不著外性，離於四句，見如實處，不墮[二]自心現妄想二邊，攝所攝不可得，一切度量不見所成，實叉云：「不入諸量。」愚於真實，不應攝受。實叉云：「不著真實。」棄捨彼已，得自覺聖法，知二無我，離二煩惱，浄除二障，永離二死四種二義，已見前註。上上地，如來地，如影幻等諸深三昧，離心意意識，説名涅槃。

大慧，汝等[三]及餘菩薩摩訶薩應當修學，當疾遠離一切外道諸涅槃見。

爾時世尊欲重宣此義，而説偈言：

外道涅槃見，各各起妄想，斯從心想生，無解脱方便。

[一] 查該引文出處，見《翻譯名義集》五《三德祕藏》篇第四十九，《大正藏》第54册，第1128頁下。

[二] 墮，《嘉興藏》、《石經》、宮内本同。餘本作「隨」，當誤。

[三] 等，《石經》本無。

愚於縛縛者，遠離善方便，外道解脱想，解脱終不生。

衆智各異趣，外道所見通，彼悉無解脱，愚癡妄想故。外道於有無種種起涅槃見，是縛於涅槃也。又於涅槃各各起妄想分別，是縛於妄想也。不知此縛從心想生，故無解脱方便。而世間愚夫依於外道，起種種妄計，味著不捨，轉失方便，妄生解脱想，而實無解脱。由外道執此邪智異趣，自謂所見通達，不知正墮愚癡妄想，無有解脱。

一切癡外道，妄見作所作，有無有品論，彼悉無解脱。

凡愚樂妄想，不聞真實慧，言語三苦本，真實滅苦因。《法界次第》云：「苦有三種，曰苦苦、壞苦、行苦。」[一]苦以逼惱爲義，妄想言説，是三苦之本。離妄想言説，證真實慧，則滅其苦因。

譬如鏡中像，雖現而非有，於妄想心鏡，愚夫見有二。妄想心鏡中，現於境界無實，故不得説二，愚夫不知故，於鏡像起二見也。

不識心及緣，則起二妄想，了心及境界，妄想則不生。不識妄心及所緣境界，起名

[一] 文字小異。見隋智者大師《法界次第初門》卷中《四諦初門》第三十三，《大正藏》第46册，第680頁中。

相事相二種妄想； 若了唯心，能取所取妄想不生。

心者即種種，遠離相所相〔一〕，事現而無現，如彼愚妄想。

三有唯妄想，外義悉無有，妄想種種現，凡愚不能了。 流支、實叉以「外義」爲「外境」。○言從妄心生種種境界，既從妄想心生，故無能相所相事，雖現而無現，如愚所見妄分別者。三有亦爾，愚不能了。

經經說妄想，終不出於名，若離於言說〔二〕，亦無有所說。 註云： 言妄想不出於名字語言。○若亡註〔三〕會旨，而言說所說妄想悉不可得。

〔一〕相所相，兩「相」字，宫内本均作「想」。

〔二〕說，《高麗藏》、《磧砂藏》、《南藏》、《龍藏》、《頻伽藏》本作「語」。

〔三〕注，疑爲「詮」字。

楞伽阿跋多羅寶經卷第四

一切佛語心品第四[一]

（一）

爾時大慧菩薩白佛言：世尊，惟願爲説三藐三佛陀，亦云三耶三菩，此言正徧知。○註云：大慧因上明真實涅槃上上地，故舉能證涅槃如來法身以請問。我及餘菩薩摩訶薩，善於如來自性，自覺覺他。如來自性，法身自性也。

佛告大慧：恣所欲問，我當爲汝隨所問説。大慧白佛言：世尊，如來、應供、等正覺，爲作耶？爲不[二]作耶？爲事耶？爲因耶？爲相耶？爲所相耶？

〔一〕第四，《磧砂藏》、宫内本同，餘本作「之四」。

〔二〕不，《石經》本作「無」。

爲説耶？爲所説耶？爲覺耶？爲所覺耶？如是等辭句[一]，爲異爲不異？流支、實叉以「事」爲「果」。）○《新説》云：「爲異此等辭句，有如來法身耶？爲不異[二]此等辭句，是如來法身耶？」

佛告大慧：如來、應供、等正覺，於如是等辭句非事非因。所以者何？俱有過故。若言如來法身是作是不作，是果是因，俱有過咎故。佛遮彼過，總言非也。

大慧，若如來是事者，或作或無常。無常故，一切事應是如來，我及諸佛皆所不欲。註云：若言如來法身是果事者，即同作法無常過；若同無常者，一切世間果事悉應是如來，故流支云「不許此法」。

若非所作者，無所得故，方便則空，同於兔角、槃[三]大之子，以無所有故。實叉云：「若非作法，則無體性，所修方便悉空無益，同於兔角、石女之子，非作因成故。」

大慧，若無事無因者，則非有非無。若非有非無，則出於四句。四句者，是世

[一] 辭句，宫内本作「詞句」，次下同。
[二] 不異，《新説》原文作「即」。
[三] 槃，《嘉興藏》、《龍藏》本同。餘本作「般」，當誤。

間言説。若出四句者，則不墮四句，不墮四句〔一〕故，智者所取。一切如來句義亦如是，慧者當知。謂如來法身句義也。如我所説一切法無我，當知此義，無我性是無我。一切法有自性〔二〕，無他性，如牛馬。實叉云：「大慧，如我所説諸法無我，以諸法中無有我性，故説無我，非是無有諸法自性，如來句義應知亦然。」○《新説》云：「此引昔權以明今實也。我常方便説一切法無有我性，故説無我，非是無有陰界入法之自性也。欲比法身與陰界入合，無有陰界入生死自性，非無法身常住自性，故云『如來句義應知亦然』。」

大慧，譬如非牛馬性，非馬牛〔三〕性，其實非有非無，彼非無自性〔四〕。如是大慧，一切諸法非無自相，有自相，但非無我愚夫之所能知，以妄想故。如是一切法空、無生、無自性，當如是知。實叉云：「譬如牛無馬性，馬無牛性，非無自性。一切諸法亦復如是，無有自相，而非有即有，非諸愚夫之所能知。何故不知？以分別故。一切法空，一切法

〔一〕不墮四句，《南藏》、《嘉興藏》、宫内本同，餘本作「不墮」。
〔二〕自性，《普寧藏》本倒。
〔三〕非馬牛，《資福藏》、《磧砂藏》本作「牛馬」。非，《高麗藏》、《頻伽藏》本脱。
〔四〕性，《南藏》、《嘉興藏》本同，餘本作「相」。

無生，一切法無自性，悉亦如是。」○《新説》云：「馬體上不得説牛性是有是無，然非無馬體自性也。以況法身與陰界入諸法合，法身上不得説陰界入性是有是無，然非無法身自性。」云云。○有自相，明有法身常住自相。無我，謂聲聞。愚夫，謂外道。真實法身自相，非聲聞、外道能知者，爲有妄想分別故也。惟如來法身有一切法空、一切法無生、一切法無自性，應當如是知。

如來如是與陰，非異非不異。蘇、楊二本以「如來如是」作「如是如來」。○註云：言法身與陰離一異也。若不異陰者，應是無常；若異者，方便則空。若二者應有異，如牛角相似故不異，長短差別故[二]有異。一切法亦如是。註云：若言法身與陰一者，應是無常；若言法身與陰異者，則同於虛空，無有益物方便。若言法身與陰二者應有異相，如牛二角相似不得言異，二角長短不同黑白差別，不得言不異。故流支云：「如是一切諸法，應無異相，而有異相。」

大慧，如牛右角異左角，左角異右角，如是長短種種色各各異。大慧，如來於

[二] 故，《資福藏》、《磧砂藏》、《南藏》、《龍藏》本無。

陰界入非異非不異。流支云：「如來法身之相，於五陰中不可説一，不可説異。」如是如來解脱非異非不異，流支云：「於解脱中，不可説一，不可説異。」○《新説》云：「上明如來法身，與陰界入繫縛諸法離異不異，此又明與出世解脱法離異不異也。」如是如來以解脱名説。流支云：「如是依解脱故，説名如來法身之相。」

若如來異解脱者，應色相成，色相成故，應無常；若不異者，修行者得相應無分別，而修行者見分別，是故非異非不異。如是智及爾燄非異非不異。流支云：「大慧，若如來法身異解脱者，則同色相，則是無常；若如來法身不異解脱者，則無能證所證差別。大慧，而修行者則見能證及於所證，是故非一。大慧，如是智於所知境界，非一非異。」

大慧，智及爾燄非異非不異者，自此下，明如來眞實法身也。智者，法身也。所知者，陰界入也。非常非無常，非作非所作，非有爲非無爲，非覺非所覺，非相非所相，非陰非異陰，非説非所説，非一非異，非俱非不俱。非一非異，非俱非不俱故，悉離一切量。註云：見聞覺識，名爲量。離一切量則無言説，無言説則無生，無生則無滅，無滅則寂滅，寂滅則自性涅槃，自性涅槃則無事無因，無事無因則無攀緣，無攀緣則出過一切虛僞，出過一切虛僞則是如來，如來則是三藐三佛陀。大慧，是名三藐三佛陀佛陀〔一〕。三藐三佛陀，見上註。佛陀者，《大論》云「秦言知者，知過去未來現在衆生非衆生數、有常無常等一切諸法，故名佛陀」〔二〕，後漢《郊祀志》云「漢言覺也」，《佛地論》云「具一切智，一切種智，離煩惱障及所知障，於一切法、一切種相，能自開覺，亦能開覺一切有情，故名爲佛」。今云「是名三藐三佛陀佛陀」者，下「佛陀」二字，乃彰其能覺之義，具正偏知覺也。

大慧，三藐三佛陀佛陀〔三〕者，離一切根量。躡前重釋，結酬所問，明如來法身正偏知覺者，永離一切諸根境界，不可以識情虛妄測度。

爾時世尊欲重宣此義，而説偈言：

悉離諸根量，無事亦無因，已離覺所覺，亦離相所相。自此七偈頌法身離念，超過二見。此總明悉離也。

陰緣等正覺，一異莫能見，若無有見者，云何而分別？若五陰諸緣與正覺，既無

〔一〕佛陀佛陀，《高麗藏》本作「佛陀」。
〔二〕見《翻譯名義集》一，《大正藏》第54册，第1057頁上。下二同。
〔三〕大慧三藐三佛陀佛陀，《高麗藏》、《頻伽藏》本作「佛陀」。

一異可見，云何更有妄想分别？

非作非不作，非事亦非因，非陰非[一]在陰，亦非有餘雜[二]。言法身離如是等法過咎也。

亦非有諸性，如彼妄想見，當知亦非無，此法法亦[三]爾。

以有故有無，以無故有有，若無不應受，若有不應想。實叉云：「無既不可取，有亦不應説。」〇有無因相待而生，有無既離，受想則空。

或於我非我，言説量留連，沈溺於二邊，自壞壞世間。言愚夫不知如來法身體離有無，計著於我非我等言説量，溺於一切二邊過患，則自壞壞他，流轉生死。

解脱一切過，正觀察我通，是名爲正觀，不毁大導師。言離有無一切過患，則能正見如來法身自通，不毁導師所説法要。

〔一〕非，《嘉興藏》本同，餘本作「不」。
〔二〕雜，《資福藏》、《磧砂藏》、《南藏》、《龍藏》本作「離」。
〔三〕亦，《嘉興藏》本同，餘本作「自」。

（二）

爾時大慧菩薩復白佛言：世尊，如世尊説修多羅攝受不生不滅，又世尊説不生不滅是如來異名。云何世尊爲無性故，説不生不滅？爲是如來異名？大慧因上言如來法身無有生滅，又如佛昔修多羅中分別攝取不生不滅，説此即是如來異名。然不生不滅，此則無性，云何説爲如來異名？故大慧舉此二教相違，以請如來會通，爲是無性，爲是如來異名。

佛告大慧：我説一切法不生不滅，有無品不現。一切法生則墮有，滅則墮無，不生不滅則超有無品類，故曰不現。

大慧白佛言：世尊，若一切法不生者，則攝受法不可得，一切法不生故。若名字中有法者，惟願爲説。大慧於此起有無之疑，且曰「若一切法不生，攝受法不可得」者，是一切法不生故。若於不生名字中有不生法者，冀佛爲説。

佛告大慧：善哉善哉，諦聽諦聽〔二〕，善思念之，吾當爲汝分別解説。大慧白

〔二〕諦聽諦聽，《南藏》、《嘉興藏》、宫内本同，餘本作「諦聽」。

佛言：唯然受教。

佛告大慧：我説如來非無性，亦非不生不滅攝一切法，亦不待緣故不生不滅，亦非無義。如來非無性者，謂非無性，亦非不生不滅故攝生滅一切法，亦不待生滅因緣故不生不滅，然亦非無於義。

大慧，我説意生法身如來名號。彼不生者，一切外道、聲聞、緣覺、七住菩薩非其境界。大慧，彼不生即如來異名。佛説不生不滅，即是如來意生法身別異之名也。凡愚外道昧劣，二乘、七地菩薩心量未滅，非其境界，是皆不能了耳。

大慧，譬如因陀羅、釋迦、不蘭陀羅，或云釋迦提婆。因陀羅，又云富蘭陀及憍尸迦，皆帝釋異名。如是等諸物，一一〔二〕各有多名，亦非多名而有多性，亦非無自性。實叉云：「譬如帝釋，地及虚空，乃至手足，隨一一物各有多名，非以名多而有多體，亦非無體。」○如來雖有衆多名字，然無異體，故舉帝釋雖有多名，其體是一。然非因多名而有多體，非因多體而有多性，況亦非無自性。

〔二〕一一，《資福藏》、《磧砂藏》、《普寧藏》、《南藏》、《龍藏》、宮内本作「亦」。

如是大慧，我於此娑呵世界，有三阿僧祇百千名號，娑呵，舊曰娑婆，亦曰索訶，此云能忍。阿僧祇，此云無數。愚夫悉聞，各説我名，而不解我如來異名。實叉云：「諸凡愚人雖聞雖説，而不知是如來異名。」

大慧，或有衆生知我如來者，有知一切智者，有知佛者，有知救世者，有知自覺者，有知導師者，有知廣導者，有知一切導者，有知仙人者，有知梵者，有知毗紐者，有知自在者，有知勝者，有知迦毗羅者，有知真實邊者，有知月者，有知日者，有知主〔一〕者，有知無生者，有知無滅者，有知空者，有知如如者，有知諦者，有知實際者，有知法性者，有知涅槃者，有知常者，有知平等者，有知不二者，有知無相者，有知解脱者，有知道者，有知意生者。

大慧，如是等三阿僧祇百千名號不增不減。此及餘世界皆悉知我如水中月，不出不入。如上略舉，或有知者三十三種名，以例多數也。毗紐，此云大力。迦毗羅，城名，以佛生彼城，因名迦毗羅仙。如是等滿三無數百千名號，稱謂不同，然其體唯一，無有增減。此方

〔一〕主，《高麗藏》、龍藏本作「生」。

餘界有利根者，能知如來法身隨衆生心現，實無去來，譬如皎月影現衆水，何有出入哉？

彼諸愚夫不能知我，墮二邊故，然悉恭敬供養於我，而不[二]善解知辭句[三]義趣，不分別名，不解自通，計著種種言說章句，於不生不滅作無性想，不知如來名號差別。言彼愚夫不知如來真實法身無有出入，墮二邊見，雖亦恭敬供養，然不了名字句義，不能分別百千名號不出一法身，不解法身自通，但執著言教，而謂不生不滅是無體性，不明是佛隨衆生心現種種名字。如因陀羅、釋迦、不蘭陀羅，不解自通，會歸終極，於一切法隨說計著。終極之旨不善會歸，故於一切諸法隨言說而計著。

大慧，彼諸癡人，作如是言：「義如言說，義說無異。所以者何？謂義無身故，言說之外更無餘義，唯止言說。」彼諸愚癡謂義如言說，即言說是義，而體性亦無，義止言說而已。

大慧，彼惡燒智，不知言說自性，不知言說生滅，義不生滅。大慧，一切言說

[二] 不，宮内本作「不能」。
[三] 辭句，宮内本作「詞句」。

墮於文字，義則不墮，離性非性故，無受生亦無身〔二〕。實叉云：「離有離無故，無生無體故。」○《新説》云：「明一切語言墮於名字，而真實義不墮名字，以離有無，無受生、無身相，是故不墮。」

大慧，如來不説墮文字法，文字有無不可得故，除不墮文字。實叉云：「唯除不墮於文字者。」○《新説》云：「如來應機所説諸法，雖盈龍宮徧法界，其實不墮文字言説，文字言説本性離故。唯除方便正顯實義，不墮名教者，是達如來説法之微旨也。」

大慧，若有説言，如來説墮文字法者，此則妄説，法離文字故。是故大慧，我等諸佛〔三〕及諸菩薩，不説一字，不答一字。所以者何？法離文字故。非不饒益義説，言説者，衆生妄想故。法雖離文字相，非不有饒益之義，而所説言説爲破衆生妄想故也。

大慧，若不説一切法者，教法則壞。教法壞者，則無諸佛、菩薩、緣覺、聲聞。若無者，誰説？爲誰？言無諸佛菩薩聲聞緣覺，誰爲説法者？復爲誰説法？

〔二〕無身，《高麗藏》、《頻伽藏》「無身故」。
〔三〕諸佛，《資福藏》、《磧砂藏》、《普寧藏》、《龍藏》本無。

是故大慧，菩薩摩訶薩莫著言説，隨宜方便，廣説經法。以衆生希望、煩惱不一故，我及諸佛爲彼種種異解衆生而説諸法，令離心意意識故，不爲得自覺聖智處。雖今説一切法，然不可著於言説，爲法離言説相也。但以衆生貪求煩惱不一，故爲隨宜説法。明方便言教，是諸如來隨衆生心欲解不同而爲開演，令離妄識生滅，不爲得自覺聖智處者説也。

大慧，於一切法無所有，覺自心現量，離二妄想。諸菩薩摩訶薩依於義，不依文字。若善男子善女人依文字者，自壞第一義，亦不能覺他，墮惡見相續而爲衆説。不善了知一切法、一切地、一切相，亦不知章句。此示菩薩應依實義，莫隨言説。若依文字者，損壞自他，不得明悟。

若善一切法、一切地、一切相，通達章句，具足性義，彼則能以正無相樂而自娱樂，平等大乘建立衆生。實叉云：「亦能令他安住大乘。」〇此言善了如實法性義者，有如上益。

大慧，攝受大乘者，則攝受諸佛、菩薩、緣覺、聲聞。攝受諸佛、菩薩、緣覺、聲聞者，則攝受一切衆生。攝受一切衆生者，則攝受正法。攝受正法者，則佛種不斷。佛種不斷者，則能了知得殊勝入處。即自覺聖智所證處也。知得殊勝入處，菩薩摩訶薩常得化生，建立大乘，十自在力現衆色像，通達衆生形類、希望、煩惱諸相，如實說法。如實者，不異；實叉云：「無異無別。」如實者，不來不去相，一切虛僞息，是名如實。大慧，善男子善女人不應攝受隨說計著，真實者，離文字故。此明菩薩知得殊勝入處已，欲令衆生安住大乘，以十自在力現衆色像，隨其所宜說如實法者，無異無別、不來不去，一切戲論虛僞悉皆息滅，勸令不應如言執著於義，以真實法離文字故。○十自在力：一是處非處力，二業力，三定力，四根力，五欲力，六性力，七至處道力，八宿命力，九天眼力，十漏盡力。

大慧，如爲愚夫以指指物，愚夫觀指，不得實義。如是愚夫隨言說指，攝受計著，至竟不捨，終不能得離言說指第一實義。愚夫計著言說至竟不捨，如人以指指物示人，彼人但觀於指，不觀於物。如來亦復如是，以言說方便之指，指第一真實之義示於愚夫，彼愚但觀言說之指，不觀真實之義，故曰「終不能得離言說指第一實義」也。下正舉喻明之。

大慧，譬如嬰兒應食熟食，不應食生。若食生者，則令發狂，不知次第方便熟故。大慧，如是不生不滅，不方便修則爲不善。實叉云：「譬如嬰兒應食熟食，有人不解成熟方便而食生者，則發狂亂。不生不滅亦復如是，不方便修則爲不善。」是故應當善修方便，莫隨言説，如視指端。

是故大慧，於真實義當方便修。真實義者，微妙寂静，是涅槃因。言説者，妄想合。妄想者，集生死。

大慧，真[一]實義者，從多聞者得。大慧，多聞者，謂善於義，非善言説。善義者，不隨[二]一切外道經論，身自不隨，亦不令他隨，是則名曰大德多聞。是故欲求義者，當親近多聞，所謂善義[三]。與此相違，計著言説，應當遠離。《新説》云：「此明由悟真實義故，離諸妄想散亂而得涅槃也。真實義者，從多聞者得。多聞者，謂善思修隨順於義，非獨善言説也。不令自他墮外道惡見，名曰多聞。是故欲求實義者當親近，與義相違者慎勿近之。」

[一] 真，《嘉興藏》、宫内本同，餘本無。

[二] 隨，《資福藏》、《磧砂藏》、《普寧藏》、《南藏》、《龍藏》本作「墮」。

[三] 所謂善義，《高麗藏》、《頻伽藏》本作「所謂善義者，當親近多聞，所謂善義」。

（三）

爾時大慧菩薩復承佛威神，而白佛言：

世尊，世尊顯示不生不滅，無有奇特。所以者何？一切外道因亦不生不滅；世尊亦説虚空、非數緣滅及涅槃界不生不滅。因上佛説不生不滅之義，大慧謂外道亦説諸因不生不滅，故曰「無有奇特」，與世尊説三無爲法不生不滅無有異也。

世尊，外道説因生諸世間；世尊亦説無明、愛、業妄想爲緣，生諸世間。彼因、此緣，名差别耳。外物因緣亦如是。世尊[一]與外道論無有差别。自白佛言下，大慧意謂：一切外道説諸因爲不生不滅，世尊亦説三無爲法爲不生不滅；又諸外道説依諸因故生諸世間，而世尊亦説無明等爲緣生諸世間；又外道説依外物因緣而生諸法，世尊亦爾。故疑世尊所説，與外道言論無有差别也。

微塵、勝妙、自在、衆生主等，如是九物不生不滅。世尊亦説一切性不生不滅，有無不可得。《新説》云：「此出外道不生滅義九物體也。一時、二方、三虚空、四微塵、

[一] 世尊，《高麗藏》、《頻伽藏》本作「如是世尊」。

五四大種、六大梵天、七勝妙天、八大自在天、九衆生主。謂諸外道計此九物不生不滅，能與生死諸法作因，通名作者，與佛大乘説一切性本非生滅，若有若無悉不可得亦無異。」〇自在，即大自在天。衆生主，即世界主也。

外道亦説四大不壞，自性不生不滅，四大常，是四大乃至周流諸趣，不捨自性。世尊所説亦復如是。是故我言無有奇特。

惟願世尊爲説差別，所以奇特勝諸外道。若無差別者，一切外道皆亦是佛，以不生不滅故。而世尊説，一世界〔二〕中多佛出世者，無有是處。如向所説，一世界中應有多佛，無差別故。大慧意謂：世尊所説之法，與外道所説無有差別，故指外道亦皆是佛。又謂世尊嘗説，一世界中無有多佛出世。若向所説法果與外道無別，則一世界中應有多佛出世，無有差別。

佛告大慧：我説不生不滅，不同外道不生不滅。所以者何？彼諸外道有性自性，得不生不變相。謂計諸法性實有自性，得不生不滅之相。變，即滅也。我不如是墮

〔二〕一世界，《普寧藏》本作「一切界」。

有無品。大慧，我者，離有無品，離生滅，非性非無性。如種種幻夢現，故非無性。

云何無性？謂色無自性相攝受，現不現故，攝不攝故。楊云：色本無自性，但人攝受與不攝受，現與不現，乃有或有或無之見。

以是故，一切性無性非無性，但覺自心現量，妄想不生，安隱快樂，世事永息。愚癡凡夫妄想作事，非諸聖賢[一]。計有無生滅，是愚夫妄想所作之事也。不實妄想，如揵闥婆城及幻化人。上舉喻明不實妄想，下釋喻合法。

大慧，如揵闥婆城及幻化人，種種衆生商賈出入。愚夫妄想謂真出入，而實無有出者入者，但彼妄想故。如是大慧，愚癡凡夫起不生不滅惑[二]，彼亦無有有爲無爲。如幻人生，其實無有若生若滅，性無性無所有故。一切法亦如是，離於生滅。愚癡凡夫墮不如實，起生滅妄想，非諸聖賢。謂愚癡凡夫，不解不生不滅如實之理，妄起生滅不生滅之惑，當知有爲無爲、若生若滅、性有性無無所有故。一切諸法離生滅，凡

[一] 聖賢，《嘉興藏》本同，餘本作「賢聖」，次後同。
[二] 惑，《南藏》、《嘉興藏》、宫内本同，餘本無。

夫妄想起諸異見，非聖賢也。

不如實者不爾，如性自性、妄想亦不異。若異妄想者，計著一切性自性，不見寂静。不見寂静者，終不離妄想。不如實者不爾，謂凡夫墮不如實、非實有，所墮如性自性有實性相，與生滅妄想虛僞不實亦無有異。若以一切性自性有實性相，異於生滅妄想虛僞者，反執一切性自性有實性相，不見本來寂静義故。不見本來寂静義者，則成有相，終不離妄想分别。故下文云云

是故大慧，無相見勝，非相見。相見〔一〕者，受生因，故不勝。計有性相得不生不滅者，是受生因。大慧，無相者，妄想不生，不起不滅，我説涅槃。大慧，涅槃者，如真實義見，離先妄想心、心數法，義見第三卷。逮得如來自覺聖智，我説是涅槃。

爾時世尊欲重宣此義，而説偈言：

滅除彼生論，實叉云：「爲除有生執。」建立不生義，我説如是法，愚夫不能知。

〔一〕相見，《嘉興藏》本同，餘本作「相」。

一切法不生，無性無所有，頌上「性無性無所有」故。揵〔一〕闥婆幻夢，有性者無因，不〔二〕生無自性，何因空當説。言諸法之性，雖有而無因，所以不生者，爲無自性。何因無自性？以諸法空故，當如是説。

以離於和合，覺知性不現，是故空不生，我説無自性。覺知之性，隨諸法因緣和合而現，若離和合緣，此覺知性自然不現，故法空不生，説無自性也。

謂一一和合，性現而非有，分析無和合，非如外道見。

夢幻及垂髮，野馬揵〔三〕闥婆，世間種種事，無因而相現。緣生之法，謂從衆緣和合而有，故無自性，雖現而非實，既無和合，即無生，非如外道計有和合生也。夢幻垂髮等，喻世間諸事，妄現其相，初無有因。野馬，即陽燄遊氣。

折伏有因論，申暢無生義，申暢無生者，法流永不斷。熾然無因論，恐怖諸外

〔一〕揵，《高麗藏》、《磧砂藏》、《頻伽藏》本作「乾」，次後同。
〔二〕不，《高麗藏》本作「無」。
〔三〕揵，《磧砂藏》、《頻伽藏》、《高麗藏》本作「乾」。

道。邪論既破，正法流行。則此無因世出世論，熾然如大火聚，於是諸外道輩望風而震攝〔一〕。如來説法，多以火聚爲喻。

爾時大慧以偈問曰〔二〕：自此下四節問答，流支、實叉通爲一偈。

云何何所因？註云：佛問外道言，汝生法云何生？爲從有因生，爲從無因生？答言，從有因生。既從有因生，即問何所因？答言，從微塵、世性、四大等因生。彼以何故生？註云：又問，彼四大等，復以何故生？答言，四大等無因生。於何處和合，而作無因論？註云：佛言，若四大等無因，無因則無法，無法則無處，無處則無和合，無和合則無生，何得立四大等無因，生諸世間論？○大慧舉世尊與外道問答成偈，爲反質問也。

爾時世尊復以偈答〔三〕：

觀察有爲法，非無因有因，彼生滅論者，所見從是滅。佛言：應觀有爲一切諸法，非無因生，非有因生，故説無生。則外道生滅所見之論，自此毁滅矣。已上破外道計從因生。

〔一〕攝，疑爲「懾」。
〔二〕爾時大慧以偈問曰，《高麗藏》、《頻伽藏》本無，次下同。
〔三〕爾時世尊復以偈答，《高麗藏》、《頻伽藏》本無，下同。

爾時大慧說偈問曰：

云何爲無生，爲是無性耶？爲顧視諸緣，有法名無生？名不應無義，惟爲分別說。大慧問：無生爲諸法無性，名無生耶？爲顧待諸緣，名無生耶？爲諸法有性，名無生耶？既有無生名，不應無此無生義，惟願如來爲分別說。

爾時世尊復以偈答：

非無性無生，亦非顧諸緣，非有性而名，名亦非無義。

一切諸外道，聲聞及緣覺，七住非境界，是名無生相。如來答大慧所問，非諸法無性，得名無生；非別有生性，顧待諸緣，得名無生；非諸法有性，得名無生。既有無生名，非無無生義。此是意生法身，名作無生。外道、二乘、七地菩薩非其境界。

遠離諸因緣，亦離一切事，唯有微心住，想所想俱離，其身隨轉變，我說是無生。唯有微心住，言唯有離有無微妙寂靜心湛然常住，離想所想，則意生身隨機示現無有障礙，故說是無生也。

無外性無性，亦無心攝受，斷除一切見，我說是無生。

如是無自性，空等應分別，非空故說空，無生故說空。如是無生無自性空，與因緣等法，應當分別，然非如太虛斷滅空等故説空，謂法身無生故説空。○註云：已上説如來意生法身以爲無生。

因緣數和合，則有生有滅，離諸因緣數，無別有生滅。註云：但有十二因緣數轉變故，説名生滅。離此數外，更無有生法也。

捨離因緣數，更無有異性，若言一異者，是外道妄想。

有無性不生，非有亦非無，除其數轉變，是悉不可得。若離妄緣，更無異生性，除十二數轉變，則生性有無等四句悉不可得。

但有諸俗數，展轉爲鉤鎖，離彼因緣鎖，生義不可得。諸俗數，謂因緣十二支。○《新説》云：「凡夫不能了諸妄緣，是故長劫爲之，鉤鎖連環不斷，故目因緣爲鉤鎖，若離妄緣，無別生法。」

生無性不起，離諸外道過，但説緣鉤鎖，凡愚不能了。緣生無自性，故生而不生，起即生義。故實叉云「生無故不生」，不生故，離外道生法之過。我但説因緣爲鉤鎖，而愚夫不能了知緣中無生也。

若離緣鉤鎖，別有生性者，是則無因論，破壞鉤鎖義。謂因緣之外別更有生性，是則無因，成外道論，破壞佛所説因緣義也。餘義下文明之。

如燈顯衆像，鉤鎖現若然，是則離鉤鎖，别更有諸性。實叉作「諸法」。○註云：此一行偈是外道立生性是先有，要待因緣生，譬如衆像是先有，要待燈照始得見，故言「鉤鎖現若然」。鉤鎖者，因緣也。言因緣現生法，亦如燈光現衆像。佛言若如此論者，是則離因緣外别更有生性也。

無性無有生，如虚空自性，實叉云：「無生則無性，體性如虚空。」若離於鉤鎖，慧無所分别。離因緣則無生法，慧何所施？

復有餘無生，賢聖所得法，彼生無生者，是則無生忍〔二〕。餘無生，指二乘等。彼生，謂四相生。言二乘等於彼生住異滅當體即空，此無生即是無生法忍也。

若使〔三〕諸世間，觀察鉤鎖者，一切離鉤鎖，從是得三昧。若使諸世間人觀察鉤鎖義者，了知一切諸法本離鉤鎖，從此得解脱三昧。

癡愛諸業等，是則内鉤鎖；註云：成内身因緣。○《新説》云：「此言無明與愛業

〔二〕「是則無生忍」下，《資福藏》、《磧砂藏》本多「是則無生忍」一句，疑衍。
〔三〕使，《資福藏》本脱。

者，於十二有支因緣中，略舉其三也。若具言之，即無明緣行，行緣識，識緣名色，名色緣六入，六入緣觸，觸緣受，受緣愛，愛緣取，取緣有，有緣生，生緣老死憂悲苦惱。此明三世妄因果法，謂過去有二支因：一無明、二行。現在有五支果：一識、二名色、三六入、四觸、五受。現在有三支因：一愛、二取、三有。未來有二支果：一生、二老死。言一切衆生無始以來，皆爲無明十二因緣長劫鉤鎖，往來三界牢獄之中，無有出離。智者了悟，修道斷除，即得解脱。故云：無明滅則行滅，乃至生滅即老死滅。當知滅妄因緣，故須修道。

「問：云何修道？答：推求十二因緣根本，乃是無明。因無明故起煩惱業，因業故起果報而有諸苦，皆因無明爲根本。如人伐樹，須先斷其根。

「問：無明何者是？答：不覺心是。以不覺故妄起分別，心外見法，謂有謂無，謂是謂非，謂得謂失，受諸果報身心等苦，皆由無明。我今欲斷無明，先須自覺心源，隨心所起一切妄想，皆從不覺心生。須知自心之性本無生滅，亦無來去。何以得知？一切妄念忽然而起，覺即不生。

「云何名覺？如貪嗔癡起時，還以自心觀察，推求此貪嗔癡有何形狀，爲青黄、爲赤白？爲未來、爲過去、爲現在？爲在内外中間？推求貪嗔癡都無形狀。若本來是有，今日覺時亦應可見；今覺既無，故知由不覺故忽然妄起。覺即不生，故覺是無明對治。此現在無明不可得，以無無明故，一切妄想煩惱不生。煩惱不生故，業不生。業不生故，無過去二因。無二因故，現在五果不生。五果不生故，愛取有三因不生。現在三因無故，未來二果報不生。名斷十二因緣鉤鎖。此十二因緣無處，名爲涅槃。此自覺聖智，名爲菩提。依此十二因緣觀察修行者，通有三類：上智觀者得佛菩提，中智觀者得緣覺菩提，下智觀者得聲聞菩提。故《肇論》云：『三乘觀法無異，但心有大小爲差耳。』」○癡，即無明。

鑽〔二〕燧泥團輪，種子等名外。鑽燧得火，泥團成瓶，種子生芽，此三者，成外物因緣也。

若使有他性，而從因緣生，彼非鉤鎖義，是則不成就。若使先有他性從因緣生者，彼非因緣義，則此義不成。此明無有他性以待因緣而生也。

若生無自性，彼爲誰鉤鎖？展轉相生故，當知因緣義〔三〕。若一切生法無自性者，則彼因緣與誰爲因緣？此明因緣非無有性也，以其展轉相生故。當知有因緣義，無別有生性也。

〔二〕鑽，《高麗藏》、《頻伽藏》本訛作「攢」。

〔三〕「當知因緣義」下，《高麗藏》、《頻伽藏》本尚有「使生有他性，而從因緣生，彼非鉤鎖義，是則不成就」四句，當爲衍文。

堅濕煖動法，凡愚生妄想，離數無異法，是則説無性。堅濕煖動四大種性，凡愚於此而生妄想種種計著，故佛謂離彼因緣數外別無異法，是以説四大無有自性。

如醫療衆病，無有若干論，以病差別故[一]，爲設種種治。

我爲彼衆生，破壞諸煩惱，實叉云：「滅除煩惱病。」知其根優劣，爲彼説度門。

非煩惱根異，而有種種法，唯説一乘法，是則爲大乘。註云：以人異故説異，非法性有二，以病別治，殊非真如有別，故言唯説一乘法，是則爲大乘。

（四）

爾時大慧菩薩摩訶薩復白佛言：世尊，一切外道皆起無常妄想，世尊亦説一切行無常，是生滅法。此義云何？爲邪爲正？爲有幾種無常？《新説》云：「因上愚癡凡夫墮不如實，起生滅妄想，非諸聖賢。謂外道凡夫不得如實，而起無常生滅妄見，故説無常。聖賢得如實理，應不起無常生滅妄見，世尊何故亦言『諸行無常，是生滅法』？未知此説

[一] 故，《資福藏》、《磧砂藏》、《南藏》、《龍藏》本作「法」。

孰爲邪正？所言無常，復有幾種耶？」

佛告大慧：一切外道有七種無常，非我法也。何等爲七？彼有説言，作已而捨，是名無常；《新説》云：「有外道説四大種性，無始造作色等諸法，作已而捨，即計所作法是其無常。」

有説形處壞，是名無常；註云：謂六道形相變壞無常，四大是常。

有説即色是無常；註云：計色壞故無常。

有説色轉變中間，是名無常，無間自之散壞，如乳酪等轉變，中間不可見，無常毁壞一切性轉；計兩色中間有無常法，變一切性相續不斷，能令變異自然歸滅。如乳酪等兩色中間，有無常法不可見，此之無常能轉一切性。

有説性無常；實叉以「性」作「物」，下二「性」字同。○註云：言此性無常，如杖瓦等能破諸物。

有説性無性無常；註云：性者，造色性也。無性者，色壞也。名此爲無常。

有説一切法不生無常，入一切法。楊云：「以不生而復生一切法，是以不生而入生也。以不生而入生，故云『不生無常入一切法』」。

大慧，性無性無常者[一]，謂四大及所造自相壞，四大自性不可得，不生。此破第六性無性無常。○《新説》云：「謂能造大種，所造諸法，虚妄不實其相滅壞，大種自性不可得故，本來無起，無起故無滅，何有能造所造實法，言無常耶？」

彼不生無常者，非常無常，一切法有無不生，分析乃至微塵不可見，是不生義非生，是名不生無常相。若不覺此者，墮一切外道生無常義。此破第七不生無常。○註云：佛言不生，非是生法，則無一切有無性，不可説言常無常。○謂法若是生，可分析生法作微塵，求生法不可得，乃名作不生。故不生非是生，不得滅生名無常。若滅生名無常者，是名不生無常相。若不覺此不生無常相者，則墮外道生無常義。

大慧，性無常者，是自心妄想非常無常性。所以者何？謂無常自性不壞。大慧，此是一切性無性無常事。除無常，無有能令一切法性無性者，如杖、瓦、石破壞諸物。此破第五性無常。○彼外道立無常自性無有壞滅，能令一切諸法之性無性，成無常事。若除此無常自不壞性，無有能壞滅諸法之性爲無性者，仍舉喻如槌杖瓦石能壞於物，而

[一] 者，《資福藏》、《磧砂藏》、《普寧藏》、《龍藏》本無。

自不壞。現見各各不異，是性無常事，非作所作有差別，此是無常，此是事。作所作無異者，一切性常，無因性。註云：自此以下是佛破外道性無常也。言現見性無常，與所破事無有異體，故云「非作所作有差別」。作者，性無常也；所作者，所破事也。若有異體，何不指訂此是性無常，此是所破事？若性無常與所破事無異體者，一切性常，則無因性。

大慧，一切性無性有因，非凡愚所知，《新説》云：「以外道計除性無常，無有能令人天變化有無者，是故佛言人天依正，一切諸法生起滅壞實亦有因，但非凡愚之所能了。」非因不相似事生。若生者，一切性悉皆無常。是不相似事，作所作無有別異，而悉見有異。上已破性無常能壞諸法此復破轉計性無常能生諸法也。佛謂一切生法，如種粟得粟，種豆得豆，非因不相似事而生。若因不相似事而生者，如種粟得豆，種豆得粟，則諸法之性悉歸無常矣。是不相似事，能作性無常，所作一切事應無別異，而世之所見諸法，云何各各有異？

若性無常者，墮作因性相；若墮者，一切性不究竟。若計性無常爲能壞諸法者，墮作因性相，既墮作因性相，則一切法悉歸無常，故曰「不究竟」。

一切性作因相墮者，自無常應無常，無常無常故，一切性不無常，應是常。實叉云：「若無常性是有法者，應同所作自是無常，自無常故，所無常法皆應是常。」〇《新説》

云：「若計性〔二〕無常性爲能生因是有法者，應同所作性不究竟，自是無常也。自無常故，何能滅壞生起諸法？所無常法皆應是常。何以故？既同所作，而計常住自不滅壞，故所作法皆是常也。」

若無常入一切性者，應墮三世。彼過去色與壞俱，未來不生，色不生故，現在色與壞相俱。色者，四大積集差別，四大及造色自性不壞，離異不異故。一切外道，一切四大不壞。實叉云：「若無常性住諸法中，應同諸法墮於三世，與過去色同時已滅，未來不生，現在俱壞。一切外道計四大種體性不壞色者，即是大種差別、大種造色，離異不異故，其自性亦不壞滅。」

一切三有，四大及造色，在所知有生滅。註云：一切三界，四大及造色，在所有處皆知是無常也。離四大造色，一切外道於何所思惟性無〔三〕常？佛言離四大造色外，更有何法名性無常？四大不生，自性相不壞故。流支云：「外道説言，諸大不生不滅，以自體相常不滅故。」○已上破性無常竟。

〔二〕性，《新説》原文作「物」。

〔三〕思惟性無，《高麗藏》本作「思惟無」，《龍藏》本作「思惟無性」。

離始造無常者，非四大，復有異四大，各各異相自相故，非差別可得，彼無差別。斯等不更造，二方便不作，當知是無常。此破第一作已而捨無常。〇外道計非四大無常，復有異四大而能始造，即捨名爲無常。彼所計不出互自共三爲能造，如來即叠其所計，大種異相、自相、共相破之。謂自相，則非差別可得，無差別故，不能獨自造色；異相，則遞有所違無自性故，不能更互造色；共相，則本自乖離，不能方便和合共造於色。故曰「斯等不更造，二方便不作」也。既就破彼計，所謂始造即捨無常者，其相安在？故復結破云「當知是無常。」

彼形處壞無常者，謂四大及造色不壞，至竟不壞。大慧，竟者，分析乃至微塵觀察壞，四大及造色形處異見、長短不可得，非四大。四大不壞，形處壞現，墮在數論。此破第二形處壞無常。〇外道計能造所造色至竟不壞。謂分析色乃至微塵，但滅形狀長短等見，不滅能造所造色體，非四大壞，四大實不壞，但形處變壞。隨現此見，正墮《僧佉論》中。

色即無常者，謂色即是無常，彼則形處無常，非四大。若四大無常者，非俗數言說。世俗言說非性者，則墮世論，見一切性但有言說，不見自相生。此破第三即色無常。〇外道計造色即是無常，如來謂彼所計，如前形處無常，非四大無常。若四大無常者，非俗數言説可到，而世俗言説造色非性，則墮世論。由彼妄見一切諸法之性但有言説，不見自相所生故。

轉變無常者，謂色異性現，非四大。如金作莊嚴具，轉變現，非金性壞，但莊嚴具處所壞。如是餘性轉變等亦如是。實叉云：「轉變無常者，謂色體變，非諸大種。譬如以金作莊嚴具，嚴具有變而金無改，此亦如是。」○此破第四色轉變中間無常。○《新説》云：「計色質變異名無常，非大種體名無常也。故舉金作嚴具喻之，嚴具有變異名無常[一]，而金無改非無常也。」

如是等種種外道無常見妄想，註云：總結上外道七種無常。火燒四大時，自相不燒，各各自相相壞者，四大造色應斷。《新説》云：「外道謂火燒四大時，而不能燒諸大自相，言若能燒者，能造所造後應斷滅，以見不斷故，計大種性常。」

大慧，我法起非常非無常。所以者何？謂外性不決定故，佛言：我説諸法所起，以外性虛妄有無不決定，故非常無常。唯説三有微心。實叉云：「三界唯心故。」○三界

[一] 常，原作「當」，據《新説》原文改正。

内外，無有一法不從微妙真實心生。不說種種相有生有滅、四大合會差別、四大及造色故，妄想二種事攝所攝。知二種妄想，離外性無性二種見。實叉云：「不說諸相故，大種性處種種差別不生不滅故，非能造所造故，能取所取二種體性，一切皆從分別起故，如實而知二取性故。」覺自心現量妄想者，思想〔一〕作行生，非不作行。離心性無性妄想，世間、出世間、出世間〔二〕上上一切法，非常非無常。覺自心現量者，謂妄想從思想作行而生，非不思想作行。既知妄想生處，離心分別性有、性無妄想，善解世間、出世間、出世間上上一切法非常無常。

不覺自心現量，墮二邊惡見相續，一切外道不覺自妄想。此凡夫無有根本，謂世間、出世間、出世間上上〔三〕，從說妄想生，非凡愚所覺。以不覺自心現量，墮二邊惡見相續不斷，依自妄想而計言說。此凡夫外道無有根本智慧，唯執言說妄想，不知如來所說世出世法，從彼言說妄想而生。故此三法，非凡愚所能覺了。

〔一〕想，《石經》本作「惟」。
〔二〕出世間，《南藏》、《嘉興藏》本同，餘本脱。
〔三〕出世間上上，《高麗藏》本作「上上法」，《資福藏》、《磧砂藏》、《嘉興藏》、《龍藏》、《頻伽藏》本作「上上」。

爾時世尊欲重宣此義，而説偈言：

遠離於始造，及與形處異，性與色無常，外道愚妄想。《新説》云：「言七種無常，是諸外道妄想分別。」

諸性無有壞，大大自性住，外道無常想，没在種種見。是法住法位，世間相常住故，諸法之性無生亦無有壞。而四大之大常住，外道不了，計大種是常，造色是無常，故言「外道無常想，没在種種見」。

彼諸外道等，無若生若滅，大大性自常，何謂無常想？

一切唯心量，二種心流轉，攝受及所攝，無有我我所。牒外道計四大常是生，造色無常是滅。佛謂無如是若生若滅之法，既云四大性常不壞滅，何於造色作無常想？故知一切唯是心量妄想二種事，及心見流轉，而能攝所攝二種體性，亦無有我我所也。

梵天爲樹根，枝[一]條普周偏，如是我所説，唯是彼心量。外道言梵天造作衆生，分布周偏六道。佛言我所説外道如是計著，皆是彼妄想心量。

〔一〕枝，原作「技」，據《高麗藏》、《龍藏》本改。

（五）

爾時大慧菩薩復白佛言：世尊，惟願爲説一切菩薩、聲聞、緣覺滅正受次第相續。若善於滅正受次第相續相者，我及餘菩薩終不妄捨滅正受樂門，不墮一切聲聞、緣覺、外道愚癡。流支以「滅正受」爲「入滅盡定」。○《新説》云：「因上言世間、出世間及出世間上上諸法，即有菩薩、聲聞、緣覺斷世間生死，入出世間滅盡正受，及得諸地次第相續相，故大慧舉滅盡正受樂門，及地次第相續相請問如來。欲顯三乘聖凡優劣，令修聖行證佛果海，不墮權乘及諸邪見。」

佛告大慧：諦聽諦聽，善思念之，當爲汝説。大慧白佛言：世尊，惟願爲説。

佛告大慧：六地〔一〕菩薩摩訶薩及聲聞、緣覺入滅正受。註云：言從初地至六地菩薩及聲聞緣覺，同斷三界煩惱，恚心勞慮永滅，心入正受也。

第七地菩薩摩訶薩念念正受，離一切性自性相正受，非聲聞緣覺。諸聲聞緣

〔一〕六地，《嘉興藏》本同，餘本作「六地起」。

覺，墮有行覺〔一〕，攝所攝相滅正受。流支云：「大慧，諸菩薩摩訶薩，於七地中念念入滅盡定，以諸菩薩悉能遠離一切諸法有無相故。大慧，聲聞、辟支佛不能念念入滅盡定，以聲聞、辟支佛緣有爲行入滅盡定，墮在可取能取境界。」〇註云：言七地離妄想三界生死性相正受，不同二乘斷三界生死入正受。是故七地非念正受，流支云：「是故聲聞、辟支佛，不能入七地中念念滅盡定。」得一切法無差别相非分，得種種相性，楊云：「未得一切法無差别，故曰『非分』，以見諸法種種異相故。」覺一切法善不善性相正受。是故七地無善念正受。流支云：「以覺諸法種種異相，有法無法、善不善法、同相異相而入滅盡定。是故聲聞、辟支佛不能入七地中念念滅盡定，以無善巧方便智故。」

大慧，八地菩薩及聲聞、緣覺，心、意、意識妄想相滅。《新説》云：「八地菩薩無功用道，常在三昧無出入相，而同聲聞、緣覺涅槃，滅妄想心識也。」

初地乃至七地菩薩摩訶薩，觀三界心意意識量，離我我所，自妄想修，墮外性種種相。楊云：「七地菩薩觀三界心意意識，其本離我我所，唯是自心妄想，不善修習，乃墮

〔一〕覺，《嘉興藏》、宫内本同，餘本無。

外性種種諸相。此謂自七地墮外道邪徑者。」愚夫二種自心攝所攝向無知，不覺無始過惡虛僞習氣所熏。二種自心，謂外道於有無二邊攝所攝計著一向無知，不覺無始過惡虛僞習氣所熏，如鐵孕垢，而自毁傷。

大慧，八地菩薩摩訶薩、聲聞、緣覺涅槃。菩薩者，三昧覺所持，是故三昧門〔一〕樂，不〔二〕般涅槃。若不持者，如來地不滿足，棄捨一切有爲衆生事故〔三〕，佛種則應〔四〕斷。涅槃雖同證入，有異。菩薩以無生三昧自覺力所持故，於三昧門樂不般涅槃。若不以無生三昧覺力所持，即同二乘入般涅槃，不能滿足如來之地，亦捨度一切衆生之事，如來種性亦應斷絶。諸佛世尊，爲示如來不可思議無量功德。聲聞、緣覺三昧門，得樂所牽故，作涅槃想。實叉云：「是故諸佛爲説如來不可思議諸大功德，令其究竟不入涅槃。聲聞、緣覺著三昧樂，是故於中生涅槃想。」〇《新説》云：「謂聲聞、緣覺是昔菩薩退菩提願者，彼定性趣

〔一〕門，原脱，據《高麗藏》、《龍藏》本補。
〔二〕不，《磧砂藏》本訛作「般」。
〔三〕有爲衆生事故，《嘉興藏》本同，餘本作「爲衆生事」。
〔四〕應斷，《嘉興藏》本同，餘本作「應」。

寂二乘尚不能知初地之法，況能分同八地菩薩得無生法忍耶？」

大慧，我分部七地，善修心意意識相，善修我我所，攝受人法無我、生滅自共相，善四無礙、決定力、三昧門，地次第相續，入道品法。如來分部七地行相，爲令衆生善修心意意識，我我所攝受，得人法二空，無生滅自共相，善解四無礙辯、決定力、三昧門，以至漸升諸地，入菩提分法。言四無礙辯者，即法、義、辭及樂説。不令菩薩摩訶薩不覺自共相，不善七地，墮外道邪徑，故立地次第。謂不令者，如來唯恐諸菩薩等不能覺五陰自共相虛假非實，不善七地行相，墮前自妄想，修外道邪徑，故立地相之階級也。

大慧，彼實無有若生若滅，除自心現量。楊云：「諸地次第皆是自心所現，其實無有若生若滅，如來於此但指唯心，而一切生滅頓了。」所謂地次第相續，及三界種種行，愚夫所不覺。愚夫所不覺者，謂我及諸佛説地次第相續，及説三界種種行。楊云：「世尊及諸佛以對治衆生病故，説有諸地次第及三界種種行相，愚夫不覺而有執著，殊不知佛所説法未嘗説也。」

（六）

復次大慧，聲聞、緣覺第八菩薩地，滅三昧門樂[二]醉所醉，不善自心現量，自共相習氣所障，墮人法無我法攝受見，妄想涅槃想，非寂滅智慧覺。謂聲聞、緣覺於第八地中，味著入滅三昧，爲彼所醉，不達自共相是自心所現，以習氣障蔽墮二無我法攝受見故，起妄想涅槃之想，非究竟寂滅智慧覺也。

大慧，菩薩者，見滅三昧門樂，本願哀愍，大悲成就，知分別十無盡句，不妄想涅槃想。彼已涅槃妄想不生故，離攝所攝妄想。覺了自心現量，一切諸法妄想不生，不墮心意意識，外性自性相計著妄想。非佛法因不生，隨智慧生，得如來自覺地。八地菩薩雖見滅三昧門樂，爲本願哀愍大悲成就，滿十大願度脱衆生，不起妄想涅槃之想。彼已於涅槃妄想不生故，離攝所攝妄想，則能覺了自心現量等，非佛法正因不生，唯隨智慧而生，如是故得入如來自覺地也。

如人夢中方便度水，未度而覺，覺已思惟，爲正爲邪？非正非邪？餘無始

〔二〕門樂，《嘉興藏》本同，餘本作「樂門」。

見聞覺識因想，種種習氣、種種形處墮[一]有無想，心意意識夢現。流支云：「如人睡夢渡大海水，起大方便欲渡自身，未渡中間忽然便寤，作是思惟，此爲是實，爲是虛妄？彼復思惟如是之相非實非虛，唯是我本虛妄分別不實境界，熏習因故見種種色，形相顛倒不離有無，意識熏習於夢中見。」〇註云：覺竟無水，船栰非正；夢時見水，船筏非邪。以譬得八地覺已本無生死故，道品功德非正；七地未覺妄見生死故，道品功德非邪。但是無始見聞覺知熏習因故，心意識妄想夢現。

大慧，如是菩薩摩訶薩，於第八菩薩地見妄想生。從初地轉進至第七地，見一切法如幻等方便，度攝所攝心妄想行已，作佛法方便，未得者令得。謂第八地菩薩，見一切法如幻等方便，超能所取心妄想行已，離諸功用，於佛法善巧方便無作而作，令未得者亦得此如幻三昧。

大慧，此是菩薩涅槃，方便不壞[二]，離心意意識，得無生法忍。見法如幻等已，即證無功用行，是名菩薩所得涅槃，不壞方便之相，故能離心意意識，得無生忍。

[一] 墮，原作「隨」，據《高麗藏》、《龍藏》本改。
[二] 壞，《高麗藏》、《頻伽藏》本訛作「懷」。

大慧，於第一義無次第相續，說無所有妄想寂滅法。《新說》云：「第一義中言思路絶，唯自覺智所證相應，不得說有十地對治次第相續相，此則强名寂滅法也。」

爾時世尊欲重宣此義，而說偈言：

心量無所有，此住及佛地，去來及現在，三世諸佛說。

心量地第七，無所有第八，二地名爲住，佛地名最勝。《新說》云：「住，亦地也。言七地以還，總名心量未滅。八地已上，名無所有。十地已去，方言佛也。」

自覺智[一]及淨，此則是我地，自在最勝處，清淨妙莊嚴。

照曜如盛火，光明悉徧至，熾燄不壞目，註云：如毒龍放光，即損人目；如來光明，不損人目。周輪化三有。

化現在三有，或有先時化，佛之權實所化先後不同。於彼演說乘，流支云：「彼處說諸乘。」○如《法華》云：「爲諸衆生類，分別說三乘。」[二]皆是如來地。

[一] 智，《磧砂藏》、《南藏》、《龍藏》本作「知」。
[二] 見《妙法蓮華經》卷第一，《大正藏》第9册，第9頁下。

十地則爲初，初則爲八地，第九則爲七，七亦復爲八，第二爲第三，第四爲第五，第三爲第六，無所有何次？《新説》云：「如來方便隨情説法，即有諸乘；第一義中何有次第？故《思益經》云『得諸法正性者，不從一地至於一地』[一]。是知以實映權，方便相盡，皆無所有。」

（七）

爾時大慧菩薩復白佛言：世尊，如來、應供、等正覺，爲常、爲[二]無常？因上言去來及現在三世諸佛説，若如來墮三世者，則是無常。故問如來、應、正等覺，爲常、爲無常耶？

佛告大慧：如來、應供、等正覺非常、非無常，謂二俱有過。若[三]常者，有作主過。常者，一切外道説作者無所作。是故如來常非常。非作常，有過故。楊云：

〔一〕該文爲引義，參《思益梵天所問經》卷一，《大正藏》第15册，第36頁中。
〔二〕爲，《高麗藏》、《資福藏》、《磧砂藏》、《頻伽藏》本無。
〔三〕若，《嘉興藏》本同，餘本無。

「如來之常，非無因而常，亦非作主而常，常與作常皆不免有過故。」

若如來無常者，有作無常過。陰所相、相無性，陰壞則應斷，而如來不斷。言無常者，則同世間有爲、有作、無常等過。五陰能相、所相無性，若陰實壞，如來法身亦應斷滅，不斷故，不同作者無常。

大慧，一切所作皆無常，如瓶衣等，一切皆無常過。一切衆具方便應無義，以所作故。一切所作皆應是如來，無差别因性故。是故大慧，如來非常非無常。《新説》云：「若言如來是無常，即同瓶衣，一切作法無常過也。所修正因福慧莊嚴，皆空無益。然佛如來功流萬世而常存，道通億劫而彌固。又一切世間有所作法，皆應是如來，以同是作因生故。而言如來是常無常者，有如上過。」

復次大慧，如來非如虛空常。如虛空常者，自覺聖智衆具無義過。流支云：「如來非常。何以故？虛空之性，無修行諸功德故。」○謂所修功德悉空無義，成斷滅道。

大慧，譬如虛空非常非無常，離常無常、一異俱不俱、常無常過，故不可説。是故如來非常。前云非如虛空常者，謂具聖智故。此云如虛空者，謂如虛空之性無所變動，非常非無常，離常無常，不墮一異俱不俱等一切諸過，故不可説常無常也。

復次大慧，若如來無生常者，如兔馬等角。以無生常〔二〕故，方便無義。以無生常過故，如來非常。若言如來是無生常者，則如兔馬等角，本來不生。若同兔馬等角言常，則無方便廣大益物義。以無生常有過故，是故如來不同無生常也。

復次大慧，更有餘事知如來常。所以者何？謂無間所得智常，故如來常。註云：言無間智所證常理，是如來常。○楊云：「此述如來實有常住之法，而非世之所謂常無常者。」

大慧，若如來出世，若不出世，法畢定住。聲聞、緣覺、諸佛如來無間住，不住虛空，亦非愚夫之所覺知。實叉云：「諸佛如來所證法性，法住法位，如來出世，若不出世，常住〔三〕不易，在於一切二乘外道所得法中，非是空無，然非凡愚之所能知。」○無間住，謂二乘與如來所得智，皆悉無間。

〔二〕常，《資福藏》、《磧砂藏》、《普寧藏》、《南藏》、《龍藏》本作「常過」。
〔三〕住，原作「位」，據唐譯本改。

大慧，如來所得智是般若所熏，非心意〔一〕意識，彼諸〔二〕陰界入處所熏。大慧，一切三有皆是不實妄想所生，如來不從不實虛妄想生。大慧，以二法故，有常無常，非不二。不二者寂靜，一切法無二生相故。妄取生死，故有常無常；生死寂靜，即自性涅槃，故非常非無常。是故如來、應供、等正覺，非常非無常。大慧，乃至言說分別生，則有常無常過。分別覺滅者，則離愚夫常無常見、不寂靜〔三〕；分別覺，覺想也。覺想滅，則離常無常、不寂靜見。慧者，永離常無常，非常無常熏。謂離常無常見，非常無常見所能熏變故，本來寂靜。

爾時世尊欲重宣此義，而說偈言：

衆具無義者，生常無常過，若無分別覺，永離常無常。無衆具方便益物義者，則生起常無常一切諸過。若滅覺想，則永離常無常見。

從其所立宗，則有衆雜義，等觀自心量，言說不可得。外道立常無常爲宗，則有四

〔一〕非心意，《嘉興藏》本同，餘本作「大慧如來非心意」。

〔二〕諸，《龍藏》本作「識」，當誤。

〔三〕不寂靜，《高麗藏》、《磧砂藏》本作「寂靜」。

句等衆雜不正之義。等觀生死涅槃、常無常，皆是不實心置，徒有言説，悉不可得。

（八）

爾時大慧菩薩復白佛言：世尊，惟願世尊，更爲我説陰界入生滅。彼無有我，誰生誰滅？愚夫者依於生滅，不覺苦盡，不識涅槃。因上如來「非以心意意識，彼諸陰界入處所熏」，又佛常説諸法無我，故問惟願爲我説陰界入生滅之相，彼陰界入中既無有我，誰生誰滅？而諸凡愚依於生滅，不覺苦盡，不證涅槃無生滅法。若無有我，誰知苦盡？誰證涅槃耶？

佛言：善哉諦聽，當爲汝説。大慧白佛言：唯然受教。

佛告大慧：如來之藏是善不善因，能偏興造[一]一切趣生。譬如伎[二]兒，變現諸趣，離我我所。《新説》云：「如來藏者，自性清浄心在纏之名也。佛言陰界入中雖無我，而有如來藏，能受善不善因故，能偏興造六道生死法。譬如伎兒依呪術故，變起六道形色法，無

〔一〕造，《磧砂藏》本作「我」，當誤。
〔二〕伎，《普寧藏》、《嘉興藏》本作「技」。

我我所；凡夫依如來藏，起六道生死，無我我所亦如是。」

不覺彼故，三緣和合方便而生。外道不覺，計著作者。爲無始虛僞惡習所熏，名爲識藏，生無明住地，與七識俱。謂二乘不覺如來藏無我故，計根塵識三緣和合以爲生因。外道不覺如來藏無我故，計神我等以爲作者。爲無始惡習所熏，名如來藏爲識藏，由此妄生無明住地，與七識俱也。

如海浪身常[一]生不斷，離無常過，離於我論，自性無垢，畢竟清淨。如彼大海因風起浪，水相波相相續不斷，以況如來藏海，因無明風，起七識浪，生死相續不斷亦爾。然如來藏，本來離無常過，離神我論，自性無垢，畢竟清淨。

其餘諸[二]識有生有滅，意、意識等念念有七。因不實妄想，取諸境界種種形處，計著名相，不覺自心所現色相，不覺苦樂，不至解脱。名相諸纏，貪生生貪，若因若攀緣。其餘七識意意識等念念生滅，因虛僞妄想攝取諸境種種形處，執著名相，不覺色等諸法是自心所現，及不覺苦樂，非涅槃因，故不至解脱，以縛於名相。既從貪生，復生於貪，若因

[一] 常，《嘉興藏》本作「長」，當誤。
[二] 餘諸，《嘉興藏》本同，餘本作「諸餘」。

若緣，妄想流轉。已上明如來藏與三界有漏善惡爲因。

彼諸受根滅，次第不生，餘[一]自心妄想，不知苦樂，入滅受想正受、第四禪、善真諦解脱，修行者作解脱想。彼諸受根滅，而識次第不生，尚餘自心妄想。然忘苦樂，入滅受想定，得四禪、四諦解脱，修行者至此多作究竟解脱之想，《法華》云「但盡生死，名爲解脱，其實未得一切解脱」[二]也。此明如來藏，與出世間聲聞、緣覺無漏善法爲因。

不離不轉名如來藏識藏，七識流轉不滅。所以者何？彼因攀緣諸識生故，非聲聞、緣覺修行境界，不覺無我，自共相攝受，生陰界入。實叉云：「而實未捨未轉如來藏中藏識之名。若無藏識，七識則滅。何以故？因彼及所緣而得生故。然非一切外道、二乘諸修行者所知境界。以彼唯了人無我性，於藴界處取於自相及共相故。」○識藏，爲識所依故名。不覺無我，不覺如來藏無我也。

見如來藏，五法、自性、人法無我則滅，地次第相續轉進，餘外道見不能傾動。

註云：若見如來藏，五法、三自性、人法無我等對治法門則滅，以見如來藏故。復得入地，轉進

[一] 餘，《高麗藏》、《頻伽藏》本作「除」，當誤。

[二] 該文爲引義。《妙法蓮華經》卷二《譬喻品》第三云：「但離虛妄，名爲解脱，其實未得一切解脱。」

至八地，外道惡見不能傾動。是名住菩薩不動地，得十三昧道門樂。三昧覺所持，觀察不思議佛法、自願，不受三昧門樂及實際，楊云：「以觀察佛法自願，則能顧愍衆生，不滯空寂，故於三昧門樂及實際皆不受。」向自覺聖趣，不共一切聲聞、緣覺及諸外道所修行道，得十賢聖種性[二]道，及身智意生，離三昧行。是故大慧，菩薩摩訶薩欲求勝進者，當淨如來藏及識藏[三]名。向自覺聖趣，則不共餘乘而證十地聖人之道及身智，俱如意生，離於功用諸三昧行。是故菩薩欲求勝妙進趣者，當淨妄習識藏之名，無如二乘但斷分段生死，便謂真解脱也。

大慧，若無識藏名，如來藏者，則無生滅。大慧，然諸凡聖悉有生滅。修行者自覺聖趣現法樂住，不捨方便。若無妄習識藏之名，則清淨如來藏有何生滅？然諸聖無生滅性，非同木石之無性也。是故修行者，雖得自覺聖智法樂現前，而不捨方便勝進於佛地，故亦有生滅。

[二] 性，《資福藏》本作「姓」。
[三] 識藏，《嘉興藏》、宫内本同，餘本作「藏識」。

大慧，此如來藏識藏，一切聲聞緣覺心想所見，雖自性清淨〔一〕，客塵所覆故，猶見不淨，非諸如來。大慧，如來者，現前境界猶如掌中視阿摩勒果。外道妄覺，二乘偏覺，故所見不淨。菩薩分覺，雖勝亦未究竟。唯如來現前境界，視如來藏如觀掌中之果，皎然明白。

大慧，我於此義以神力建立，令勝鬘夫人及利智滿足諸菩薩等，宣揚演說如來藏及識藏名，七識〔二〕俱生，聲聞計著，見人法無我。流支云：「爲諸聲聞、辟支佛等示法無我。」〇實叉云：「令諸聲聞見法無我。」〇此經謂二乘於人無我處計著不捨，故令離計著得法無我也。

故勝鬘夫人承佛威神，說如來境界，非聲聞、緣覺及外道境界。如來藏識藏，唯〔三〕佛及餘利智依義菩薩智慧境界。是故汝及餘菩薩摩訶薩，於如來藏識藏當勤修學，莫但聞覺作知足想。《新說》云：「言如來藏識藏是佛境界，非諸二乘外道所行之

〔一〕清淨，《嘉興藏》本同，餘本作「淨」。
〔二〕七識，《高麗藏》、《頻伽藏》本作「與七識」。
〔三〕唯，《資福藏》、《磧砂藏》、《南藏》、《龍藏》、宮內本訛作「餘」。

處，當勤觀察，三慧備修，勿得守聞，便生足想。」

爾時世尊欲重宣此義，而說偈言：

甚深如來藏，而與七識俱，二種攝受生，智〔二〕者則遠離。謂七識以若因、若攀緣二種攝受而生。

如鏡像現心，無始習所熏，如實觀察者，諸事悉無事。實叉云：「境相悉無有。」○註云：如鏡因前境故有像現，以譬如來藏心鏡，因七轉識無始妄習熏，故有三界依正妄法現。如實觀者，一切悉無耳。

如愚見指月，觀指不觀月，計著名字者，不見我真實。《新說》云：「智者見指，必知有月；愚夫反是，故但觀文字之指，不得真實法也。」

心爲工伎兒，意如和伎者，五識爲伴侶，妄想觀伎衆〔三〕。《新說》云：「言如來藏識藏受熏持種，變起根身器界，如工伎兒；染汙末那執我法故，如和伎者。前五轉識取塵相資，譬之伴侶；第六意識虛妄了別，類彼觀人。」

〔二〕智，《磧砂藏》、《龍藏》本作「知」。

〔三〕伎衆，《資福藏》、《磧砂藏》、《南藏》、《龍藏》本訛作「衆伎」，《普寧藏》本訛作「技衆」。

（九）

爾時大慧菩薩，白佛言：世尊，惟願爲説五法、自性、識、二種無我究竟分別相。我及餘菩薩摩訶薩，於一切地次第相續，分別此法，入一切佛法。入一切佛法者，乃至如來自覺地。流支云：「乃至能入如來自身内證智地。」○註云：因上見如來藏，五法、自性、人法無我對治法門則滅，故舉五法、自性、識、二種無我以請問。

佛告大慧：諦聽諦聽，善思念之。大慧白佛言[一]：唯然受教。佛告大慧：五法、自性、識、二種[二]無我分別趣相者，謂名、相、妄想、正智、如如。

若修行者，修行入如來自覺聖趣，離於斷常、有無等見，現法樂正受住現在前。楊云：「謂修行者，若觀察此法，入於如來自覺境界，則得現法樂正受常現在前，未嘗闇昧，所謂猶如掌中視阿摩勒果。」

大慧，不覺彼五法、自性、識、二無我，自心現外性，凡夫妄想，非諸聖賢[三]。實

[一] 言，《嘉興藏》本同，餘本無。
[二] 二種，《嘉興藏》本同，餘本作「二」。
[三] 聖賢，《嘉興藏》本同，餘本作「賢聖」。次下同。

又云：「大慧，凡愚不了五法、自性、諸識、無我，於心所現見有外物而起分別，非諸聖人。」

大慧白佛言：世尊，云何愚夫妄想生，非諸聖賢？

佛告大慧：愚夫計著俗數名相，隨心流散。流散已，種種相像貌，墮我我所見，希望計著妙色。計著已，無知覆障，故[二]生染著。染著已，貪恚癡[三]所生業積集。積集已，妄想自纏，如蠶作繭，墮生死海諸趣曠野，如汲井輪。以愚癡故，不能知如幻、野馬、水月自性，離我我所，流支云：「佛告大慧：一切凡夫執著名相，隨順生法。隨順生法已，見種種相，墮我我所邪見，心中執著，具足一切法相。執著已，入於無明黑暗障處。入障處已，起於貪心。起貪心已，而能造作貪嗔癡業。造作行已，不能自止，如蠶作繭，以分別心而自纏身，墮在六道大海險難，如轆轤迴轉不自覺知。以無智故，不知一切諸法如幻，不知無我我所。」起於一切不實妄想，離相所相及生住滅，從自心妄想生，非自在、時節、微塵、勝妙生。愚癡凡夫隨名、相流。妄想既如幻等不實，安有能相所相及生住

[二] 故，《嘉興藏》本同，餘本無。

[三] 癡，《高麗藏》、《磧砂藏》、《龍藏》、《頻伽藏》本無。

滅？故知一切諸法名相，從妄想而生，非從自在天等生也。愚夫不覺名相自心現故，妄心緣於外境，隨塵流動。

大慧，彼相者，眼識所照名爲色，耳鼻舌〔一〕身意意〔二〕識所照，名爲聲香味觸法，是名爲相。《新説》云：「五根六境通名爲相。亦云眼識所見，名有見、有對色；耳鼻舌身識所得者，名無見、有對色；意識所得者，名無見、無對色。此三種色相，總爲名相也。」

大慧，彼妄想者，施設衆名，顯示諸相，如此不異，實叉云：「此事如是，決定不異。」象馬車步男女等名，是名妄想。《新説》云：「施設衆多名字，顯示差別種種諸相，謂有象馬車步等名生，即有象馬車步等相起也。如此者，顯示自相也。不異者，顯示共相也。計有此等名相，是故名爲妄想分別。」〔三〕

大慧，正智者，彼名、相不可得，猶如過客，諸識不生，不斷不常，不墮一切外道、聲聞、緣覺之地。正智者，觀彼名相不實如過客，客非住義，故不可得，以不可得故，諸識

〔一〕舌，《資福藏》、《磧砂藏》本脱。
〔二〕意，《高麗藏》本無。
〔三〕文字小異。

不生。蓋以智爲主人，以名相爲客也。此智既不斷不常，則無復墮凡夫、聲聞之地。

復次大慧，菩薩摩訶薩以此正智，不立名相，非不立名相，捨離二見建立及誹謗，流支云：「依正智不取名相法以爲有，不取不名相以爲無。何以故？以離有無邪見故。」知名相不生，知名相當體不生。是名如如。流支云：「依正智，不取名相法以爲有，不取不名相以爲無。何以故？以離有無邪見故。以不見名相是正智義，是故我説名爲真如。」

大慧，菩薩摩訶薩住如如者，得無所有境界故，得菩薩歡喜地。得菩薩歡喜地已，永離一切外道惡趣，正住出世間趣，法相成熟，分別幻等一切法，自覺法趣相，離諸妄想見性[二]異相。證如幻境界，得自覺法趣，方能離妄想見性異相偏執，入諸地之次第。

次第乃至法雲地，於其中間，三昧、力、自在、神通開敷。流支云：「入法雲地已，次以三昧、力、自在、神通諸華莊嚴如來之地。」得如來地已，種種變化圓照示現，成熟衆生，如水中月。善究竟滿足十無盡

[二] 想見性，《高麗藏》、《資福藏》、《普寧藏》、《磧砂藏》、《頻伽藏》本作「見怪」。

句，爲種種意解衆生分別説法，法身離意所作。是名菩薩入如如所得。楊云：「法身無爲，悉離意之所作，至此乃入如如。」

爾時大慧菩薩白佛言：世尊，云何世尊爲三〔一〕種自性入於五法？爲各有自相宗？

佛告大慧：三種自性及八識、二種無我，悉入五法。

大慧，彼名及相，是妄想自性。《新説》云：「大慧前舉四門而問，如來但約五法一門而答，故此再問爲三自性入於五法中，爲三自性別有自相宗耶？佛答言，餘三法門悉入五法中者，以但修一門，則諸門備攝，餘三亦爾。謂其中名相生妄想自性，此妄想自性，入五法中名相也。」

大慧，若依彼妄想生心心法，名俱時生，如日光俱。種種相各別分別持，是名緣起自性。若依彼妄想生心心所法，則挽動名相俱時而起。日與光，喻相與名俱；光與日，喻名與相俱。心雖本無所持，然分別種種名，是相持於名；分別種種相，是名持於相，故曰「各

〔一〕三，《磧砂藏》本訛作「二」。

別分別持」。二法因緣相持而生，是名緣起自性。此緣起自性，入五法中妄想也。

大慧正智、如如者，不可壞故，名成自性。正智如如非有作法，故不可壞，是名成自性。此成自性，入五法中正智如如也。已上明三自性入五法竟。

復次大慧，自心現妄想八種分別，謂識藏、意、意識及五識身相者，不實相妄想故。我我所二攝受滅，二無我生。是故大慧，此五法者，聲聞、緣覺、菩薩、如來，自覺聖智，諸地相續次第，一切佛法悉入其中。《新説》云：「於自心妄所現法生執著時，有心、意、意識八種分別。起此差別相，此八名相，即入五法中名、相、妄想；了此名相皆是不實，唯妄相性，即入五法中正智、如如。此明八識入五法也。既皆不實唯妄想性，若計實有二種我名及二我相，即入五法中名、相、妄想；若能覺彼二我不實，即得人法二無我智，即入五法中正智、如如。此明二種無我，入五法也。非但五法攝餘三門，聲聞、緣覺、菩薩、如來，若因若果一切諸法，悉入其中也。」〔一〕

復次大慧，五法者，相、名、妄想、如如、正智。

〔一〕文字小異。

大慧，相者，若處所、形相、色像等現，是名爲相。實叉云：「此中相者，謂所見色等形狀各别，是名爲相。」

若彼有如是相，名爲瓶等，即此非餘，是説爲名。實叉云：「依彼諸相立瓶等名，此如是此不異，是名爲名。」

施設衆名，顯示諸相，瓶等心心法，是名妄想。起心心所法，緣念瓶等名相，是名妄想。

彼名彼相畢竟不可得，始終無覺，於諸法無展轉，離不實妄想，是名如如。註云：了名相無實故，無妄想覺知，了諸法無實故，無展轉生滅，乃至悉離不實妄想，則名如如也。

真實決定究竟自性不可得，彼是如相。我及諸佛隨順入處，普爲衆生如實演説，施設顯示於彼。隨入正覺，不斷不常，妄想不起。隨順自覺聖趣，一切外道、聲聞、緣覺所不得相。是名正智。自「復次大慧，五法者」下，重明五法義也。

大慧，是名五法、三種自性、八識、二種無我，一切佛法悉入其中。是故大慧，當自方便學，亦教他人，勿隨於他。實叉云：「於此法中，汝應以自智善巧通達，亦勸他人令其通達，通達此已，心則決定不隨他轉。」

爾時世尊欲重宣此義，而説偈言：

五法三自性，及與八種識，二種無有我，悉攝摩訶衍。頌上五法、三自性、八識、二無我，普攝大乘一切法義也。

名相虚妄想，自性二種相，頌上妄想、緣起二種自性，攝入名、相、妄想三法也。正智及如如，是則爲成相。頌上成自性，攝入正智、如如二法也。

（十）

爾時大慧菩薩復白佛言：世尊，如世尊所説句，過去諸佛如恒河沙，未來、現在亦復如是。云何世尊，爲如説而受？爲更有餘義？惟願如來哀愍解説。

佛告大慧：莫如説受〔一〕。三世諸佛量，非如恒河沙。所以者何？過世間望，非譬所譬。三世諸佛之量不可以數計，故非如恒河沙，而微妙最勝，超諸世間，無與等者，

〔一〕説受，《高麗藏》本作「説而受」。

故過世間望。《華嚴經》云：「三界有無一切法，不能與佛爲譬喻。」[一]以凡愚計常，外道妄想，長養惡見，生死無窮。欲令厭離生死趣輪[二]，精勤勝進故，爲彼説言，「諸佛易見，非如優曇鉢華難得見故」，息方便求。註云：爲誘進凡愚外道，令厭生死故，説化佛易見如恒河沙皆已得道，汝今不應受此生死。若説諸佛如優曇鉢華難得見故，此諸人等便生退怯，更不進求。○優曇鉢，又云烏曇鉢羅，此云瑞應。

有時復觀諸受化者，作是説言：「佛難值遇，如優曇鉢華。」註云：又見受化弟子，不勤精進故，作是言：佛難值遇，如優曇鉢華，汝今得值，何不精勤勝進，遠離生死？優曇鉢華無已見、今見、當見，如來者世間悉見，不以建立自通故，説言如來出世如優曇鉢華。大慧，自建立自通者，過世間望，優曇鉢華，三世之中無有見者，今如來世間悉見，何得説佛如優曇鉢華？然如來不以建立法身自通比如優曇，爲誘諸衆生故，而説化佛難見、易見。能自建立自通處者，則過世間望。彼諸凡愚所不能信，自覺聖智境界無以爲

[一]〔唐〕實叉難陀譯《大方廣佛華嚴經》卷第八十《法界品》第三十九，《大正藏》第10册，第444頁下。
[二] 趣輪，《高麗藏》、《頻伽藏》本作「趣轉」，當誤。

譬，真實如來過心意意識所見之相，不可爲譬。凡愚既不信自覺聖智境界，豈知真實如來超過心意意識所見之相，不可爲譬爲喻？

大慧，然我說譬佛如恒河沙〔一〕，無有過咎。法身無相，非言說譬喻可及，今謂佛如恒河沙無過咎者，將示七種深義故也。

大慧，譬如恒沙，一切魚、鱉、輸收〔二〕摩羅、或云失獸摩羅，此云殺子魚。師子、象、馬、人、獸踐踏，沙不念言「彼惱亂我」，而生妄想。自性清浄，無諸垢汙。如來應供等正覺，自覺〔三〕聖智恒河，大力神通自在等沙，一切外道諸人獸等一切惱亂，如來不念而生〔四〕妄想，如來寂然無有念想。如來本願，以三昧樂安衆生故，無有惱亂，猶如恒沙等無有異，又斷貪恚故。實叉云：「無有愛憎。」〇如來自覺聖智如恒河，力、通、自在等如恒河中沙，諸外道等來相惱亂，如來未嘗起一念恚彼，而生憎愛分別。

〔一〕恒河沙，《嘉興藏》本同，餘本作「恒沙」。
〔二〕收，《高麗藏》、《資福藏》、《頻伽藏》本作「牧」。
〔三〕自覺，《資福藏》、《磧砂藏》、《南藏》、《龍藏》本無。
〔四〕生，《資福藏》、《磧砂藏》本作「去」，當誤。

譬如恒沙是地自性，劫盡燒時，燒一切地，而彼〔一〕地大不捨自性，與火大俱生故。其餘愚夫作地燒想，而地不燒，以火〔二〕因故。如是大慧，如來法身如恒沙不壞。地因火與水合而成，又火能生土，故言地不燒，沙不可壞，故比法身。

大慧，譬如恒沙無有限量，如來光明亦復如是，無有限量，爲成熟衆生故，普照一切諸佛大衆。言照一切諸佛大衆如恒河沙無有限量，得比如來。

大慧，譬如恒沙，別求異沙永不可得。如是大慧，如來、應供、等正覺，無生死、生滅，有因緣斷故。《新説》云：「純是金沙，無有瓦石，以比如來法身無有生死、生滅瓦石。謂如來三有生因悉斷。」

大慧，譬如恒沙〔三〕，增減不可得知。如是大慧，如來智慧成熟衆生，不增不減，非身法故。身法者有壞，如來法身非是身法。註云：非色身法，故無增減。

如壓恒沙，油不可得。如是一切極苦衆生逼迫如來，乃至衆生未得涅槃，不

〔一〕彼，《磧砂藏》本訛作「披」。
〔二〕火，《普寧藏》本訛作「大」。
〔三〕恒沙，《嘉興藏》本同，餘本作「恒河沙」。

捨法界自三昧願樂，以大悲故。實叉云：「譬如恒沙，雖苦壓治，欲求蘇油，終不可得。如來亦爾，雖爲衆生衆苦所壓，乃至蠢動未盡涅槃，欲令捨離於法界中深心願樂，亦不可得。何以故？具足成就大悲心故。」○衆生在極苦中無由出離，如來愍之，以百千方便令其解脱，如被衆生之所逼迫，餘義可見。

大慧，譬如恒沙，隨水而流，非無水也。如是大慧，如來所説一切諸法，隨涅槃流，是故説言如恒河沙。如來不隨諸去流轉，去是壞義故。流支云：「大慧，如恒河河沙隨水而流，終不逆流。大慧，諸佛如來爲諸衆生説法亦爾，隨順涅槃而非逆流。大慧，是故我説諸佛如來，如恒河河沙。大慧，言恒河河沙隨順流者，非是去義。若佛如來有去義者，諸佛如來應無常滅。」○沙，喻諸法；水，喻涅槃。沙雖隨水而流，不離於水；法雖隨涅槃而流，不離於涅槃，故曰「非無水」也。

大慧，生死本際不可知。不知故，云何説去？大慧，去者斷義，而愚夫不知。流支云：「生死本際尚不可知，不可知者，我云何依而説去義？是故如來非爲去義。大慧，去義者名斷義，愚癡凡夫不覺不知。」

大慧白佛言：世尊，若衆生生死本際[一]不可知者，云何解脱可知？註云：若衆生生死本際始時不可知者，云何後時得解脱終時可知耶？

佛告大慧：無始虚僞過惡妄想習氣因滅，自心現知外義，妄想身轉，解脱不滅。是故無邊非都無所有，爲彼妄想作無邊等異名。無邊者，是妄想異名，故實叉云「不得言無邊際」。非都無所有者，謂但轉妄想所依，即得解脱，非是壞滅妄想都無所有。等者，有邊也。謂有邊無邊，皆是妄想異名。

觀察内外，離於妄想，無異衆生，智及爾燄一切諸法悉皆寂静。不識自心現妄想故[二]，妄想生，若識則滅。實叉云：「離分别心無别衆生，以智觀察内外諸法，知與所知悉皆寂滅。大慧，一切諸法唯是自心分别所見，不了知故分别心起，了心則滅。」〇不識妄想從自心現則妄想生，若識則滅。

爾時世尊欲重宣此義，而説偈言：

觀察諸導師，猶如恒河沙，不壞亦不去，亦復不究竟，註云：言法身亦不究竟空

[一] 本際，《資福藏》、《磧砂藏》、《普寧藏》、宮内本作「際」。
[二] 故，《資福藏》、《磧砂藏》本訛作「生」。

斷。是則爲平等，觀察諸如來。

猶如恒沙等，悉離一切過，隨流而性常，是則佛正覺。《新説》云：「此偈頌上恒河沙七種譬喻，如文可知。」

（十一）

爾時大慧菩薩，復白佛言：世尊[一]，惟願爲説一切諸法刹那壞相。世尊，云何一切法刹那？流支云：「爲我説一切法生滅之相，云何如來説一切法念念不住？」○因上佛言身法者有壞，即是説陰界入無常，故舉一切諸法刹那壞相以請問。

佛告大慧：諦聽諦聽，善思念之，當[二]爲汝説。佛告大慧：一切法者，謂善、不善、無記，有爲無爲，世間出世間，有罪無罪，有漏無漏，受不受。實叉云：「一切法者，所謂善法不善法，有爲法無爲法，世間法出世間法，有漏法無漏法，有受法無受法。」

大慧，略説心意意識及習氣是五受陰因，是心意意識習氣，長養凡愚善不善

[一] 世尊，《嘉興藏》本同，餘本無。
[二] 當，《頻伽藏》訛作「然」。

妄想。《新説》云：「以心意意識妄習爲因，陰界入等色心諸法得增長者，愚夫分別謂善不善是刹那也。」

大慧，修三昧樂，三昧正受現法樂住，名爲賢聖[二]善無漏。《新説》云：「修三昧爲因，證現法樂住，名爲聖賢善無漏法，非刹那也。」

大慧，善不善者，謂八識。何等爲八？謂如來藏名識藏，心、意、意識及五識身，非外道所説。《新説》云：「再欲釋前善不善法是非刹那，故舉八識如來藏是刹那、非刹那因。然此第八阿賴耶識，唯是無覆無記性攝；第七末那，唯是有覆無記性攝；前六轉識，通善、不善、無記三性。未轉依位，此八種識俱名刹那，故如來藏名刹那因。若得轉依，八識皆是善無漏法，如來藏名非刹那因。」○如來藏爲無明熏變故，名識藏。由是而有心意意識及五識身，名爲八種。○註云：外道不説此八識。

大慧，五識身者，心、意、意識俱，善不善相展轉變壞，相續流注，不壞身生亦生亦滅。實叉云：「無異體生，生已即滅。」○五識取塵，與六七八識共俱，六識造善惡業相展

[二] 名爲賢聖，《資福藏》、《磧砂藏》、《普寧藏》、《南藏》、《龍藏》本作「賢聖名爲」。

轉變壞，然六識雖生滅變壞，而善惡業相相續流注不斷，故五識身生，此五識身亦念念生滅。**不覺自心現，次第滅，餘識生，形相差別攝受。**註云：此明五識不覺諸法自心現故，取種種塵，隨取即滅，故言次第滅。隨次第滅處，即六識生，故言餘識生。餘識生，記五識所取形相差別法。**意識、五識**〔二〕**俱相應生，**註云：七識因五識六識而起，故言意識五識俱相應生。**剎那時不住，名爲剎那。**此敘諸識生滅，如《首楞嚴》云：「剎那剎那，念念之間不得停住。」〔三〕

大慧，剎那者，名識藏如來藏意俱生識，習氣剎那，註云：七識習氣依如來藏，名識藏處剎那，非如來藏剎那。**無漏習氣非剎那，非凡愚所覺，計著剎那論故。**《新説》云：「言無漏習氣，熏如來藏識藏，離念相應，證得聖果，即非剎那。故《起信論》云『得無念者，則知心相生住異滅，以無念等故』。此豈凡愚未曾離念生滅戲論所能覺耶？」**不覺一切法剎那非剎那，以斷見壞無爲法。**實叉云：「彼不能知一切諸法有是剎那非剎那故，彼計無爲同諸法壞，墮於斷見。」

〔二〕五識，《資福藏》、《磧砂藏》、《南藏》、《龍藏》本脱。
〔三〕見《大佛頂首楞嚴經》卷第二，《大正藏》第19册，第110頁中。

大慧，七識不流轉，不受苦樂，非涅槃因。註云：言七識念念生滅無自性故，不能流轉六道，以念念滅故，亦不知苦樂，非涅槃因。○《宗鏡》云：「七識從緣，本無自性，尚不能爲生死苦樂之本，豈復與涅槃作因？」〔一〕

大慧，如來藏者，受苦樂，與因俱，若生若滅，《宗鏡》云：「如來藏與七識生死苦樂因俱，念念若生若滅。」〔二〕四住地、無明住地所醉，凡愚不覺，刹那見妄想熏〔三〕心。依四住煩惱及無明所醉，凡愚不覺起刹那見，故如來藏心爲妄想所熏。

復次大慧，如金、金剛、佛舍利〔四〕，得奇特性，終不損壞。註云：明如來藏不生滅，猶如金剛與佛骨也。

大慧，若得無間有刹那者，聖應非聖，而聖未曾不聖。謂得如來所證無間之法，非刹那不住。若有刹那不住者，則聖應非聖。以非刹那不住故，而聖未嘗不聖也。如金、金剛，

〔一〕見《宗鏡録》卷第七十六，《大正藏》第48册，第39頁上。
〔二〕同上。
〔三〕熏，《高麗藏》本作「勳」。
〔四〕佛舍利，《普寧藏》本作「佛之舍利」。

雖經劫數，稱量不滅〔一〕。云何凡愚不善於我隱覆之說，於内外一切法作刹那想？《新説》云：「凡愚不達諸法虚妄，故我方便隨順爲説一切諸法刹那不住，無漏習氣非刹那也。」

（十二）

大慧菩薩復白佛言：世尊，如世尊説，六波羅蜜滿足，得成正覺。何等爲六？實叉云：「若得滿足，便成正覺。何者爲六？云何滿足？」〇《新説》云：「因上修三昧正受現法樂住，名爲賢聖善無漏法，故舉餘經世尊常説六波羅蜜若得滿足，便成正覺。故問何者爲六，云何滿足。」〔二〕

佛告大慧：波羅蜜有三種分别，謂世間、出世間、出世間上上。波羅蜜，又云阿羅蜜，此云到彼岸。生死爲此岸，涅槃爲彼岸，煩惱爲中流，菩薩以無相智慧，乘禪定舟航，從生死此岸，到涅槃彼岸。又《大論》别翻事究竟，《三瑞應經》翻度無極。〔三〕

〔一〕滅，宫内本訛作「滅」。
〔二〕文字小異。
〔三〕見《翻譯名義集》四《辨六度法篇》第四十四，《大正藏》第54册，第1117頁上。

大慧，世間波羅蜜者，我我所攝受計著，攝受二邊，爲種種受生處，樂色聲香味觸故，滿足檀波羅蜜。戒、忍、精進、禪定、智慧亦如是。凡夫神通，及生梵天。

檀，具云檀那，此言布施。○註云：世間波羅蜜者，計著我我所攝受，有無二邊惡見，爲求未來受生處具足欲樂，行於布施有漏諸波羅蜜，得生梵天，獲五神通，不離生死，故言凡夫神通。

大慧，出世間波羅蜜者，聲聞、緣覺墮攝受涅槃故，行六波羅蜜，樂自己涅槃樂。

《新説》云：「出世間波羅蜜者，是二乘人厭捨生死，欣趣涅槃，求於自度，修習六種劣無漏行，故不得作佛。」

出世間上上波羅蜜者，覺自心現妄想量攝受，及自心二故，不生妄想，於諸趣攝受非分，自心色相不計著，爲安樂一切衆生故，生檀波羅蜜，起上上[一]方便。

《新説》云：「言出世間上上波羅蜜者，謂大菩薩而於自心内外二法，覺知唯是妄分別現，不起施者妄想，不生受者執著，不取中間施物色相，爲令衆生得無畏安樂，而恒行施。故《大論》[二]云：『以知法性體無慳貪故，隨順修行檀波羅蜜。』」○起上上方便者，通該六度所修之意也。

[一] 上上，《嘉興藏》本同，餘本作「上」。

[二] 見梁真諦譯《大乘起信論》，《大正藏》第32册，第581頁上。下五處同。

即於彼緣，妄想不生戒，是尸波羅蜜。尸，具云尸羅，此云清涼，又云止得，正翻戒。○於彼施受一切染浄境緣妄想不生，則戒性如虛空，有何持犯？○《論》云：「以知法性無染，離五欲過故，隨順修行尸羅波羅蜜。」

即彼妄想不生，忍知攝所攝，是羼提波羅蜜。羼提，此云安忍，又忍辱內心，能安忍外所辱境，故名忍辱。○於彼持犯妄想不生，則非忍而忍，知攝所攝性非實。○《論》云：「以知法性無苦，離嗔惱故，隨順修行羼提波羅蜜。」

初中後夜，精勤方便，隨順修行方便，妄想不生，是毗棃耶波羅蜜。毗棃耶，此云精進。○楊云：「隨順如實修行，於修行方便，亦不起方便之想。」○《論》云：「以知法性無身心相，離懈怠故，隨順修行毗棃耶波羅蜜。」

妄想悉滅，不墮聲聞涅槃攝受，是禪波羅蜜。禪，具云禪那，此云思惟修，正翻静慮。○註云：三界心意意識妄想悉滅，大悲本願故，不以無生爲證。○楊云：「聲聞有涅槃想，故有攝受。」○《論》云：「以知法性常定，體無亂故，隨順修行禪波羅蜜。」

自心妄想非性，智慧觀察，不墮二邊，先身轉勝而不可壞，得自覺聖趣，是般若波羅蜜。般若，此云智慧。○知三界從自心妄想現而非實，以智慧觀察不墮有無等見，法身轉勝不可壞滅，得自覺聖智趣故。〇《論》云：「以知法性體明，離無明故，隨順修行般若波羅蜜。」〇《宗鏡》云：「六度萬行互相融攝成菩提分，皆由般若成立。故五度如盲，般若如導。若布施無般若，唯得一世榮，後受餘殃債。若持戒無般若，暫生上欲界，還墮泥犁中。若忍辱無般若，報得端正形，不證寂滅忍。若精進無般若，徒興生滅功，不趣真常海。若禪定無般若，但行色界禪，不入金剛定。若萬善無般若，空成有漏因，不契無爲果。若般若不明，萬行虛設。故《般若經》云『欲得世出世間一切善法悉成就者，一一當學般若』。是故非真流之行，無以契真；未有證真之行，不從真起。」〔一〕又云：「如是六度如實修行，若得滿足，即得阿耨多羅三藐三菩提；若不滿足，則無能入菩提之道。」〔二〕

爾時世尊欲重宣此義，而說偈言：

空無常刹那，愚夫妄想作，如河燈種子，而作刹那想。世尊嘗以如河流、如種子、如燈等喻，破彼妄想有爲作法，皆是空無常刹那，凡愚不善此隱密〔三〕之說，計作刹那想也。

〔一〕文字小異。見《宗鏡録》卷第九十，《大正藏》第48册，第906頁上。
〔二〕查《宗鏡録》未見該引文。該文出現在宋宝臣《注大乘入楞伽經》卷第八，《大正藏》第39册，第495頁上。
〔三〕密，原作「蜜」，據文意改。

剎那息煩亂，寂靜離所作，說剎那者，息愚夫妄想計著煩亂。然煩亂性本寂靜，離作所作法。一切法不生，我說剎那義。《新說》云：「以一切法剎那流轉必無自性，無自性故即是無生，若非無生則不流轉，契無生者方見剎那。」

物生則有滅，不爲愚者說，無間相續性，妄想之所熏[一]。言物生則有滅，物滅則有生，此語不可爲愚者說之，恐計著生滅。而諸法無間相續之性，皆從妄想習氣所熏。

無明爲其因，心則從彼生，乃至色未生，中間有何分？明妄心雖因彼無明而生，若色未生時，中間有何法可以分別？

相續次第滅，餘心隨彼生，不住於色時，何所緣而生？諸法相續次第滅已，妄心隨彼生焉。若此妄心分別色時念念不住，則此妄心復從何所緣而生？

以從彼生故，不如實因生，云何無所成，而知剎那壞？實叉云：「若緣彼心起，其因則虛妄，因妄體不成，云何剎那滅？」○《新說》云：「後念以從前念滅處起，故不是如實因生，因既虛妄，體不成立，則名無生，故不得言剎那滅壞。」

[一] 熏，《高麗藏》本作「勳」。

修行者正受，金剛佛舍利，光音天宫殿，世間不壞事。註云：對凡夫妄計一切法刹那，故説此正受等法爲非刹那。

住於正法得，如來智具足，比丘得平等，云何見刹那？如來正智滿足，比丘得八地平等，云何有刹那之見？

揵〔一〕闥婆幻等，色無有刹那，於不實色等，視之若真實。色等諸法如揵城幻夢，無有刹那生住異滅之相，於不實色相計著刹那者，視揵城等若實有也。此偈當在六度章前，是必傳譯者失其次序。

（十三）

爾時大慧菩薩復白佛言：世尊，世尊記阿羅漢得成阿耨多羅三藐三菩提？

如六度章言：聲聞、緣覺樂自己涅槃，行六波羅蜜，不能成佛。何故不定種性中云「三昧樂住聲聞，當得如來最勝之身」？〇大慧自「爾時」下至「而不離諸過」，共有十問，流支於一一問端，

〔一〕揵，《磧砂藏》、《頻伽藏》、《高麗藏》、《龍藏》本作「乾」。

各有「如來復説」四字。○下起第二問

與諸菩薩等無差別？《新説》云：「五種性中，既有三乘，所乘不一，滅正受中，何故復言六地菩薩及聲聞緣覺同入滅正受？」○下起第三問

一切衆生法不涅槃，誰至佛道？註云：剎那章中言「七識不流轉，不受苦樂，非涅槃因」，七識者，一切衆生識也，故問一切衆生法不涅槃因，誰至佛道？○下起第四問

從初得佛，至般涅槃，於其中間不説一字，亦無所答？註云：既言不説一字，不答一字，何故佛四平等中有語平等？○下起第五問

如來常定故，亦無慮，亦無察？實叉云：「言如來常在於定，無覺無觀。」○註云：恒沙章中言「如來寂然，無有念想」，何得爲衆生説法？○下起第六問

化佛，化作佛事？註云：上四項中言「法依佛説一切法」，即是化佛化作佛事，何故餘經言「應化非真佛，亦非説法者」[一]？○下起第七問

何故説識剎那展轉壞相？剎那章中嘗説，諸識剎那不住，何故上言「以聲性説，攝受

[一] 見北魏菩提流支譯《金剛般若波羅蜜經論》卷上，《大正藏》第25册，第784頁中。

生死」？ ○下起第八問

金剛力士常隨侍衛？ 註云：恒沙章中言，如來法身「過世間望」，即是不可見相，何須金剛力士守護？ ○下起第九問

何不〔二〕施設本際？ 恒沙章中言「生死本際不可知」，既不知本際，何故復言有衆生得解脱？ 衆生既得解脱，是有本際可知。故問「何不施設本際」？ ○下起第十問

現魔魔業，惡業果報，旃遮摩納、孫陀利女，空鉢而出，惡業障現，云何如來得一切種智而不離諸過？ 恒沙偈中言，佛「悉離一切過」。如佛初成道時，而第六天魔興四兵，持苦具，詣樹下嬈佛。旃遮婆羅門女以木盂繫腹，及外道孫陀利殺女，共相謗佛。又佛曾入婆梨那村巡門乞食無施之者，持空鉢而出。至於惡業障現不能備舉者，如食於馬麥，頭背俱痛，刺傷足，設火坑毒飯等事。既言悉離，何得有此諸過惡耶？

佛告大慧：諦聽諦聽，善思念之，當爲汝説。大慧白佛言〔三〕：善哉世尊，唯然受教。

〔二〕何不，《嘉興藏》本同，餘本作「不」。
〔三〕言，《高麗藏》、《磧砂藏》本無。

佛告大慧：爲無餘涅槃故[一]說，誘進行菩薩行者故。此及餘世界修菩薩行者，樂聲聞乘涅槃，爲令離聲聞乘，進向大乘。化佛授聲聞記，非是法佛。《新說》云：「爲聲聞證無餘涅槃，自謂是佛，故佛方便與授記莂，言三昧樂住聲聞，當得如來最勝之身，自令覺非是佛，進向大乘無餘涅槃。初心菩薩樂聲聞法者，亦令捨是心，進修大行。及應化佛與應化聲聞授記，法性如來無有是事。」○此答第一問

大慧，因是故，記諸聲聞與菩薩不異。註云：因化佛授聲聞記故。大慧，不異者，聲聞、緣覺諸佛如來，煩惱障斷，解脫一味，非智障斷。註云：二乘與佛同斷四住煩惱，解脫一味處不異也。○楊云：「聲聞緣覺煩惱障斷與如來同，智障不斷與如來異。」大慧，智障者，見法無我，殊勝清淨；煩惱障者，先習見人無我斷。註云：言智障斷者，見法無我，得如來地，非聲聞。○楊云：「謂先所習人無我見至此而斷，然後意識捨離，是煩惱障斷也。」○此答第二問

七識滅，法障解脫，識藏習滅，究竟清淨。《新說》云：「明七轉識、諸法障礙、識藏

〔一〕故，《資福藏》、《普寧藏》本作「教」。

習氣等，是一切衆生妄體，虚假無常，非涅槃因，不至佛道。若七識滅，於一切法障中得解脱，識藏習滅，究竟清淨，即是妄想滅，名爲涅槃，名至佛道。」○此答第三問

因本住法故，前後非性。佛謂我因證本住法，古先聖道如金銀等性，法界常住。是故我言不説一字，亦無所答。雖於四平等中有語平等，然初後中間，所有言説，皆無自性。○此答第四問

無盡本願故，如來無慮無察而演説法。正智所化故，念不妄〔二〕故，無慮無察。如來以本願力故，不待思慮觀察，爲諸衆生而演説法。又以正智所化，念不妄故，無慮無察。○此答第五問

四住地、無明住地習氣斷故，二煩惱斷，離二種〔三〕死，覺人法無我，及二障斷。《新説》云：「佛言四住煩惱、無明習氣斷，故名真佛。化佛者，方便現形以化衆生，非真佛也。」

○此答第六問

〔二〕妄，《嘉興藏》、宫内本同，餘本作「忘」。
〔三〕種，《資福藏》、《普寧藏》、《龍藏》本無。

大慧，心、意、意識、眼識等七，刹那習氣因〔一〕，善無漏品離，不復輪轉。大慧，如來藏者，輪轉、涅槃苦樂因，空亂意慧〔二〕愚癡凡夫所不能覺。言七種識妄想習氣爲因，是刹那無常性，離善無漏，非流轉法，不能往來六道。如來藏能持生死流轉，爲涅槃苦樂之因。空亂，指聲聞；　意慧，指外道。謂聲聞、外道著於空有，不能知覺，以偏執無異，故總呼爲「愚癡凡夫」也。○此答第七問

大慧，金剛力士所隨〔三〕護者，是化佛耳，非真如來。大慧，真如來者，離一切根量。一切凡夫、聲聞、緣覺及外道根量悉滅，得現法樂，住無間法智忍故，非金剛力士所護。一切化佛不從業生。化佛〔四〕者，非佛，不離佛。因陶家輪等衆生所作相而説法，非自通處説自覺境界。化佛方便隨衆生相，現同人法，故假於守護；　真實如來離一切根量，即是不可見相，不假守護。謂一切化佛隨人善根生，不從實業生，非是真佛，然依

〔一〕因，《嘉興藏》、宫内本同，餘本作「因離」。
〔二〕空亂意慧，《嘉興藏》、宫内本同，餘本作「空亂意大慧」。
〔三〕隨，《資福藏》本訛作「有」。
〔四〕化佛，《嘉興藏》本同，餘本作「化化佛」。

真起化，亦不離真佛。如陶家輪造出百千器類，皆因衆生所作之相，還説自共相法，不説法佛自通處自覺境界。○此答第八問

復次大慧，愚夫依七識身滅，起斷見；不覺識藏故，起常見。自妄[一]想故，不知本際；自妄想慧滅，故解脱。言凡夫見此身滅，不見未來生故，起斷見；不覺識藏念念流注故，起常見。自心現妄想説名生死故，無有本際；妄想分別慧滅，故名解脱。○此答第九問

四住地、無明住地習氣斷故，一切過斷。《新説》云：「化佛隨衆生所宜，方便示現種種過惡；真實如來，四住煩惱及無明習氣悉斷，無如是過。」○此答第十問

爾時世尊欲重宣此義，而説偈言：

三乘亦非乘，爲立一乘故也。如來不磨滅，一切佛所記[二]，實叉云：「無有佛涅槃，悉授如來記。」説離諸過惡。註云：佛記二乘作佛，令離無餘涅槃過惡。

爲諸無間智，及無餘涅槃，誘進諸下劣，是故隱覆説。欲彼成就究竟種智，斷所知

[一] 妄，《高麗藏》本作「忘」，次下同。
[二] 記，《嘉興藏》本同，餘本作「説」。

障，證佛無餘大般涅槃，以誘諸下劣故，作如是隱覆秘密之說。

諸佛所起智，即分別説道，諸乘非爲乘，彼則非涅槃。如來所起悲智，雖爲衆生分別演説如是種種之道，其實在一乘，故曰「諸乘非爲乘」。而彼聲聞計所得涅槃，自謂是佛，非真涅槃。

欲色有及見，説是四住地，註云：四住地者，見一切處住地，欲愛住地，色愛住地，有愛住地。意識之所起，識宅意所住。《新説》云：「三界生死，見思無明，悉是衆生心意意識展轉爲因，熏習發現。」〇八識爲第七意識之宅。

意及眼識等，斷滅説無常，或作涅槃見，而爲説常住。

（十四）

爾時大慧菩薩以偈問曰〔一〕：

彼諸菩薩等，志求佛道者，酒肉及與葱，飲食爲云何？惟願無上尊，哀愍爲

〔一〕曰，《嘉興藏》本同，餘本作「言」。

演説。

愚夫所貪著，臭穢無名稱，虎狼所甘嗜，云何而可食？

食者生諸過，不食爲福善，惟願爲我説，食不食罪福。註云：如來在鬼王宫中説法，諸夜叉等念食時欲至，非肉不食，大慧欲令諸鬼生慈心故，因請如來説食肉不食肉功德過惡。

大慧菩薩説偈問已，復白佛言：惟願世尊爲我等説食不食肉功德過惡。我及諸菩薩於現在未來，當爲種種希望食肉衆生分別説法，令彼衆生慈心相向。得慈心已，各於住地，實叉云：「住菩薩地。」清淨明了，疾得究竟無上菩提。聲聞、緣覺自地止息已，實叉云：「或二乘地，暫時止息。」亦得速〔二〕成無上菩提。《新説》云：「世間衆生生死輪轉，怨結相連，墮諸惡受大苦惱，皆由食肉更相殺害，增長煩惱，不得出離，能捨肉味，求於法味，慈心相向，清淨明了，如實修行，即得阿耨多羅三藐三菩提。」

惡邪論法諸外道輩，邪見斷常顛倒計著，尚有遮法不聽食肉，況復如來世間

〔二〕得速，《高麗藏》、《資福藏》、《龍藏》本作「復逮」。

救護，正法成就，而食肉耶？　實叉云：「路伽耶等諸外道輩，起有無見執著斷常，尚有遮禁不聽食肉，何況如來、應、正等覺，大悲含育世所依怙，而許自他俱食肉耶？」○路伽耶，此云順世，又云善論。

佛告大慧：善哉善哉，諦聽諦聽，善思念之，當爲汝説。大慧白佛言〔二〕：唯然受教。

佛告大慧：有無量因緣，不應食肉，然我今當爲汝略説。

謂一切衆生從本以來，展轉因緣，常爲六親，以親想故，不應食肉。　實叉云：「一切衆生從無始來，在生死中輪〔三〕迴不息，靡不曾作父母兄弟男女眷屬，乃至朋友親愛侍使，易生而受鳥獸等身，云何於中取而食之？」

驢、騾、駱駝、狐、狗、牛、馬、人、獸等肉，屠者雜賣故，不應食肉。

不浄氣分所生長故，不應食肉。

〔二〕言，《磧砂藏》、《頻伽藏》、《高麗藏》本無。

〔三〕輪，原作「轉」，據唐譯本改。

衆生聞氣，悉生恐怖，如旃陀羅及譚婆等，狗見憎惡，驚怖群吠故，不應食肉。

旃陀羅，亦云旃荼羅，此云屠者。譚婆，此云食狗肉人，又獵師也。

又令修行者慈心不生故，不應食肉。

凡愚所嗜[一]臭穢不淨，無善名稱故，不應食肉。

令諸呪術不成就故，不應食肉。

以殺生者見形起識，深味著故，不應食肉。

彼食肉者諸天所棄故，不應食肉。

令口氣臭故，不應食肉。

多惡夢故，不應食肉。

空閒林中，虎狼聞香故，不應食肉。

令飲食無節[二]故，不應食肉。

[一] 嗜，《嘉興藏》本訛作「耆」。

[二] 無節，《嘉興藏》本同，餘本作「無節量」。

令修行者不生厭離故，不應食肉。

我嘗〔一〕説言，凡所飲食，作食子肉想，作服藥想故，不應食肉。聽食肉者，無有是處。

復次大慧，過去有王，名師子蘇陀婆〔二〕，食種種肉，遂至食人。臣民不堪，即便謀反，斷其奉〔三〕禄。以食肉者，有如是過故，不應食肉。

復次大慧，凡諸殺者，爲財利故，殺生屠販。彼諸愚癡食肉衆生，以錢爲網，而捕諸肉。謂利即網也。流支云：「是故買者與殺無異。」彼殺生者，若以財物，若以鉤網，取彼空行、水、陸衆生，種種殺害，屠販求利。大慧，亦無不教〔四〕、不求、不〔五〕想而有魚肉。以是義故，不應食肉。世間之肉，未有不殺而得之者，縱使不教不求不想而得

〔一〕嘗，《嘉興藏》本同，餘本作「常」。

〔二〕婆，《高麗藏》、《龍藏》本作「娑」。

〔三〕奉，《普寧藏》、《嘉興藏》、宮内本作「俸」。

〔四〕教，《資福藏》、《磧砂藏》本訛作「殺」。

〔五〕不，《資福藏》、《磧砂藏》本訛作「生」。

之，是必從於殺也，故不應食。

大慧，我有時說遮五種肉，或制十種，今〔二〕於此經，一切種、一切時開除方便，一切〔三〕悉斷。諸經遮制五種十種，以不能頓斷衆生食肉故，尚有開除方便，今此經中一切悉斷，爲最後清净明誨。十種者：謂人、蛇、象、馬、龍、狐、豬、狗、師子、獼猴。五種者：謂不見、不聞、不疑、鳥殘、自死是也。

大慧，如來、應供、等正覺尚無所食，況食魚肉？亦不教人。如來但以法喜禪悅爲味，故無所食，況於净不净肉，豈教他人食之耶？以大悲前行故，視一切衆生猶如一子，是故不聽令食子肉。五戒以不殺爲先，五常以仁爲首，其遠庖廚，釣而不網，弋不射宿，不殺胎，不殀夭，皆仁之端，然不禁於食肉。我佛世尊直以噉食衆生爲第一戒，視昆蟲肖翹無異赤子，謂此而不戒，無復慈悲種智，去佛遠矣。

爾時世尊欲重宣此義，而說偈言：

曾悉爲親屬，鄙穢不净雜，不净所生長，聞氣悉恐怖。頌上不净氣分等文。

〔二〕今，《磧砂藏》訛作「令」。

〔三〕一切，《普寧藏》本作「一應」。

一切肉與葱，及諸韭蒜等，種種放逸酒，修行常遠離。

亦常離麻油，及諸穿孔床，以彼諸細蟲，於中極恐怖。《新説》云：「自下諸偈多示其過，悉令遠離，少頌長行。言離麻油者，外國風俗，擣麻使生蟲，合壓之規，多汁益肥，如何可食？及孔隙諸床多有蟲聚，皆不可坐卧，以諸蟲於坐卧之時，生驚怖故。」〔二〕

飲食生放逸，放逸生諸覺，實叉作「邪覺」。從覺生貪欲，是故不應食。由食生貪欲，貪令心迷醉，迷醉長愛欲，生死不解脱。《新説》云：「飲酒貪肉等心多放逸，諸惡覺觀悉隨生長，是故生死輪轉，不得捨離。」

爲利殺衆生，以財網諸肉，二俱是惡業，死墮叫呼獄。

若無教想求，則無三淨肉，彼非無因有，是故不應食。《新説》云：「既無教想求，則三淨肉非有。凡諸肉者，皆殺命而得，如何可食？」

彼諸修行者，由是悉遠離〔三〕，十方佛世尊，一切咸訶責。

〔二〕文字小異。

〔三〕遠離，《高麗藏》、《資福藏》、《南藏》、《龍藏》本作「離遠」。

展轉更相食，死墮虎狼類，臭穢可〔一〕厭惡，所生常愚癡。

多生旃陀羅，獵師譚婆種，或生陀夷尼，流支作「羅刹女」，實叉作「羅刹婆」。及諸食肉〔二〕性，羅刹貓狸等，徧於是中生。謂性無腥膻而不食者，多墮此類。

縛象與大雲，央掘利魔羅，縛象，流支作「象腋」，實叉作「象脇」。央掘利魔羅，實叉作「央掘摩」。皆經名也。及此《楞伽經》，我悉制斷肉。

諸佛及菩薩，聲聞所訶責，食已無慚愧，生生常癡冥。

先説見〔三〕聞疑，已斷一切肉，妄想不覺知，故生食肉處。佛先所説見聞疑殺等肉不應食之，而彼愚夫不明如來所制凈不凈肉悉已令斷，於開遮方便處起諸妄想，謂聽食其凈肉。

如彼貪欲過，障礙聖解脱，酒肉葱韭蒜，悉爲聖道障。

未來世衆生，於肉愚癡説，言此凈無罪，佛聽我等食。

食如服藥想，實叉云：「凈食尚如藥。」亦如食子肉，知足生厭離，修行行乞食。

〔一〕可，《磧砂藏》、《普寧藏》、《南藏》、《龍藏》本作「不」。
〔二〕食肉，《高麗藏》作「肉食」。
〔三〕見，《普寧藏》本訛作「是」。

言食如服藥想、如食子肉想者，因彼愚夫妄稱食五淨肉無罪，故舉前文以破之。如來意謂，受淨飲食尚作服藥等想，況聽食五淨肉耶？即戒諸比丘知足厭離而行乞食，以斷貪著。

安住慈心者，我說常厭離，虎狼諸惡獸，恒可同遊止。

若食諸血肉，衆生悉恐怖，是故修行者，慈心不食肉。

食肉無慈慧[一]，永背正[二]解脱，及違聖表相，是故不應食。《新說》云：「背正解脱者，由無慈慧，虧利自他，及違聖人護生儀表。」

得生梵志種，及諸修行處，智慧富貴家，斯由不食肉。前結食肉者，報在垢穢之處，即旃陀羅、譚婆、貓、狸是也。此結不食肉者，報在賢聖之家，即淨種、三乘、如來是也。富則法財無盡，貴則聖位難加，此其如來以法界爲家也。蓋由不食肉故，能淨身口意業，資發自覺聖智，漸升諸地，以至佛果。《首楞嚴》曰：「汝等當知：是食肉人，縱得心開似三摩地，皆大羅刹，報終必沉生死苦海。」[三]有知者，得不痛以爲戒？

[一] 慧，《高麗藏》、《資福藏》本作「悲」。

[二] 正，《磧砂藏》本作「空」。

[三] 見《大佛頂首楞嚴經》卷第六，《大正藏》第19册，第132頁上。

閣筆記

此經乃如來顯示諸佛現前境界，衆生頓悟法門，斷妄想絲，離言説指。故其以《楞伽》爲名也，非人非法；以實相爲體也，非空非有；以佛語心爲宗也，非真非妄；以自覺聖智爲用也，非修非證；以生酥爲教相也，非乳非酪。其文簡，其旨深，巍巍乎超越衆經之右。夫豈識情所可到，心量所能及哉！

正受（一一四五—一二〇八）自早歲祝髮，振錫方外，每於癡坐之餘，敬讀是經，句義漠然，不能終卷。後質於宿師高座，無問禪講，率亦曖昧。隆興甲申冬（一一六四），會法親布衲於蘄之四祖山，復以所未至請問。衲熟視曰：「此聖智境界，非麤心者可入，而子欲入之，當有方便。」正受進曰：「願示其説。」衲曰：「是經蓋有三譯，宋元嘉中，中印度三藏求那跋陀羅（此云功德賢），於金陵草堂寺譯成四卷，在身字函；後魏延昌中，北印度三藏菩提流支（此云覺希），於洛陽汝南王宅及鄴都金華寺譯成十卷，在髮字函；大唐久視中，于闐三藏實叉難陀（此云覺喜），於嵩嶽天中寺譯成七卷，在四字函。子試取魏唐二譯者十七卷，置於宋譯四卷之左右，澄其神觀，參考研味，則不惟可以讀是經，且可以入是經矣！」正受即如其言，取前二譯，合今四卷，讀之彌月，乃於句義疑礙冰釋。深自感幸，將遂流通而力不逮。

暨慶元改元春（一一九五），由吴興永壽蘭若至都下，謁黄侯於北圃之道院，飯餘瀹茗，忽謂正受曰：「《楞伽》一經，祖師指示之後，中間雖洪儒碩德，尚且病於句讀，況餘人乎？和尚儻能爲法施無窮之利，吾爲刊行何如？」正受曰：「在流通固無辭，然禪者必曰：子禪者也，何爲義學之事乎？講者必曰：子禪者也，何預吾義學之事乎？人既弗之許，縱區區儘管見，安能取信於後世哉？」侯曰：「不然。且禪是佛祖所傳之心，教是佛祖所説之法，非禪無以通教，非教無以傳心，詎有蠢蠢不達若此者？」正受曰：「斯言固矣！古之人莫不禪教並行，宗説俱暢。奈何叔世，學者各立臆見，相爲矛盾。今侯言獨及此，正受敢不以古人自勉。」侯唯唯。

因别歸永壽故居，與友人智燈，復取先後三經，又以唐遺名尊宿註文，皇朝東都沙門寶臣《新説》，閩中太姥居士楊彦國所纂，復於智覺禪師《宗鏡》中有議及是經者，並諸經論，於九旬之内，焚香對席，鉤索深隱，采摭精要，入於跋陀所譯經下。至秋八月，偕燈徙居西湖北山之壽星院，主人石庵慶壽，館於方丈南軒，俾終其事。然膏繼晷，會稡僅成，目曰《楞伽集註》。

凡「註」字，無某經、某論、某人云者，即正受之私謂也。

所言「註云」者，汝南謝如晦云：周壽元翁得於廬山古經藏中，蓋唐中葉後，經生所書，不著撰人名氏。《新説》謂「唐敬愛寺譯經沙門智嚴所註」〔二〕者，非也。按僧史，智嚴乃宋文帝時人，嘗於楊都翻譯，在跋陀之前，既未有經，安得有註？近謂圜悟禪師作，益其誤矣！

楞伽，一云駿迦，西人多稱之。其字之舛脱，或正或補，皆以魏唐二經訂證，非妄加削。自洗研於乙卯之季春（一一九五），閣筆於丙辰之孟夏（一一九六）。《註》成，觀夢居士黄復之，又爲之音釋。侯聞之，遂捐己俸，命工書刻以廣其傳。然達磨有言，是經五百年後，翻爲有相之學。今正受悉意於此，得不墮祖師之先見，重爲宗教之贅説乎？黄侯名汝霖，字師説，自號敬庵居士云。

是歲浴佛日雷菴無作叟正受　謹記

〔二〕見《新譯大乘入楞伽經序》，《大正藏》第39册，第434頁中。

附録　雷庵受禪師行業

師諱正受（一一四五—一二〇八），字虛中，號雷庵，出蘇之常熟邵氏。年十六，肄儒業，因游邑之慧日寺，與主僧心鑒語，異其敏慧，類若夙習，乃曰：「世境虛幻，百年一瞬，讀世書選官，盍若究出世法以選佛邪？」師善其言，毅欲超俗。坐孤養母，懷不敢發，居鬱鬱若有失。母怪而詰之。具道所以。頗難之。師遂舉偈曰：「唱徹黄鍾宫，吹成大石調。萬古絶知音，驢揀濕處尿。」母知其志不可奪，即赴訴於外祖。祖贊成之，俾禮鑒薙落登具，遊方。

首見應庵華於天童，機緣不契。回浄慈，依月堂昌。昌峭峻，少許可，識師於室中，留侍左右。一旦，指《續燈》〔一〕喟歎曰：「佛祖之道，潛通廣被，曾何僧俗之間，是書獨取於比丘，而於王侯、士庶、尼師皆遺而不録？燈雖曰續，如照之不普何？爾盍爲掇所闕遺，抉具宗眼者備成之。《普燈》之作，遂權輿矣。」尋謁無庵全於道場，瞎堂遠於虎丘仁伆堂，住中竺，延置上首。未

〔一〕指《建中靖國續燈録》，共三十卷，宋惟白禪師編。本書是繼《景德傳燈録》及《天聖廣燈録》而來的傳燈録，成書於宋徽宗建中靖國元年（1101），故名《建中靖國續燈録》。

幾還里，真查梨王化萬壽，一見相得，俾之分座説法，師視之不屑。

慶元之初（一一九五），泛霅過都，憩湖上之壽星院，倏然返關，邈與世接。愚時獲摳衣，即進請益，竊謂：「達磨西來，直指人心，見性成佛，不立文字。及傳二祖，付《楞伽》四卷以印佛心，非文字而何？願祛其惑。」師開示善巧，疑情冰釋。因言：「是經藴奥，讀者尚不能句，請爲詮辨以幸來學，當爲鋟梓。」師乃欣然發揮義趣。又因寂音所著《楞嚴》，釐正補葺，廣爲《合論》。繼踐月堂之屬，成《普燈》三十卷，歲十七遷而絶編。表進於朝，三書咸板行於世。又藏經四大部，《華嚴》居一焉。李長者復衍而論之，文富義博，鮮有能終誦者。師乃括摘樞要，芟夷冗長，貫八十卷之經，兼四十卷之論，束爲三卷，言約理詣，如措諸掌，悉蒙指授。師天資純至，識見超卓，以闡教弘宗爲心，斥遠聲利，故屢却名刹之招，方遁跡藏密，庵居岵郊。

乃以嘉定改元（一二〇八），歲在戊辰，示微疾，索筆書偈，奄忽而逝，時十一月二十八日也。壽六十三，臘四十七。

辛未歲元日授法弟子武德郎敬庵黄（汝霖）謹誌

（見《嘉泰普燈録總目録》卷上）